JN102472

法と国際社会

テキストブック

国際社会［第3版］

徳川信治
西村智朗 編著

法律文化社

第3版はしがき

　毎日の新聞やテレビの報道，さらにはインターネットにおいて，国際社会の刻々と変化する情報が伝えられ，それに人々の注目が集まっています。また私たちは，海外旅行や海外の製品の入手も簡単にできてしまいます。こうした日本と世界との垣根を低くし，さまざまなヒト・モノ・カネが国境を越えてしまうグローバル化の波は，私たちの社会を考察する際に，国際社会との関係を無視することを許さなくしています。

　このように日本と国際社会とのかかわりを学ぶことは，今の日本に生きる私たちにとって不可欠なことなのですが，これを「法」という手段を通して考察するのが，本書です。大学の法学部という専門的かつ体系的に学習する専門教育においてだけでなく，教養教育でも現代の国際社会の情勢について，国際社会にかかわる法を手がかりに読み解いてほしいという願いを込めて創った本なのです。

　本書は，中村義孝・比嘉康光・徳川信治著『テキストブック法と人権』の姉妹書として作成され，このたび第3版を世に出すこととなりました。本書の趣旨は，前書と同様，大学に入学した諸君がスムーズに大学の教育になじめるように高校教育と大学教育との間にあるギャップを埋める入門書として編集することでした。そのため，本書は，とりわけ法学にあまりなじみのない学生諸君が教養教育・初年次段階において国際社会と法とのかかわりを学ぶことを念頭に置いています。

　初版より，高校教育段階での学びを念頭に置きつつ，その知識を再確認しながら，国際社会における法を紐解くように工夫したつもりです。序章「国際関係法の扉をたたく」と終章「さらなる国際法の世界に向けて」では，通常では用いない「です・ます調」を使用して，出来るだけ語り口調にしたのも，その1つです。また本書は，第1部において国際社会の基本的枠組を学習し，第2部では，国境を越える活動について，そして第3部に国際社会の平和秩序の構築を学習する枠組で章を構成しました。そのため，通常の教科書とは異なる章の配置となっています。今回第3版に改訂するにあたり，わかりにくいと指摘のあった箇所を改め，前回改訂以降に国際社会や日本国内で生じた変化に対応して記述やデータを

改訂しつつ，COVID-19 のパンデミック，SDGs や「ビジネスと人権」をめぐる動き，ロシアによるウクライナ侵攻などの重要な出来事について新しく追加しました。

　本書を読み進むにあたり，まず章のはじめに，関連する話題を掲載した「スタートアップ」があります。これを読んで，どんなことを学ぶのか考えてみてください。またその後に「この章で学ぶこと」が記されており，その章を学ぶ時の道しるべを示しています。これらから，諸君自らの手で論理的な考えを導き出すように工夫されています。これを手がかりに，いかなる問題が取り上げられているのか，何の目的で法が存在するのか，そして法が解決できることと解決できないことは何か，を考えてみてください。また本文のなかで太字にした用語があります。これは，その章で重要な用語であるとともに，教員・公務員の採用試験でも問われる用語となっております。したがって，条約名などの訳については，一般に使用されている語ではなく，国会において承認された訳「公定訳」がある場合にはそれに依拠しています。学習の際には意識されるとよいと思います。

　国際社会と法のかかわりの醍醐味をすべての分野にわたって十分味わってほしいところですが，本書は，入門的で，啓蒙的な部分を重視した編成にすることとし，国際社会にかかわる法の解釈論や体系的な学びを一度棚上げすることにしました。そのため，本書は，専門科目の講義で触れるべき事項であっても，本書には掲載していないものがあります。それが何であるかを確認したい場合には，終章「さらなる国際法の世界に向けて」を読んでください。また本書で学んだ後，もっと深く体系的に学んでみたいと意欲を持つ諸君は，章末の文献だけでなく，本書末にある参考文献に挑戦してみてください。本書との出会いによって，国際社会と法についての関心がいっそう深まり，諸君が自分なりの国際社会とのかかわりを考える手助けになれば，私たち執筆者一同それにすぎる喜びはありません。

　最後に，本書の企画を最初に持ちかけていただいたのは法律文化社の舟木和久氏でした。遅々として進まない作業のなかで辛抱強く私たち執筆者につきあっていただきました。同氏に御礼を申し上げます。

2024年 3 月　　　　　　　　　　　　　　　　　　　　　　　　　　編著者

目　次／テキストブック　法と国際社会〔第3版〕

第1部　国際社会における法の基本的枠組

第2部　国境を越える活動と法

第3部 国際社会における平和秩序の構築

執筆者紹介（所属・担当・学生へのメッセージ）【執筆順，※は編著者】

※徳川　信治（とくがわ　しんじ）
　　　立命館大学法学部教授
　　　担当：第3版はしがき，序章，第1章，第2章
　　　学生へのメッセージ：
　　　　　私たちの生活と国際社会のつながりは，私たちが思っている以上
　　　　に密接です。本書を通じて，それを理解していただければ幸いです。

湯山　智之（ゆやま　ともゆき）
　　　立命館大学法学部教授
　　　担当：第3章，第12章，第13章
　　　学生へのメッセージ：
　　　　　一見して無秩序に見える国際社会にも，国際法という秩序がある
　　　　ことを学んでください。

松井　章浩（まつい　あきひろ）
　　　大阪工業大学知的財産学部准教授
　　　担当：第4章，第9章
　　　学生へのメッセージ：
　　　　　国際社会の問題も法の問題も遠い話ではありません。身近なこと
　　　　から考えていきましょう。

※西村　智朗（にしむら　ともあき）
　　　立命館大学国際関係学部教授
　　　担当：第5章，第10章，終章
　　　学生へのメッセージ：
　　　　　国際法を守るのは国家ですが，その国家の担い手は私達市民で
　　　　す。だからこそ国際法は学ぶ価値があるのです。

樋爪　誠（ひづめ　まこと）
立命館大学法学部教授
担当：第6章，第7章
学生へのメッセージ：
　　私は，21世紀国際社会において，国家と個人の協調が重要なのではないかと思っています。国境を越えていく人々と，公法（6章），私法（7章）の関係を通して，皆さんも一度その点について考えてみませんか。

西片　聡哉（にしかた　としや）
京都先端科学大学経済経営学部教授
担当：第8章
学生へのメッセージ：
　　この本を読んで，私たちが国際法を通じて世界とどのように繋がっているのか考えてみましょう。国際法は私たちと無関係ではないはずです。

木原　正樹（きはら　まさき）
神戸学院大学法学部教授
担当：第11章，第14章
学生へのメッセージ：
　　いつの日か，世界中の人々が平和で幸福になりますように！そう願う人みんなの味方に，国際法はなってくれます。

序章　国際関係法の扉をたたく

資料序-1　ノルマントン号事件風刺画

「いま何ドル持っているか？……早く言え……時は金なりだ…」

出典：清水勲編『続ビゴー日本素描集』（岩波書店，1992年）133頁

◆スタートアップ　その1

　1886年10月24日英国貨物船ノルマントン号が紀州沖で沈没，白人は全員無事，他方日本人25名全員死亡という事件が起きました。ところが，在神戸英国総領事館内に設置された海難審判は，ドレーク船長に無罪を言い渡しました。資料序-1は，この英国の対応が「日本の条約改正の意識を高めさせてしまった」として在日仏人新聞記者ビゴーが風刺したものです。

　この事件の背景には，1858年に幕府が諸外国と締結した，日米修好通商条約を含む「安政五カ国条約」がありました。この条約は，日本を国際社会の舞台に登場させましたが，他方で領事裁判権と，関税自主権の放棄を定めた不平等なものでもありました。

　さて，日本は，鎖国から開国へと政策を転換し，「国際社会」への仲間入りを果たしましたが，この不平等な条約を結ばされた日本は「国際社会」からどのように見られていたのでしょうか。

　また，これと同じ内容をもつ条約を，列強は，どんな国とそしてどんな目的で締結したのでしょうか。そして，このような不平等条約でも守らなければならないのでしょうか。

1　日本の国際社会への仲間入り——鎖国から開国へ

(1)　国際社会の歴史と法

「社会あるところに法あり」(*Ubi societas, ibi ius.*)」という古い法格言があります。これは，人間が共同体を形成し，そこで生活を営むと，そこには必ずルールが存在することを言い表しています。皆さんは，「法」あるいは「法律」という言葉を聞いて，何を思い浮かべますか。刑罰とか，細かい字で書かれた契約書とか，堅苦しいものを想像して，法が身近な生活に関係しているとは感じられないのではないでしょうか。しかしながら，皆さんが，ちょっとコンビニでジュースを買うこと，これもまさしく売買契約という民法上の立派な「法律」行為なのです。このように身近な行動がすべて何らかの法律とかかわっていることをまず確認してみましょう。そして「誰」と「誰」が「どのような約束」をしたことに関するルールなのか，そのことも考えてみましょう。たとえば，このジュースを買ったことは，「皆さん」と「コンビニ」との間に交わされた契約ですね。

では，私たちの生活とは程遠いところに存在するように感じられる国際社会の法については，どうでしょう。いつまでも続く，戦争や紛争，そして政治的な力関係で物事が決まってしまうことをマスコミ報道などで知れば，「国際社会には，『政治』『外交』はあっても，『法』はないのでは？」と思ってしまうかもしれません。けれども，国際社会も，「社会」と名が付いているわけですから，そこにはなんらかのルールがあるはずです。国際社会のなかに存在するルール，それを，国際関係法といいます。

皆さんは，すでに学校の授業のなかで国際関係法のなかの「国際法」の一端を垣間見ています。たとえば，資料序-1に挙げた日米修好通商条約がそれにあたります。そのほか，皆さんは，学校の歴史の授業で「……条約」とか「……憲章」といったものを習ったと思います。こういったものは国際法の1つになります。

それではこの国際社会のなかでは「誰」と「誰」がどんな約束を交わすのか，もしくは交わすことができるのか，それを考えながら「国際関係法」（国際（公）法と国際私法からなります。詳細は後述。）のことを知っていく，それが本書のねらい

です。本書は，皆さんがこれまで習ってきた知識を駆使することで国際関係法の世界に入れるよう，工夫しています。

(2) 歴史のなかの国際社会と法

それでは，はじめに皆さんが学習してきた歴史をもう一度ひもといて，「国際関係法」や「国際社会」が登場している場面を振り返ってみましょう。そのなかで「国際社会」とは何か，「国際関係法」とは何かについて考察していきましょう。

国際社会という言葉が成立するには，その言葉通り，国家の集まりからなる社会ができあがっていることが必要です。そしてその国家は自立した国家であることが求められます。たとえば，中世のヨーロッパで1066年にカノッサの屈辱という事件が起きました。この事件でローマ教皇の意にさからった当時の神聖ローマ皇帝ハインリッヒⅣ世はローマ教皇に破門されてしまいました。そしてこの破門をといてもらわない限り，皇帝としての政治的地位は保障されませんでした。このように宗教権力といった他の権威を借りなければ，国家を体現する皇帝や王の権威を保てないような状態では，政治的に自立した国家がそこに存在していたとはいえないでしょう。

あらゆる権威から自立した国家群が登場し，国際社会と呼べるような社会が世界に登場するためには，いくつかの条件が必要でした。先のカノッサの屈辱のようにローマ教皇に保障されなくても，国家統治者の権威，つまり王権が絶対的な権威として確立していることが必要だったのです。

その契機となったものが，中世における聖地エルサレムのイスラム教徒からの奪還を目指した十字軍の派遣でした。この十字軍の派遣は失敗し，また欧州内での教会批判や宗教戦争などによって宗教権威は失墜しました。また十字軍の失敗により，諸侯は没落（宮廷貴族化）し，国家内の国王権威の確立（国王による国家統一）がすすみました。こうしたヨーロッパ社会の変化は絶対王権の確立のための政治的基盤を整えていく要因となりました。さらに，十字軍の遠征を契機に地中海貿易が進展し，これによって貿易による商業資本家の登場という資本主義の発展や，それによってルネサンス（人間知性の復興）の登場といった経済や文化的な社会基盤が変化したことは，国家の自立を促す契機となりました。この頃にはこ

うした社会の変化に呼応するように，グロティウス『戦争と平和の法』，ボーダン『国家論』，マキャベリ『君主論』といった国家の自立を促進させる著作も登場しています。

　こうした流れのなかで国際社会を確立させるのに決定的な影響を与えたといわれるのが，16世紀に発生したドイツ農民戦争を契機とする**三十年戦争**であり，それを終わらせた1648年の**ウェストファリア条約**（ミュンスター条約とオスナブリュック条約の総称）です。それ以降，国際社会の秩序は，第一次世界大戦後の**ヴェルサイユ条約**・第二次世界大戦後の**サンフランシスコ平和条約**が締結されるまで，この条約が示した秩序を基軸に動くようになりました。この秩序は**ウェストファリア体制**と呼ばれています。

(3)　日本の仲間入りのもつ意味

　これまで国際社会の成立過程について見てきましたが，皆さんは，不思議なことに，今までの話がすべてヨーロッパを中心としていることに気がついたのではないでしょうか。私たちは，日本が古くから外国，とりわけ中国・朝鮮との間で交易をしていたことを学んでいます。こうした交易関係は，東アジアに「国際社会が確立していた」ことの証拠として見ることができないのでしょうか。この点について検討してみましょう。

　日本は，古くから中国との間で**朝貢貿易**を行ってきました。これは，中国が中華思想をもって世界の中心が中国にあることを自認していたことのあらわれであり，他方日本や朝鮮など周辺の諸国にとっては，「朝（廷）」である中国王朝に対して貢物をして自国を富ませ，自国の安泰を図るための貿易（朝貢貿易）でした。こうした体制を**冊封体制**（華夷秩序）といいます。こうした関係のなかで，中国と日本が対等な立場にあったということは難しいでしょう。「国際社会」が成立しているというためには，自立した国家群の存在が必要でしたね。だとすれば，国家が対等平等であることを社会の基礎とする国際社会が，東アジアに成立していたとはいえないでしょう。

　それでは日本が国際社会の仲間入りしたのは，いつなのでしょうか。それは，江戸時代末期の開国，つまり欧米社会とのつながりを広く求めるようになったと

きなのです。ここで問題なのは，その開国の際日本はどのような立場にあったかということです。日本は，開国にあたって，**治外法権（領事裁判権）の承認と関税自主権の放棄**を中身とする不平等条約の締結を求められました。日本は，それによって国際社会の仲間入りをしたのですが，この「不平等条約」の締結は日本が未だ文明国であるとはいえない，すなわち国家として半人前であるということを意味していました。そのため欧米列強諸国（文明国）と肩を並べるための，富国強兵・西欧文化の積極的摂取（文明開化）が明治時代に強力に推進されたのです。他方で，こうしたことができる力をもたない地域は，列強諸国の植民地となることを回避することができませんでした。

2　現代の国際社会と法

　国際社会は，欧州型の国家体制を世界に拡大するなかで成立してきました。国家間関係を規律する国際法も，国際社会の発展とともに，その適用範囲を世界的な規模に拡大し，内容面も，著しい変化を遂げています。

　とりわけ第一次世界大戦そして第二次世界大戦によって生じた地球規模の戦禍は，国際社会の秩序に大きな変化をもたらす転機でした。まず1928年に締結された不戦条約，さらに1933年ラテンアメリカ不戦条約の締結によって戦争は原則として禁止されました。さらに第二次世界大戦後，国際連合憲章によって，国際の平和と安全の維持のための機関として，連合国を基礎とした国際連合が設立され，また武力による威嚇および武力の行使までもが禁止されるにいたりました（→第11章参照）。このことは，さらに，国際連合を中心として国際社会をまとめていくというように，国際社会の組織化が，あらゆる方面においてすすみ，国家間関係を規律する国際法の構造や機能についても重要な発展をもたらしました。こうした変化のなかで新しく確立した国際社会のルールを，第一次世界大戦前の国際法（近代国際法あるいは伝統的国際法）と区別する意味で，現代国際法と呼んでいます（以下すべての章にわたり，特に断らない限り，国際法とは現代国際法のことを指します）。

　それでは現代国際法の特徴はどのようなものでしょうか。それを理解するため

には，まず先述のように戦争や武力行使が禁止されたという国際法の規範構造の変遷を押さえておかなければなりません。この武力行使禁止原則の確立によって，国際紛争は平和的に解決しなければならないという原則が確立しました。

現代国際法の特徴としてあげられる第2の点は，国際社会が地球規模へ拡大をしていく過程において，従来の文明国と呼ばれた欧州型国家体制ではない国家の存在が容認されたということです。現代国際法は，社会主義国や発展途上国といった政治的・経済的に体制が大きく異なる国家の存在を国際社会のなかに受け入れるようになってきました。それはアジア・アフリカ地域の植民地の独立が促進され，人民の自決の原則が国際法上の規範として成立してきたことと関係しています。このことは国際法の主体（構成員・アクター）である国家の概念が，拡大してきたことを意味していますが，さらに国際法の主体として国際組織，さらには個人，企業，NGOなどの活躍が国際社会において生じ始めていることも見逃せません（→第1章参照）。

第3に，科学技術の発展や国際的通商の進展に伴い，国家間の相互依存関係が深化したことが，国際的な協力手続・制度の発展・国際社会の組織化を促進させている点をあげることができるでしょう。たとえば，経済秩序を安定化させるためのGATT/WTO体制を始めとするさまざまな取り組みが行われ（→第9章参照），貿易の自由化と資本主義の世界市場の形成が促進されています。他方で，旧植民地諸国の統治能力・経済構造が安定していないことから，その国家が安定せず，そのことがこれまで以上に地域あるいは世界的な影響を与えるようになりました。そのため国家間の経済格差への対処も国際社会において求められるようになっています。さらに，武力の行使の形態が変化して国際テロなどに対応しなければならなくなったり（→第11章参照），国際的な人権保障の体制（→第8章参照）の構築や環境問題への国際的対応（→第10章参照）が求められるようになっています。

第4に，第3の事象に関連して，国際社会に影響を与える行為体が，上述のように多様化し，さまざまな問題がグローバル化することにより，各国家の個別的な利益を守るために国際法が存在するのではなく，国際社会の一般的利益を保護するために国際法の存在意義が求められるようになったことが現代国際法の特徴としてあげられます。地球規模の課題は，一国家によって解決することはできま

せん。国際社会の一般的利益と呼ぶべきものとして，平和の維持，人権の保護，環境の保全などが国際社会全体によって取り組まなければならないものと考えられています。このことは，少しイメージしづらいかもしれません。たとえば，日本が米国からお金を借り「1年後に返す」と約束したのに返さなかったとしましょう。この場合，日本は誰の利益を害したことになるのでしょうか。答えは，米国という個別的な国家の利益です。それでは，仮に日本が米国に突然ミサイルを撃ち込んだとしましょう。この場合，日本は誰の利益を侵害したことになるのでしょうか。答えは，米国の利益といえるかもしれませんが，もう1つの答えは「国際社会の一般的利益」です。なぜならば，地球上のすべての国家，つまり国際社会全体は，国際の平和と安全の維持を現代国際法のなかで最大限追求すべき重要な利益として認識しており，個別国家の武力の行使については，国際社会全体の法益（法によって守られるべき利益）を侵害するものとして現代国際法はこれを禁止しているからです。

　このように現代の国際社会では，国際社会の一般的利益の観念の登場や国際社会の組織化が進められることによって，一国の国家利益の実現が相対化されつつあります。他方で，国際社会の組織化の不備を理由に，依然として一部の国家による政策の実施を国際社会の一般的利益の観念によって正当化させるような行動も行われてもいます（→第1章3(2)参照）。

　こうした問題は，現在ウクライナとロシアとの間で生じている武力紛争が例となるでしょう。2014年クリミア半島をロシアが併合して以降両国に緊張が続いていましたが，2023年2月ロシアは，ウクライナ東部に再び侵攻しました。この侵攻をロシアが「特別軍事作戦」と呼んでいるのはまさしくこの侵攻がロシア系住民を救済する目的であること（いわゆる人道的干渉。→第1章3(2)参照）を強調するためでした。この侵攻は，国連安保理ではロシアの拒否権にあって何らの決議もできませんでしたが，国連総会において国際法違反であると厳しい批判にさらされています（→第12章参照）。またウクライナは，2022年3月直ちに国際司法裁判所や欧州人権裁判所にロシアを相手取り，この侵攻が国際法違反であることを訴えています（→第3章参照）。両裁判所は，即時停戦を暫定措置（仮保全措置）として命令しましたが，守られてはいません。また国際刑事裁判所は，ウクライナ

でのロシアの行為が国際犯罪に該当するとして，プーチン露大統領を起訴することを決定しました（→第14章参照）。欧米をはじめ各国がウクライナに対して，武器弾薬をはじめさまざまな援助を行っていますが，他方で核兵器が使用される可能性も危惧されています。こうしてみると，この侵攻は，現代の国際法のさまざまなルールに対する挑戦となっていることがわかります。

　こうした現代的な国際社会の様相にいかなる対応がなされているのかについて，各章で検討することとなっています。

3　国際社会と法──国際社会と私たちの生活とのかかわりについて考えてみよう

◆スタートアップ　その2

資料序-2　訪日外国人旅行者数及び日本人海外旅行者数の推移

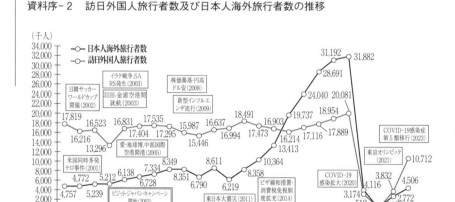

出典：日本政府観光局（JINTO）（https://statistics.jnto.go.jp/graph/#graph–inbound–travelers–compar）の資料より作成

　このグラフは，日本→海外・海外→日本という旅行者の数の推移を示しています。日本の人口を念頭に置きながら，このグラフから日本と国際社会とのつながりを読み取ってみましょう。

　日本にいる私たちが，国際社会との関係を継続しながら，平穏な生活を送るためには，どのような国際社会が望ましいでしょうか。それを行うためにはどんな方策が必要だろうか考えてみましょう。

(1) 現代国際社会の現状と日本

　日本は，自給自足ができる国家ではありません。日本は，加工貿易を通じて今日世界有数の経済大国へ発展してきました。現在の国際社会のなかで，私たちが海外旅行をすることができ，安心して貿易ができるようになるためにはどのような条件が必要か，これを人間関係に置き換えて考えてみましょう。

　まずもって，ケンカがないこと，つまり戦争や紛争がないことが一番でしょう。国際社会では，これを武力行使禁止原則と呼んで，重要な原則として位置づけ，国際社会の平和が大事であることを明確にしています。

　また次に，社会の構成員が平等であることが必要です。私たちの社会においても，契約をし，それを有効とするためには，契約をする者同士が対等平等であること，そして自立して物事を判断できることが必ず求められます。現在国際社会の主体（アクター）は，主権国家とされるので，こうしたことを主権平等とか国家平等と呼んでいます。こうした状態が，国際社会のなかでどのように創られているのか，また創られるべきなのかを考えてみましょう。特に第二次世界大戦直後には約50カ国にすぎなかった国家群が，いまや世界約200カ国となっていること，その国家は，領域の広さ，人口，政治力や経済力など，どれ1つとっても同じではなく，いろんな特徴をもっていることに注意することが必要です。一方で，国際社会は資本主義の発展や科学技術の進歩によって，これまで一国で解決できた事項も，一国では解決できなくなってきました。人の移動が簡単にできるようになった現在，犯罪人も国外に逃亡するし，テロや麻薬取引等国際的な組織犯罪が急速に増大しています。こうしてみると国際社会が規律すべき問題は，多様化してきているのです。こうした状況をふまえて，国際社会が円滑に機能するためにはどのようにしていけばよいのか考えてみましょう。

(2) 国際関係法によるルールの統一と利害の調整——国際（公）法と国際私法

　日本の企業が，ニュージーランドの企業から羊毛を購入する契約を結んだとします。この契約において手に入れた羊毛が不良品であったり，代金の未払いが生じたりした場合，契約上の法律問題が発生しますが，その際にどの国の法律で，そしてどの国の裁判所でこの問題を解決すればよいのでしょうか。

こうした国境をまたいだ問題を解決するために存在するのが，国際関係法のなかの1つの役割です。ではこの国際関係法とはいかなるものでしょうか。

　国際社会において日本の貿易を円滑に進めていくためには，国際社会で通用する貿易に関するルールが必要です。いかなる国家にも，必ず法律があります。しかしながら，その法律が各国とも同一の内容であるというわけではありません。そこで，日本が開国した際に締結した先述の日米通商修好条約では，関税に関するルール，通貨の交換比率を定め，日米間の貿易に関する基本的枠組が定められました。こうした貿易の法的な枠組みを国家間で調整して定めることが(条約の策定と締結)，個々人の，各会社の円滑な貿易を保証するのです。

　複数の主権国家によって構成される国際社会では，国家相互間の権利義務関係を何らかの形で調整する必要があり，その関係を規律する法を国際公法と呼んでいます。先述の例では，貿易に関する国同士の法的な枠組みを定める法を指しています。この本で，国際法と単に呼ぶ場合には，この国際公法のことを指しています(→第2章参照)。他方で，国際法がない場合や，国際法がある場合においてですら，ルールが十分に明確でない場合があります。その場合においても，なんとかして紛争は解決しなければなりません。とりわけ，先述の企業同士の取引の場合などは，国同士の話合いよりも，どこかの国の裁判所で結着をつけるということも考えられるでしょう。この場合各国(裁判所)はどの国の法律で解決するか判断しなければならないのです。このように企業間や個人間における国境をまたいだ紛争について，その解決のよりどころとするのが，国際私法と呼ばれる法です(→第2章および第7章参照)。この法は，複数の国に関連をもつ生活関係に適用されるべき法律を決定するためのルールです。先述の例では，契約上の法律問題を解決する法を指定する法を指しています。この法は，各国がその国内法によって独自に定めるものであるので，基本的ルールが各国によって統一されていないという問題をはらんでいます。この本では，国際法と国際私法をあわせて，国際関係法と呼んでいます。

4　この本で学ぶこと──本書で学ぶことについて全体像を
　　つかもう

　これまで見てきたように，法は，社会の必要性に基づいて変化するものです。そこでまず，国際関係法にはどんな特徴があり，それが歴史を通じてどのように変化してきたかを確認することが必要です。そのうえで，国際関係法の担い手とその種類・内容があるか，それぞれの特徴をつかむことが求められます。これらの作業は，国際関係法の全体像をつかむうえで，また各章の内容を深く理解するうえで，最も大切な作業となります。この作業を押さえたうえで，各章に書かれているそれぞれの分野において，国際関係法は「誰」が「何」を「どのよう」に規律しているのか，そしてそれが「何故」必要なのか検討してみましょう。

　各章のはじめに書かれている「この章で学ぶこと」で問いかけられている問題を本書を読み進めながら解き明かしてみてください。その問いの答えを探し出して「真理」にたどりつく経験を身につけてもらいたいと思います。皆さんがいつの日か国際社会という大海原を泳ぐための力になれたらという願いを込めて作られた本，それが本書なのです。

第1部　国際社会における
　　　　法の基本的枠組

◆スタートアップ

　国際社会の法のことを日本では「国際法」といい，英語では「international law」となります。この英語を分解しますと，「inter」「nation」「al」「law」となります。「law」は法律ですが，ここでは，「inter」と「nation」という言葉がもつ意味に着目してください。なぜならば「international」に隠された「inter」と「nation」は，まるで謎を解く呪文の言葉のように，この章で明らかにしてほしい問題のキーワードになっているからです。

　皆さんは，「nation」という言葉に，どのような日本語をあてはめますか。辞書を見てみると，この nation という言葉にいろんな訳が出てきます。それでは，国際社会とはどのようものなのかというこの章での問題に答えるためには，「international」にどのような訳をあてはめればよいのでしょうか。はたして答えは，1つだけなのでしょうか。そしていくつかの「nation」同士の関係は……。キーワードを念頭に置きながら，読み解いてみましょう。

この章で学ぶこと

・国際社会とはどういうものだろうか？
・国家の権利や義務について考えてみよう。

1　国際社会の構成と法

　国際社会と法のかかわりを学んでいくうえで，私たちが暮らす国内社会，つまり日本の社会と国際社会を比較しつつ，どのような違いがあるかを考察してみよう。この方法は，「国際社会」を理解するための大きな手助けとなってくれる。

　これまで皆さんは，日本国内の法や国家について学習し，国家や社会には統治

機関の存在が不可欠であることを学んできたと思う。国家には，中央集権化された国家機構があり，そのなかには立法・行政・司法という三権が存在する。このように１つの国家のなかに３つの権力が並立しているのは，国家権力の暴走を食い止め，秩序ある社会を作り上げていくうえで，権力を分立させ相互に牽制させることが不可欠であると考えられているためである。高校までに学習した「三権分立」の話である。

　それでは，国際社会にもこうした統治機関は存在するのであろうか。まず思い浮かぶのは，国内の立法・行政機関にあたると考えられる国際連合（国連）の存在である。けれども，この国連という国際機構に，地球上にあるすべての国家が，加盟しているわけではない。また国際社会の統治機関と呼ぶには，国連は力不足である。国際社会の法を成立させ，かつ執行させるだけの権限が，国連にあるわけではない。主要な機関である総会の，加盟国に対する決議はそのほとんどが勧告的な効力（「こうしましょう」と勧めることで強制力はない）しか有さず，安全保障理事会の決議も，強制力を働かすことのできるものは限定的である。では司法機関にあたる裁判所はどうだろうか。有名なものに，国際司法裁判所（以下，「ICJ」と略称）があるが，これもまた国際社会に生じたすべての紛争問題を扱うことができるわけではない（→第３章参照）。こうした限界性を見ると，国内社会でいう統治機関が国際社会にも存在するとは言い難い。

　このように国際社会は，その成立以来，統治機関が存在しないなかで秩序を形成し発展させてきた。それでは，こうした限界があるなかで，どのようにしてルールを創り，それを守り，発展させてきたのだろうか。この問いに答えるためには，国際社会の構造をもう少し詳しく見ていく必要がありそうである。本章では国際社会の重要な構成員である国家について考慮し，その権利・義務を検討していくなかで国際社会の法の仕組みを把握していこう。

2　国際社会の構成員は「誰」だろうか？——国家とは？

(1)　社会の構成員——人間社会と国家社会

　国際社会で活躍する主体（アクター）にはどんなものがあるだろうか。新聞の国

際記事欄のなかだけでも，国家，国際機構，多国籍企業や非政府組織（NGO）など多様な実体が国際社会で活動している。しかしながら，これらがすべて国際社会の構成員となるわけではない。国内社会において，ヒトは，そこに生をもつ限り，人間であり，1つの人格をもち，国内法で保護される。そしてその人間こそが，国内社会の構成員である。また，国内社会には人間（自然人）とは別に，会社など，人間（自然人）と区別して法人と呼ばれるものもある。この法人が社会的に認められる存在となるためには，つまり会社を法的に正式に設立させるためには（法人格の取得），たとえば日本において日本の会社法等その社会に存在する法に定められた手続を踏むことが必要である。すなわち，人間はただそこに生きているだけで法主体となるが，会社などの法人が法主体となるためには，手続が必要なのである。

　他方，国際社会において構成員となるのは，人間ではない。「international」のなかに「nation」が見て取れるように，「国家」が国際社会の構成員なのである。国家は，自然人と違い，人の集団が形成した法人である。それでは国家が国際法の主体となるために，国内社会で求められるのと同様の手続が国際社会においても求められるのだろうか。また求められる場合にはどのような手続が必要とされるのだろうか……（→終章参照）。

(2)　International の語に潜む nation のもつ意味

　まず国際社会のその基本的な主体である「国家」が成立するためには，どのような要件が必要か検討してみよう。伝統的には，①永続的住民，②明確な領域，③政府（実効的支配）の存在，④外交能力（③に含む場合もある），の4つを有することが国家成立の要件としてあげられてきた。そして，それぞれの要件は，明確なようでいて明確ではなく，いろんな問題をはらんでいる。

　まず成立要件の1つ目，永続的住民とは，何を指すのだろうか。この問いに答えるために「nation」という言葉を登場させてみよう。この「nation」という語を辞書で引くと，先程の「国家」という意味だけではなく，「国民」そして「民族」という訳も見つけることができる。そこで「国家」を成立させる要件に含まれる「永続的住民」とは，何を意味しているのだろうか。単にその国の国籍を有する

「国民」だけを指すのか。それともある特定の「民族」を指しているのか。そもそも国際社会で「国民」「民族」という時，この2つにはどのような違いがあるのだろうか。そしてこれらが同一であるとされた時にいかなる問題が生じてきたのか。この多様な「nation」の意味を解き明かすことで「国際社会の主体」の正体をつかんでみよう。

国家の成立の2つ目の要件として領域が必要とされるが，それには，まず人間の居住が可能である地としての領土の存在が求められる。それに付随して領海や領空が存在し，これらをあわせて領域と呼ぶ。日本には北方領土や竹島・尖閣諸島など領土問題が存在し，国境が明確に画定しているわけではない。とりわけ，日本は島国だから，国境線を目に見える形で明確に引くことは不可能である。けれども，日本は国家として存在する。このことから，領域が必要という国家の成立要件を満たすために，国境が完全に画定されていなければならないというわけではないことがうかがえる。では，マンガ『沈黙の艦隊』（かわぐちかいじ作）に出てくるように，潜水艦は独立国家として領域をもつものと認められるのであろうか。あるいはアニメ『機動戦士ガンダム』に出てくるように，宇宙空間に建設されるスペースコロニー（宇宙植民島）が国家として独立することは可能であろうか。これらは，人間の居住可能な土地という概念にかかわる問題となる。

3つ目の要件である政府とは，統治機能のことを指す。歴史を振り返れば，国際法は，「文明国」という言葉で，列強諸国の法・統治制度，つまり資本主義を支える法制度の存在を国家の要件としてきた。社会主義国も存在する現在ではこの考え方は認められないであろう。ただ統治機能が麻痺してしまった国家，いわゆる破綻国家という言葉の登場は，国家機関が少なくとも人権や民主主義を保証する機関でなければならないことを暗示しており，これが統治機関の条件であるかのようにも思われる。伝統的国際法が，資本主義体制を支える法制度の存在を事実上国家の要件としていたように，現在では何らかの政治・経済体制の整備が，統治機関の存在に内在するものとして国家の成立要件となるのであろうか。

国際政治の舞台の上に流れる歴史を振り返ってみるとこうした要件のあいまいさは，自国の利益の実現を追求する各国に利用されてきたことが見て取れる。

また国家の成立要件には例外も存在する。たとえば，上記の要件を十分に満た

すとはいいがたい国家が存在する（ヴァチカン市国）。さらに第二次世界大戦後の国際社会の動きの1つである植民地独立運動の高まりとあわせて，人民の自決の原則が重要な国際法上の原則となったことは，その原則を実現する団体に何らかの法的な地位を与えようという考えを生み出した。つまりパレスチナ解放機構（PLO）といった民族解放団体（植民地・従属地域の人民を代表する団体）に，国家に準ずる地位が現在では与えられているのである。

　このように国家の概念は，歴史の流れとともに変化しているといえる。序章で学んだ，「文明国」概念はまさしくその歴史の流れのなかで出てきた概念である。国家の概念が，歴史の流れのなかで変化していくという現象は，国家の要件という問題のみならず，国家の正統性という問題も新たに生み出している。この国家の正統性の問題は，第二次世界大戦後の植民地の独立や内戦といった国際社会の歴史と大きく関係がある問題である。さらに国家の正統性の問題は，国際関係・国際政治の問題としても取り上げられている。私たちは，ここで「法」と「政治」の問題についても考える必要があるだろう。

3　国家はどのような権利・義務を有しているか？

　国家は，領域を有し，その領域内においてさまざまな権限を行使することができる。また国家は，条約によって制限されない限り，国際法（とりわけ慣習国際法。→第2章で詳述）に基づいて国家であることによって当然に認められる一定の権利・義務を有している。そうした権利・義務のうち，国家や国際社会の存立にかかわる重要なものは，基本的権利・義務とされる。この章では，この基本的権利・義務のうち，平等権，不干渉そして対世的義務（obligations *erga omnes*）について検討してみよう（→管轄権・主権免除については，第4章参照）。

(1)　平等権

　国家が平等であること，これは大変重要なことである。「国家が平等である」という原則の上にはじめて，すべての国家は，主権を有しており，互いに従属しないという原則が働く。「international」の inter という接頭語は，「……の間」とか

「相互に」という意味をもつが，これはまさに国家（nation）が相互に対等平等であることを指し示している。しかしながら，これを実現することはやさしいことではない。私たちの社会でもいろいろな人々が暮らしているように，世界には，経済的あるいは政治的に大きく異なる多くの国家があり，また人口の多い国家と少ない国家といった，多様な国家が存在する。そのなかで，平等をどのように確保するか，これは，国際社会の法に課せられた大きな課題である。そもそも国際社会における「平等」とはどのような概念であるのか。

　伝統的に，戦後処理において敗戦国は，戦勝国の要求に従って講和条約を締結し，領地の割譲や多額の賠償金の支払を約束させられてきた。こうした国際政治における力関係がそのまま条約の内容に反映される不平等条約が結ばれたとしても，平等であると従来は考えられてきた。

　しかしながら，現在では武力による威嚇や武力の行使によって他国を従わせることは認められない。条約を結ぶにあたっては，相手国の意思を力によってねじ伏せるようなことがあってはならないのである。さらに条約の規定は，すべての国に平等に適用されるだけでなく，条約内容も各国に対して差別的なものであってはならないことが求められている。そしてその内容は，単に形式的に平等を確保するだけでよいとはいえない。国際社会がかかえる課題を克服・実現していくために，あるいは各国の利益の実現のために，それぞれの国家がもつ力を国際社会に反映あるいは調和させる方法として，平等の中身に修正を加えることもある。以上のような平等にこめられた問題を，国際社会における「法の適用」・「法の内容」・「法の定立」における平等の3つに分けて考えてみよう。

　第1に「法の適用」の平等（法の前の平等）とは，各国の権利が等しく尊重され，義務を等しく履行しなければならないという意味である。国家によって，法の適用や実施がばらばらであれば，統一的な法の実現はありえないし，ひいては国際社会の秩序を混乱におとしめてしまうであろう。ただし，この平等の要請は，日米修好通商条約のように不平等な条約の規定ですら，一律に実施されることを要請するものであり，国際法の形成プロセスや国際法の内容そのものの平等に必ずしも直接影響を与えるものではない。

　第2に「法の内容」の平等とは，国際法の内容について国家が同一の権利義務

を有することあるいはその資格を有することを指す。上述の「不平等条約」と呼ぶ場合の平等とは，条約内容の不平等性を指すものであり，ここにいう意味で使われる。ただ現代の国際法において各国家の権利義務が完全に同一ということはありえないし（条約の締結によって各国の権利義務は修正される），また完全に同一であれば問題ないというわけでもない。たとえば，男女という性差を考慮することなく，同じことを求める内容を男女に課した場合，かえって女性に不利益をもたらすことがある。国際法の場合も，条約内容がすべての国に全く同じに適用される場合，おのおのの条件を考慮せず作られたルール（条約）を実施することが，さまざまな困難を引き起こしてしまうこともある。たとえば，先進国と途上国との間で同じ条件のもとで貿易を行えば，技術力などの違いが反映され，実質的に先進国が市場を席巻してしまう。このように形式的な平等は，逆に弱者のもつ力をいっそう弱めてしまうこともある。したがって，法の同一の内容が各国家に保証されることを原則としつつも，各国家の実情を加味した法内容にしていくこともまた求められている。状況に応じて各国のもつ力を反映させたルールも必要とされるのである。この各国家の力の差異を反映させ，弱者に優位な条件を与えることによって平等を実現することを**実質的平等**という。貿易の自由化を進めるために策定された条約・GATT（関税及び貿易に関する一般協定・ガット）において，途上国に対して関税などで優遇待遇を与える一般特恵制度が定められた。また国連環境発展会議（リオ・デ・ジャネイロ）において採択された環境及び発展に関するリオ宣言においては，先進国に対して環境保護に対する特別の責任を負わせる「**共通だが差異ある責任**」という概念が挿入された。

　最後に，「法の定立」の平等とは，国家が自己を拘束する国際法の策定や決定の過程において等しく参加しうること，そして自己の意思に反して他の拘束を受けないことを指す。つまり，国家であれば，等しく法の定立に参加する能力と資格があることを認めようとするものである。一般にこのことを指して平等権ということもある。国際会議や国際機構における決定に平等に参加する国家の権利，すなわち一国一票制は，「法の定立」の平等のあらわれである。国際社会においてすべての国家の賛成を得て法が成立する全員一致制度が望ましいことはいうまでもない。国家の数が少ない時代にはそうした方法をとることも可能であった。し

資料1-1　国際組織における機能的平等の例

	常任制	加重投票制	その他
国際連盟	（連盟理事会）規約4条		追加可能
国際連合（UN）	5カ国（安保理）憲章23条1，27条3		拒否権あり
国際通貨基金（IMF）	割当額上位5カ国（理事会）協定12条3	割当（出資）額（総務会）協定12条5	
国際復興開発銀行（世界銀行・IBRD）	株式数上位5カ国（理事会）協定5条4	株式数（総務会）協定5条3	
国際労働機関（ILO）	主要産業国10カ国（理事会）		
国際民間航空機関			主要貢献国（理事会）条約50条
国際原子力機関（IAEA）			主要貢献国及び地域最大技術先進国（理事会）条約6条
欧州連合（EU）		人口比・経済度などによる（理事会）	

かしながら，現代の国際社会は約200カ国によって構成される共同体である。こうした国際社会では，全員一致どころか，すべての国家が集まることすら困難である。地球上のほぼすべてに近い数の国家の代表が恒常的に集まる機関である国連総会が国際社会において大きな役割を演じているとされるのはこのためである。国連総会は，ルールを策定する場という点から，一国一票による平等を原則としているが，現実には全国連加盟国の意見を完全に一致させることは困難であるから，多数決制を採用して，ここにいう平等，つまり全員一致制度を修正したのである。

　新しいルール（条約）を策定するにあたっては，一般に一国一票制と多数決制が利用され，国家間の力の差異が全く反映されることのない形で行われる。こうした条約の策定手続には，少数の大国による小国の支配を阻止しようとする意図がある。しかし，こうした形式的平等の追求は，国際の平和と安全や世界経済に対する影響力とはかけ離れたものとなることがある。そのため，平和の維持や世界経済の安定のために，それに対する影響力と責任に応じた特別の地位や権限が大国に与えられる慣行が，一部の国際機構で見られるようになっている。こうし

た国家がもつ政治的・経済的な力の差異を反映させた平等観念を，**機能的平等**という。この例としては，政治的・軍事的力を背景として，国連安全保障理事会（以下，「安保理」と略称）の五大国に認められた拒否権があげられる。さらに経済・金融問題に関しては，経済力に応じて投票数を配分する加重投票制がとられている（国際通貨基金・世界銀行・欧州連合など）（→資料1-1参照）。

(2) 国家は他国の問題に干与することができるのだろうか？── 不干渉原則

① **国内管轄事項とは？**　　私たちには日常生活のなかでプライバシー権や自己決定権が認められている。それに応じて，他人の私生活にむやみに立ち入ることは禁じられる。これと類似した規則が，国家においても同様に認められている。これが不干渉原則と呼ばれるものである。国家主権の効果として，各国家は，国際法に違反しない限り，その内政および外交関係を自由に決定することができ，これに対して他国はそれに干渉しない義務を負う。この干渉が禁じられる内政・外交関係事項のことを**国内管轄事項**と呼ぶ。

ここで1つの疑問を念頭においてほしい。国家に認められる国内管轄事項は国家が当然に有するものだろうか。かつて，国内管轄事項は国家の政治制度や国籍の決定など国家の基本的な統治に関する事項と，固定的に考えられていた。しかし，常設国際司法裁判所は，チュニス・モロッコ国籍法事件の勧告的意見において，「一定の事項が専らある国の管轄内にあるか否かという問題は，本質的に相対的な問題である。」と述べた。現在ではこの考え方が一般的に受け入れられ，国際法の規律が及んでおらず，よって国家が自由に処理することができる事項というように機能的に理解されている。つまり，国家の国内管轄事項は，各国家が締結した条約の内容や慣習国際法の発展によって変化するのである。

② **干渉とみなされる行為**　　干渉とみなされる行動は，他国の国内管轄事項に命令的に介入することであって，単に他国の行動を批判することはこれに該当しない。命令的介入の典型例は，武力行使であるが，そもそも現代では武力行使禁止原則が確立しているため，武力行使は不干渉原則固有の問題として判断する必要はない。ICJ は，外国領海内での掃海活動（コルフ海峡事件判決），武装集団への援助供与・自国安全保障を目的とする隣国領域における制圧行動（対ニカラグア軍

事的・準軍事的活動事件判決・コンゴ領域における軍事活動事件判決）を，違法な干渉であると判示している。また経済的・政治的な圧力，すなわち他国の主権行使を従属させ，あるいは他国の体制選択権を侵害する目的の行為もまた，違法な干渉とされる（国連不干渉宣言・国連友好関係宣言）。この経済的・政治的な圧力の禁止は，人民の自決の原則からも導き出すことが可能であるが，この原則は，内戦に対する干渉に関してその考え方に変化をもたらした。

　③**内戦と干渉**　　従来，ある国家の内戦や内乱に干与することにつき，中央政府（正統政府）側へ援助することを伝統的国際法は禁じてはいなかった。しかしながら，植民地独立の過程でこのルールを適用すれば，反政府側（独立運動側）となる民族解放団体は，その目的である植民地からの解放・独立を果たすことは困難となろう。そこで国連総会は，植民地独立付与宣言や友好関係宣言を採択し，人民の自決権の尊重を原則化した。この人民の自決権が成立した現代では，植民地独立運動を促進することが原則となる。したがって，植民地支配を継続することやこうした植民地独立の過程で宗主国側を援助することは厳しく批判されている。

　④**人道的干渉**　　さらに問題となるのは，**人道的干渉**である。これは，他国における他国民の大規模な人権侵害を防止し，あるいは止めさせるため，その国の同意なしに軍事力をもって介入することを意味する。近年，飢餓や内戦などの深刻な人道的問題を発生させている国が，人民の生命・財産・安全の確保という国際法上課せられた責任を果たすことができない場合には，国際社会が，とりわけ先進国などの他の国家がその責任を代わりに果たすべきだという理論が強力に主張されている（「保護する責任論」）。しかしながら，国際社会の歴史上「人道」という名のもとで，他国への侵略が肯定されてきた経験がある。このことから，国連など国際機構に人道的活動を規律させているのであればまだしも，軍事大国の独断による行動はその力の濫用を招くと危惧する声もある。そのため，他国の単独の判断による介入は違法ではないかという意見が強力に主張されている。

　⑤**国際機構と不干渉**　　最後に，国際機構と不干渉の関係について見てみよう。これは，とりわけ国連との関係で問題となる。国連憲章はその2条7項において，「この憲章のいかなる規定も，本質上いずれかの国の国内管轄権内にある事項に干渉する権限を国際連合に与えるものではなく，また，その事項をこの憲章に

基く解決に付託することを加盟国に要求するものでもない。ただし，この原則は，第7章に基く強制措置の適用を妨げるものではない。」と定める。つまり，第7章に基づく強制措置の場合を除いて，国連は加盟国の国内管轄事項に干渉する権限を有しない。しかし，第7章に基づく強制措置は，「平和に対する脅威・平和の破壊・侵略行為」に該当する事態が，ある国家で発生した場合には，各国に経済的制裁措置など非軍事的措置を強制的に課し，時には軍事的措置をも講じることができることを定める。とすればこの第7章は，まさに国内問題に国連が強制的に干与する規定である。国連憲章上，国際社会に深刻な影響を与える国内問題の場合には，安保理が中心となってこの国内問題に対処することが禁じられていないことになる。では，国連憲章2条7項は，国際法上の不干渉原則とかかわっていかなる意味をもつのか。国連はそもそも，加盟承認や予算の決定など機構内部規律に関する事項に関する決議と第7章に基づく安保理決議とを除けば，勧告的効力しか有さない。とすれば，この2条7項の規定が禁止している行為は，「平和に対する脅威・平和の破壊・侵略行為」に該当しないような国内問題について，国連が，討議し，勧告することとなる。またこの規定は，「何」が国内管轄事項に該当するか，その「判断者」を明記しておらず，そのため国内問題に該当する範囲を広く解釈すれば，国連の活動が阻害されるおそれが生じることになる。しかし，国連は，国連憲章において明確ではなくとも，国連の目的として掲げられた問題が，ある加盟国の国内に発生した場合には，その問題を**国際関心事項**として取り上げ，広く討議・勧告の対象としてきたのである。

(3) 対世的義務

　伝統的に，国際法は，当事国同士の権利義務関係を規律してきた。国家の義務といえば，他国を尊重し，他国と締結した条約上の義務を誠実に履行することを意味した。こうした義務は，条約を締結していない国家との関係では，尊重する必要はないため，国家間関係は相対的なものであり，そしてそこで国家が負う義務も，相対的なものでしかなかった。しかしながら，20世紀における科学技術の進展や国家間の相互関係の緊密化は，国家間関係を円滑にしていくにあたって各国家の利益の保護とは別のものとして，すべての国家が守るべき国際社会の一般

的利益の保護という観念を生ぜしめ，これを無視できないものにした。こうした国際社会の一般的利益の保護が重要視されていることを表す現象として，国際機構や国際会議が多数設立され，そのもとで国家の利害調整や国際社会全体の問題を検討して政策を策定していることがあげられる。平和の維持・紛争の平和的解決の実現が国際社会の一般的利益であるとして，国際連盟や国際連合が設立されたことからも「国際社会の一般的利益」の概念の重要性が見て取れよう。

　こうした状況のなか，バルセロナ・トラクション会社事件（1970年）において，国際司法裁判所（ICJ）は，通常の契約のような当事国同士のみを規律する権利義務関係だけではなく，ある義務が，すべての国の関心事項となり，その保護にすべての国家が法的利益を有する，**対世的義務**（obligations *erga omnes*）なるルールが国際法のなかに存在すると判示した。ICJ は，現代国際法においてこの対世的義務が存在する例として，侵略行為およびジェノサイドの違法化，また奴隷および人種差別からの保護を含む人間の基本的権利についての原則および規則をあげた。その後，ICJ は，東チモール事件判決（1995年）やパレスチナ壁事件勧告的意見（2006年）において，人民の自決権の尊重が対世的義務であることを認めたのである。

　ここで「nation」をどう訳すかについて答え合わせをしよう。平等権の話では，説明をわかりやすくするために，nation を「国家」と単純に訳したが，問題は「国家」の「中身」をどう把握するかであった。「nation」を単に「国民」と訳せば，「国という容れ物」だけがクローズアップされてきて肝心の「中身」が見えてこない。つまり「国民」と「民族」を同じものとして理解してしまえば，同化政策や人種差別政策をもたらしてしまう危険性が生じるのである。このとき，植民地・従属地域に元々住んでいた「人民」は，自立した国として国際社会に存在する「宗主国」の「国民」としてまとめて考えられてしまう。そうなると国際社会の舞台に立ち「inter」（相互）関係をもてるのは宗主国だけということになってしまう。

　国際法は，植民地解放運動という歴史の流れのなかで，宗主国の国民とは異なる「植民地の人民」という存在にもスポットを当て，上記の国際法上の権利であ

る自決権をもつ主体ととらえ直してきたのである。

　International Law・国際法という一見単純な言葉。けれども「international」に隠された「nation」にはどんな意味があるのか。実は国際法の主体のことや歴史を深く知らなければ本当の意味は見えてこない。「本当のこと」は表面には見えてこないことが多いのである。

【参考文献】

　木畑洋一『国際体制の展開』（世界史リブレット，山川出版社，1997年）

　高澤紀恵『主権国家体制の成立』（世界史リブレット，山川出版社，1997年）

　正村俊之『グローバリゼーション——現代はいかなる時代なのか』（有斐閣，2009年）

第2章 国際社会の利害をどのように調整するか？
—— 国際関係法と国際機構の役割

　1945年国際社会は，連合国を中心に，国際連合憲章を採択し，国際連合を設立しました。それは，二度にわたる大戦の戦禍を教訓に，国際連盟以上に，国際社会の平和と安全の維持を強力に推進させる普遍的な国際機構の設立が望まれたからでした。ところで，国際機構は，その設立文書に，自らの活動が拘束されます。それでは，設立文書にない活動は完全に禁止されるのでしょうか。この問題を国際司法裁判所（以下，「ICJ」と略称）で取り上げたのが，1949年国連損害賠償事件勧告的意見です。この事件は，国連パレスチナ調停官が，当時国連非加盟国であったイスラエルのエルサレム・ユダヤ人支配地域で任務遂行中殺害されたことを発端としています。これに対して国連総会は，国連職員のこの被害に対して，独自の国際賠償請求を行う権利が国連にあるか否かを ICJ に諮問したのです。これに対して ICJ は，次のように述べて国連総会の諮問に肯定的に答えました（要約）。

　「国連憲章はこの機構と構成国との間に一定の権利および義務の関係を生じる場合を予定し，この機構に対する構成国の地位を明確に定めた。これによって，一定の範囲で，国連に構成国より超越した地位を与えている。国連は1条に列挙された広範で重要な政治的任務を与えられている。このことは，国連が国際場面で活動する能力をもち，国際法人格をもつことを前提にしてのみ説明できる。国連は国際機構のなかで最も高度な形態のものであるが，もしこれが国際法人格をもたないとすれば，国連創設者の意図を実現することは不可能である。したがってその構成国は，国連に一定の機能を与え，同時にそれに伴う義務や責任を委ねることにより，これらの機能が効果的に遂行できるために必要な権能を与えたのである。まさにその意味するところは，国連が国際法の主体であり，国際法上の権利および義務の能力があること，そして国際的請求を行うことによって，自らの権利を維持する権能をもつことである。」

　これは，国際機構が，国家とは独立した存在として成立しうる場合があることを指し示しています。それではどのような場合にこれが当てはまるのか考えてみましょう。またここで出てくる国連憲章という条約についても，どういうものか，どのように成立したものであるか考えてみましょう。

・国際社会を規律するルールにはどのようなものがあるだろうか。それぞれの関係についても検討してみよう。

・国際機構は，どのような役割を果たしているのだろうか？　国連を例に考えてみよう。

・国際社会に法主体として登場するものにはどのようなものがあると考えられるだろうか？　もし法主体になるための条件があるとすれば，それはどのようなものだろうか？

1　国家間の利害をどのように調整するか(1)
——国際関係法とは？

　第1章で私たちは，国際社会を構成しているのは誰か，そしてその構成員は，国際社会ではどんな権利をもち義務を負っているかを見てきた。第1章で見てきたように，国際社会の構成員である国家は，主権をもち，自国の利益を実現するために国際社会で行動をしている。こうした行動はしばしば他国との衝突を生じさせる。そのためこうした衝突を調整するためのルールが必要となる。これが法である。本章では，国際社会の法である国際関係法にはどんな種類のものがあるのか，そしてそれはどのように作られてきたかをまず見てみよう。

　法というものは，主体がもっているさまざまな利害関係に合理的な範囲で妥当な一致点を探り，かつ，それをルール化していくものとして生まれてきたものである。そのうち，国際社会の問題，国境を越えたさまざまな問題を解決するためのよりどころとなるルールのことを，**国際関係法**という。本書の序章において，国際関係法が，**国際法（国際公法）**と**国際私法**からなることを学んだが，国際法を中心に，もう少し詳しく検討してみよう。

(1)　国際法（国際公法）

　①　**慣習法と条約**　　国際社会の紛争を解決するためには，国際社会で統一された内容の法律が必要である。とりわけ国家間の利害に対立するものがあり，それを調整してできあがった法，そして国際社会に通用する法，これが，国際法ある

いは国際公法と呼ばれるものである。すなわち，国際法とは，国家・国際機構などの国際社会の主体間の行動を律する法である。こうして法主体間の合意によって創られる国際法にはいくつかの種類がある。この種類を見るうえで参考となるものは，国際司法裁判所（ICJ）規程である。その38条には，国際社会の裁判所である ICJ が裁判を行うにあたって根拠とすべきルールが，定められている。それは，**慣習法（慣習国際法），条約**そして**法の一般原則**である。

まず38条１項に定められているのは，「法として認められた一般慣行の証拠としての国際慣習」とされる，慣習法（慣習国際法）であ

コラム2-1　ICJ の裁判の基準

ICJ 規程38条
1. 裁判所は，付託される紛争を国際法に従って裁判することを任務とし，次のものを適用する。
　a. 一般又は特別の国際条約で係争国が明らかに認めた規則を確立しているもの
　b. 法として認められた一般慣行の証拠としての国際慣習
　c. 文明国が認めた法の一般原則
　d. 法則決定の補助手段としての裁判上の判決及び諸国の最も優秀な国際法学者の学説。但し，第59条の規定に従うことを条件とする。

なお，この条文にある「文明国が認める法の一般原則」は，私たちが通常考えるような国際法の規則のなかの根本原則を指すものではない。裁判において利用される基準であって，慣習国際法や条約の中に判断するための基準が見つからないときに，裁判官が主要な諸国家（従来は文明国）の国内法において共通する基準を導き出し，判決を下す手段として利用されている。たとえば，既判力の原則や禁反言の原則などがある。

る。これは，これまでの国際社会の歴史の積み重ねのなかで，諸国家によりある同一の行為が積み重ねられ（**一般慣行**），その経過のなかでその行為が法的に義務づけられるべきであると考えられるもの（**法的信念**）が形成されることの２つの要件双方が存在して，成立する法である。この慣習法の要件に関して，「法的信念」とは，法ではないものを法的に考えるものであって，これはフィクションであるという批判もある。だが，この要件を必要としないとすると，国際社会の道徳である**国際礼譲**（→コラム２-３参照）や単なる慣行と，慣習法とを区別することができなくなるため，この２つの要件はともに必要なものであると考えられている。

国内には立法・行政・司法という法を作り，それを執行し，裁判するという統治機能がある。けれどもこの絶対的な強制力をもつ統治機関が国際社会には存在しないことは，第１章で見てきた。国際法は，これを管理する一元的な統治機関

コラム 2 - 2　慣習法の成立には,時間的経過はどれだけ必要か

　慣習法は,同一の慣行が繰り返される時間的経過のなかで成立するものとされるが,それではその時間的経過はどのくらい必要であろうか。ICJ は,1969年の北海大陸棚事件において,慣習法の成立に関して,諸国家の「一般慣行」とその慣行に対する「法的信念」の2つの要件が必要であることを明確にしたが,その際に必要となる時間的経過は,状況によるとしている。

コラム 2 - 3　国際礼譲とは

　国際礼譲とは,国際社会において国家が長年行っている法的信念を伴わない慣行のことである。単に政治的な便宜とか慣例または儀礼的な考慮などによって行われる。そのため国際礼譲を拒否しても,その国家は責任を問われることなく,単に非友好的な行動であると非難されるにすぎない。慣習国際法と国際礼譲は法的信念を伴うか否かの違いしかないため,境界があいまいになりやすく,また国際礼譲と慣習法は,時代の流れで変化することもある。たとえば,軍艦が,他国の港に入港する際や海上で他国の艦船と遭遇した際に,相手に敬意を払う意味から,礼砲や旗章を掲げることがある。この行為は,従来は慣習法であったが,武力行使禁止原則が確立した現代では,国際礼譲となっている。

を欠いているため,諸国家の慣行により修正されながら発展するという形態をとらざるをえなかったのである。したがって,慣習法は,国際社会を律する法として重要な位置を占めるものの,明文の形ではなく,不文法である。また慣習法には政治的な色彩が強く,融通性にも富んでいるが,反面必ずしもその内容が明確であるわけではない。そのため,慣習法の内容を確定するための成文化,および新しい事態に対応した国際関係を規律する国際法の法典化の重要性が増したのである。

　国際法の形態としてもう1つあげられるのは,条約である。これは,国家など法主体間の合意を定めたルールを明文化したものである。国家などが,対等な立場で自由な意思をもって交わした文書である。

　条約法に関するウィーン条約(以下,「条約法条約」と略称)(1969年採択)によれば,「『条約』とは,国の間において文書の形式により締結され,国際法によって規律される国際的な合意(単一の文書によるものであるか関連する二以上の文書によるものであるかを問わず,また,名称のいかんを問わない。)をいう。」(2条1項(a))とあるが,文書の形式のみならず口頭合意も条約とみなされる。たとえば,東部グリーンランド事件では,グリーンランドに対するデンマークの主権の承認を,ノルウェーを含む諸外国に求めたことに対して,1919年ノルウェー外相イーレンが「この問題の処理に反対するつもりはない」という旨を述べた(いわゆるイーレン宣言)。口頭の声明であるこの宣言

について，当時の常設国際司法裁判所は，ノルウェー国家を法的に拘束すると判示した。他の国の要請に対して，自国の外相がそれに応じたことによって，両国の間に合意が成立したとみなされたのである。

　また国家間だけではなく，国際機構と国家の間あるいは国際機構間においても条約を締結することができる（国際機構条約法条約）。東京・表参道に国連大学という国連の研究機関があるが，これは日本と国連が条約を締結して設置されたものである（国連大学本部協定）。

　慣習法と条約の両者の大きな違いの1つは，その対象とする範囲に現れる。たとえば，日米安全保障条約という条約があるが，これは日本とアメリカとの間で約束された特別のルール（条約）である。つまり，圧倒的大多数の他の国家は，この条約の当事者ではないため，この条約に書かれた特別ルール（特別法）を遵守する必要はなく，一般ルール（一般法）である慣習法を守ればよい。このように国際社会においても，一般には慣習法が適用され，すべての国家が規律されるのだが，その慣習法で定められた規則の適用を，ある国家群にだけ変更させることや慣習法にない規則を特別に作ることが，条約の締結という方法なのである（特別法優先原則）。条約というものは，自国の国家利益を慣習法の規則との調整のなかでいかに実現するかという要請から生じるものなのである。

　条約は，当事国の数により，二国間条約あるいは多数国間条約に分けられる。多数国間条約は，国家間に共通の目標を実現するためのルールを定めるものである。多数国間条約はその批准国が多ければ多いほど，国際社会の統一的な規範としての効果を有することになる。この点は，次に述べるように国際法の法典化において重要な役割を果たしていくことになる。

　条約には，明文の法文書であるという利点がある。この利点を生かして，慣習法のもつ欠点を補完する作業が国連で行われてきた。国連は，国際法委員会を設置し，積極的に国際法規則の成文化（法典化）を行ったのである。この作業によって，慣習法の多くの規則が目に見える形で現れるようになり，規則のあいまいさが解消されるようになってきた。そして国連は，単に慣習法の法典化だけを目指したのではなく，漸進的発達部分を法典化作業のなかに取り込んできた（国連憲章13条1項(a)）。つまり，条約を作成するに際してすでに存在する規則だけではな

く，これまでの規則では不十分な点を補い，国際社会の発展に伴って必要とされる新しい規則を条約のなかに取り込もうとしてきたのである。こうした国連の取り組みのなかで条約法条約，海洋法に関する国際連合条約など，数多くの条約が生まれたのである。

② 必ず守らなければならないルールの出現 ── 強行法規（強行規範 *jus cogens*）

国際社会において当事者の合意によって 多くのルールが成立することを私たちは見てきた。そのなかには慣習法というほぼすべての国家を包含する法が存在することも学んだ。しかしながら，この慣習法は，条約の締結によって条約当事者間に限定された間のみにおいてではあるが，遵守義務が免除されることがある（特別法優先原則）。こうしてみると国際社会においては，当事者によって自らの利益の実現のためのルールが勝手に作られてしまい，地球全体を覆うべきルールが存在しないかのような錯覚に陥ってしまう。こうした懸念は，国際社会の構成が拡大し，多様化したことに伴い発生してきた問題である。

ところで日本では，「公の秩序又は善良の風俗に反する法律行為は無効とする」と定める民法90条は国内社会において私たちの基本的な生活行動の指針を指し示しており，これによって殺人契約は絶対的な無効であるとみなされている。こうした民法90条に定める「公序良俗」に反しない義務のような，社会のすべての構成員が関心をもち，守るべきとするルールは，国際法には存在しないのであろうか。

第1章3(3)において，私たちは国家の義務のなかに**対世的義務**が登場してきたことを見てきた。この概念は，国際社会には，約束を交わした当事者同士にのみ課せられる双務的な義務と，国際社会に集うすべての構成員に課せられる普遍的な義務の双方が国際法のなかに存在することを示している。このように国際社会全体に対して負う義務という観念が広まることは，国際社会のなかで国家がとる行動の自由に制限が課せられることを意味する。

さらに，条約法条約は，その53条に**強行規範**という新たな概念を明記した。これは，個別の国家の意思をもってしても破ることが許されない規範が存在することを明らかにするものであった。しかしながら，この規範に該当する事項が何であるか，条約法条約は明らかにしていない。この規範の内容それ自体が，今後の

強行規範概念の発展に委ねられている。この強行規範の内容は，国際社会が平和に共存するための前提条件がどのようなものであるのかといった点から構築されていくことになるが，この強行規範は国際社会全体が守るべき規範という対世的な性質をもつものであることは間違いないであろう。この点については，先述の民法90条の定める公序良俗の考え方を類推すればわかりやすいだろう。すなわち，社会の公の秩序や正義の観念に違反する行為は絶対的な違法とする考えを表したルールが国際社会における強行規範である。この点についてICJは，ジェノサイドの禁止（2006年のコンゴ領域における軍事活動事件・2007年のジェノサイド条約適用事件）がこれに該当すると判断したし，また旧ユーゴ国際刑事裁判所も，拷問禁止（フルンジャ事件）が該当すると判断している。国際判例などでは，人民の自決の原則，武力行使禁止原則，さらにはアパルトヘイトやジェノサイド(集団殺害)といった大規模人権侵害の禁止がこれに該当することが指摘されている。

　このような強行規範という概念の登場によって国家は，自由に決定し行動する権利を有するとともに，「国際社会の公序良俗」に反する行為には制限が課されることとなった。これは国際社会の平和を実現していくためなのである。

(2) 国際私法──国内法による調整

　国際関係法のもうひとつの法である国際私法とは，国境を越え，複数の国に関連をもつ生活関係に適用されるべき法律を決定するためのルールである。国際交流が盛んになるにつれて，一国の領域内に限定されないような法律関係が発生し，それに対する法規範として国際私法が存在する。その適用範囲は，婚姻・相続などの個人関係から，民事・商事にまで及び，私人関係の法的問題のすべてがその対象となる。国際私法は，何らかの法律関係を直接規律するものではなく，法律関係を規律・解決するにあたって，それに適用すべき法律として，いずれかの国の国内法（私法）を指定して，間接的に解決方法を提供するものである。日本においては，現在「法の適用に関する通則法」と呼ばれるものが，それに該当する（→第7章参照）。つまり，国際私法は，法の成立形式から見れば，国家間の法というよりは，ある国の法律で構成される法なのである。

(3) 条約の締結方法

```
資料 2-1　条約締結プロセス

　　交渉
　　　↓
　条約の署名 ➡ 発効（交換公文など）
　　　‖ ← （国会による承認）
　条約の批准
　　　↓
　批准書の交換（二国間条約）・寄託（多数国間条約）
　　　↓
　　発効
　　　↓
　　公布
```

国際法のうち，条約が成立するためのプロセスを見てみよう。まず二国間条約の場合，当事国の直接交渉により策定される。多数国間条約の場合，国連総会などの国際会議で各国代表による交渉・審議を経て多数決または投票にかけないコンセンサス方式で採択される。その後，通常は国家代表（全権大使など）による署名により条約文が確定される。しかし，この署名は必ずしも条約に拘束されることについての国家の最終的な同意を意味するわけではない。条約締結のプロセスは，署名，批准という2段階の手続を踏むのが通例である。これは，国家代表（全権代表）によって外交交渉がなされた末，確定した条約原案を，国内において権限を有する機関（国王や行政府）が今一度確認するという国内の要請に基づく。

　日本では，条約の締結権限は，内閣に属し，条約締結の事前もしくは事後に，国会の承認を受けることが必要とされている（憲法73条3号）。これは，条約締結権が行政府と立法府の2つの国家機関に分属されていることを表すものである。それは，歴史的に見れば，三権分立の流れと立法府による行政府に対する民主的統制の要請に基づくものである。ただし，憲法73条2号は，内閣の外交処理権限に基づき，行政取極などの国際約束を国会承認なしに行うことも認める。日本では，憲法73条3号にいう国会の承認を求める条約とは，①法律事項を含む条約，②財政事項を含む条約，③国家間の基本的な関係を規定するという意味で重要であるので批准が発効要件とされている条約，とされる（いわゆる大平三原則）。ただ，現在国際関係の緊密化に伴う条約対象領域の拡大や技術的な性格を有する条約の増大によって，条約を迅速に発効させる必要に迫られ，日本においては，約90％を超える条約が国会の承認を受けることのない簡略形式の条約によって発効しているのが現状である。

2 国家間の利害をどのように調整するか (2)
——国際機構の設立

(1) 国際調整機能としての国際機構——国際行政連合の誕生

　私たちは，第1章で国家は自国の利益のために自由に活動する権利を有していることを見てきた。そして本章の1では，その活動に伴い他国との利害関係が生じた場合，それを調整するためのルールが必要であり，そのルールである国際関係法について考察をしてきた。ここで私たちは，国家間の利害関係を調整する国際機構の設立とその働きについて考察を深めていこう。

　近代以前の国際社会においては国家間の利害の衝突が発生した場合，そのたびごとに，利害関係国が集まり，そのなかで利害関係を調整し，ルールを策定し，秩序を形成してきた。しかし資本主義の発達に伴い国際関係が緊密になってくると，できるだけ円滑な通商・伝達が求められ，トラブル発生のたびごとに関係諸国家が集まり調整を図るという手法には限界が生じてきた。また国境を越えた事物・活動に伴うトラブルに，単一の国家のみで対処をしていくことは不可能である。そのため自国の利益を追求するためにも，こうしたトラブルを諸国家の協力で迅速に処理していく恒常的な仕組みの設立が必要となった。そこで国際的な会議体を常置させ，定期的な会合を開催することによって，利害関係の衝突が深刻なものとならないようにしておこうという発想が誕生した。こうしたことから，19世紀頃には恒常的に開かれる国際的な機関・国際機構が設立されるようになった。たとえば，国際郵便の円滑な運営を目的とした万国郵便連合があげられる。

　しかしながら，こうした機関の機能は，本部に事務局が置かれ，各分野の専門的・技術的な諸問題を国際的に処理したり，各国の利害を調整するという機能にとどまっている。その機能は，各国に交渉する場を提供するものにすぎないのであって，その機関としての独自の活動を期待することはできない。つまり，あくまでも各国の自主的行動を基盤におき，その調整を主眼とした場を保障するにとどまる機関・**国際行政連合**であったのである。

資料2-2 国際連合機構図

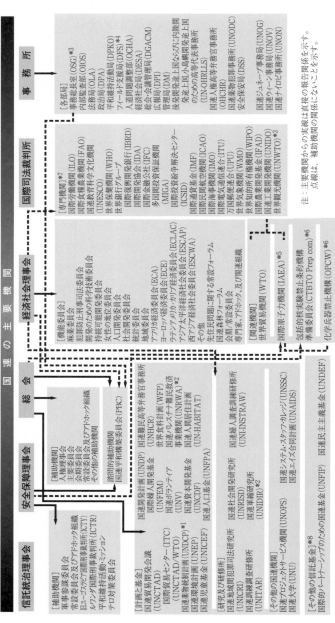

注：主要機関からの実線は直接の報告関係を示す。3. 国連倫理事務所（The United
点線は、補助機関の関係にないことを示す。

1. 国連薬物統制計画（UNDCP）は国連薬物犯罪事務所（UNODC）の一部である。2. UNRWA及びUNIDIRは総会に対してのみ報告する。3. 国連倫理事務所（The United
Nations Ethics Office）、国連オンブズマン事務所（The United Nations Ombudsman's Office）、情報通信技術担当チーフオフィサー（the Chief Information Technology Officer）は
事務総長に直接報告する。4. 特別な場合、DPKOとOPCHAは総会に直接報告する。5. 国際原子力機関（IAEA）は、安全保障理事会と総会に報告する。6. CTBTO準備委員会とOPCWは総会に報告する。7. 専門機関は、政府間ワインレベルでは、また事務局間レベルでは、主要執行理事会（Chief Executives
告する。6. CTBTO準備委員会とOPCWは総会に報告する。7. 専門機関は、政府間ワインレベルでは、また事務局間レベルでは、主要執行理事会（Chief Executives
Board for coordination=CEB）を通じて国連システムの活動を自治協する。8. ECOSOCを通じて、国際防災のためのパートナーシップのための国連基金（UNFIP）は副事務総長の主導の下にあ
る信託基金である。国連民主主義基金（UNDEF）諮問理事会は事務総長の動きを告する。

出典：http://www.unic.or.jp/know/pdf/organize.pdf
（［国際連合広報センター］）

(2) 普遍的国際機構の登場――国際連盟と国際連合

　国際行政連合の登場は，20世紀におけるその後の国際機構そして国際社会の新たな発展を予言するものであった。それは，国際社会に横たわる国際社会の一般的利益を実現するために各国で協力すること，そのための組織を形成することが，国際社会の秩序にとって，さらには自国の利益の実現にとっても有益であることが理解されるようになっていくことの萌芽でもあった。

　1914年に勃発した第一次世界大戦は，人類に大きな惨禍をもたらし，国際社会に大きな構造変化を引き起こした。国際社会の平和の問題が，地球上の諸国家の共通の重要な関心事項となったのである。そのことが，1919年のヴェルサイユ条約のなかに生かされ，第1篇に**国際連盟規約**が盛り込まれたのである。これによって初めて普遍的かつ一般的な政治機構が誕生し，また第13篇で**国際労働機関（ILO）**が生まれた。国際連盟は，多くの国家が参加し，戦争を一時的にではあれ停止させ，紛争の平和解決，制裁手続，軍備縮小等を定めた，平和を希求した国際機構となっていたのである。

　しかし，この機構に米国など大国が参加していないなど，大きな弱点が国際連盟にはあった。国際連盟がかかえるこうした弱点を克服するために，1945年6月にサン・フランシスコで開催された連合国会議で**国際連合（国連）**が設立されたのである。

(3) 国際連合の組織と機能

　国連は，国際連盟の弱点を克服していくなかで設立された地球規模の**普遍的国際機構**である。国連の主要な目的は，国連憲章の1条において4つ掲げられている。その第1が，国際の平和と安全の維持である。第2に，人民の同権および自決の原則に基礎をおいて諸国家間の友好関係を発展させ，世界平和を強化することである。第3に，経済，社会，文化または人道にかかわる問題を解決し，人権および基本的自由の実現のために国際協力をしていくことである。第4に，以上の共通目的を達成するために，国連が諸国家の行動の中心となること，があげられている。

　以上の目的を達成するために，国連と加盟国の活動原則が，7つあげられてい

る。主権平等，憲章義務の誠実履行，国際紛争の平和的解決，武力による威嚇または行使の禁止，国連の行動に対する協力義務，加盟国との協力の確保，国内管轄事項に対する不干渉，である（2条）。

　こうした目的と原則を実現するための国連の主要機関は，総会，安全保障理事会（以下，「安保理」と略称），経済社会理事会，信託統治理事会，国際司法裁判所（ICJ）および事務局である（7条）。このように国連が実現しようとする活動目的は，国際連盟が担う活動目的よりも拡大している。そのことは，主要組織間の連関にも変化をもたらしている。

　国連の各機関の役割を，とりわけ重要な，総会，安保理，事務局そして ICJ に分けて概観すると次のようになる。

　① **総会**　総会は，すべての加盟国から構成される。総会は，憲章の範囲内にあるすべての事項や憲章の規定する機関の権限と任務について討議し，一部の例外を除いてすべての加盟国と安保理に勧告することができる。この総会のもとに，軍縮，安全保障，法律などいくつかの問題を専門的に扱う委員会が設置されている。また，2006年の総会決議により，経済社会理事会のもとにあった人権委員会が，総会のもとにおかれる人権理事会へと発展した（→第8章参照）。

　こうした総会の役割は，次に見る安保理の権限との関係で問題となる。それは，総会が安全保障に関する問題を討議することそのものは禁じられていないからである。かつて安保理が中国の代表権問題で機能不全を起こした際，総会は「平和のための結集決議」を採択して，安保理に代わって加盟国に勧告する権限があることを決定した（→第12章参照）。その後この決議を利用した PKO 派遣に関して ICJ は，安保理の平和と安全の維持にかかわる権限が，「排他的」ではないことを認めた。つまり，安保理は，平和と安全の維持にかかわる「権限」をもっているが，このことと他の機関が平和と安全の維持にかかわることができるか否かは別の問題ということになる。さらに，ICJ の勧告的意見によると，設立文書（ここでは国連憲章）に定める目的の実現のためには，明文の定めがなくとも，その任務の遂行上不可欠な権限を黙示的に与えられているとされている（国連損害賠償事件勧告的意見・国連のある種の経費事件勧告的意見）。これを黙示的権限の理論という。

　② **安保理**　安保理は，国際の平和と安全に主要な責任を負う機関である。

その責任を実行するため，安保理に与えられた権限には，紛争の平和的解決のための勧告や，平和に対する脅威・平和の破壊および侵略行為に対する行動（軍事的および非軍事的措置）などが掲げられている。また安保理は，すべての加盟国に対して拘束力を有する決定を下すこともできる。こうした責任を果たすにあたり，世界でも重要な政治的および軍事的な大国である英米仏中ロ5カ国の常任理事国には，これらの国家の一致が国際の平和と安全の維持には不可欠であるとして拒否権が与えられ，5大国一致の原則が貫かれているのである。

　③　**事務局**　　事務局は，1名の行政職員の長たる事務総長と職員からなる。事務総長の任務は，他の主要機関の会議において事務総長の資格で行動し，かつそれらの機関から委託される任務を遂行することである。また国際の平和および安全の維持の脅威となる事項について，総会や安保理に注意を喚起することもできる。こうした地位と役割から，国際紛争の解決にあたって，仲介者や仲裁人の役割を求められることもある。

　④　**ICJ**　　最後に ICJ について見てみよう。ICJ は，世界の主要な法体系を代表する15名の裁判官からなる裁判所である。国際司法裁判所規程（ICJ 規程）という条約を基礎にした国際機構であり，国のみが裁判のためにこの裁判所を利用することができる。国連加盟国は，当然にこの規程の当事国となるので（憲章93条1項），国際連合の裁判所であるともいえる。またこの規程を批准していない国家であっても，安保理が承認すれば利用することは可能であるので，すべての国家に開かれた世界法廷であるともいえる。この裁判所は，拘束力ある判決を下すことができるのだが，国内の裁判所とは異なり，当事国同士の合意がないと，紛争を裁判するための管轄権がないという欠点をもっている。そのため，ICJ に強制的管轄権を認めることを選択できる条項（選択条項）を ICJ 規程のなかに設けているが，十分機能していないという問題点もかかえている。

　また，裁判以外の機能として，安保理や総会など国際機関が法律問題について ICJ に勧告的意見を求めることも可能である。その意見は形式的には法的拘束力を有しないが，非常に重要な役割を果たしている。この ICJ の役割については第3章で詳しく述べている。

(4) 国際機構の概念と役割

　あらためて「国際機構とは何か，そしてそれはどんな役割をもっているのか」，ここではそれを見てみよう。国際機構とは，諸国家がある特定の共通の目的を継続的に達成するため，国家間の合意によって設立する政府間組織であって，常設的な機関を備えており，その構成員とは区別された国際人格を有し，それ自身の名において活動するものをいう。したがって，まず国際機構は，国際社会の主体である国家をその構成員とする。つまり，国家のみを構成員とする**政府間組織**（IGO）を国際機構と呼ぶ。その点で，私人をその構成員とする**非政府組織**（NGO）とは区別される。たとえば，工業規格の国際基準である ISO で有名な国際化標準機構は，NGO であり国際機構ではない。第2に，国際機構は，国家間の合意，つまり設立文書（条約）を基礎に設立される。この設立文書を基礎に，国際機構の目的や組織の権能，組織構造など基本骨格が定められる。第3に，国際機構は，設立文書に定められた目的を遂行するための機能的団体である。その設立文書に書かれている範囲内で，常設的な機関をもち，構成員たる国家とは区別された独立の意思を表明することができる。それは，国際法上の権利義務の主体者になりうることを意味している。したがって，以前の国際行政連合は，広い意味で国際機構と呼べるかもしれないが，国際機構独自の意思を表明し，活動を行うことが予定されていないという意味では，厳密な意味での国際機構とは異なる性格を有するのである。

　このように国際機構は，国際社会に横たわる，国際社会の一般的利益を実現するために各国で協力することを目指した常設的な機関として設立される。こうした国際機構が恒常的に存在することは，問題が発生すると直ちに対応できるという利点がある。国際機構は，国際社会が緊密化していくなかで発生するさまざまな現象に対応し，国際社会の組織化の要請に応えるものとみなされており，国際社会におけるその役割は，ますます大きくなっている。国際機構の具体的な機能は次にあげるものである。

　第1に，立法機能である。恒常的な機関において各加盟国が，総会などで討議を行い，新しい条約案を作成したり，当該国際機構独自の決議を採択することによって，国際社会の一般的利益を実現していくことや，また自国利益の実現を反

映させることが容易になる。第2に，そうして作られた条約や宣言を，各加盟国が遵守しているかどうか各国の履行状況を監視する機能がある。条約の履行に関して各国がばらばらに監視していたのでは，国家の利害関係が影響して十分な履行を達成することができないことがある。そこで，国際機構には第三者的立場から，各国の条約などの履行状況を監視・確認して，物事を円滑に進める機能が要請されている。第3に，国際機構は，紛争が発生した場合には，それを平和的に解決するための紛争処理機能を担うこともある。たとえばICJがそれにあたる。近年では，ICJの他にも専門的な分野を扱う数多くの裁判所が設立されており，それぞれ活躍している。けれども，こうした裁判所の出現状況は，国際法全体から見れば統一的な基準の確立という観点から問題をはらむことになる。たとえば，これまで見てきたようにICJは，ICJ規程という条約を基礎に設立された国際機構である。もちろんこの裁判所は，この規程の批准国以外にも開かれてはいるが，必ずしも国際社会に司法権を普遍的・全般的に及ぼすことができる機関ではない。こうしたなかでICJとは異なり，ある特定の条約を基礎に国際裁判所が新たに設立されれば，裁判所間で異なる判断が行われ，国際法の分断化現象が生じることが懸念されるのである。最後に，安全保障機能である。この機能についてはとりわけ国連の安全保障理事会が，紛争の重大化・拡大を防止するために，積極的な役割を果たしている（→第12章参照）。

　こうした国際機構の機能は，国際社会の一般的利益の実現を一層推し進めるものとなり，国際社会の組織化に寄与することになる。

⑸　国際社会の一般的利益の実現に向けて── SDGs

　科学技術の進展や経済・貿易の発展は，私たちの生活を豊かにした。他方で，環境破壊や貧富の格差の固定化・深刻さを生み出し，その解決が必要であることが，1980年代より指摘されていた。そこで国連は，2000年にこの問題の解決のために2015年までに達成すべき開発目標を定めたものの，これを達成できなかったため，改めて2015年9月の国連サミットで「持続可能な開発のための2030アジェンダ」が加盟国の全会一致で採択された。これは，地球上の「誰一人取り残さない（leave no one behind）」ことを約束して，発展途上国のみならず，先進国自身も

取り組むべき普遍的なものとして，2030年までに持続可能でよりよい世界を目指す国際目標・持続可能な開発目標（SGDs）として，17のゴール・169のターゲットから構成されている。

(6) 国際社会の一般的利益の実現の難しさ——国際機構の限界

国際機関は，設立文書によってその役割が決定されることは確認した。また国際社会が世界政府のような統治機関をもっていないことも確認したところである。このことが問題となって露呈した一例について考えてみよう。

国連には専門的な問題を取り扱う機関（専門機関）が数多くあるが，専門機関とは，経済・社会・文化・教育・保健等の分野における専門の国際機関であり，国際連合憲章63条の規定に基づいて国連経済社会理事会との間で協定を締結し，国連と連携関係にある国際機関のことをさす。こうした専門機関は，国際社会の一般的利益の実現のために大きな役割を果たしており，例えば保健・防疫事業の普及促進によって世界中の人々の疫病の恐怖からの自由を保障し，世界の人々の生命・健康を守る最前線にたつ専門機関として，世界保健機関（WHO）がある（→資料2-2参照）。

2020年からはじまったCOVID-19のパンデミックに世界保健機関（WHO）は，世界中に関連情報，予防や対策のためのガイドライン・トレーニング・アドバイス等をいち早く発信し，感染拡大防止や混乱・不安解消のためのさまざまな措置を展開してきた。そもそもパンデミック対策を含め保健事業は，世界中の国家・地域が参加して，空白地帯をつくらず地球規模での対応を講じることが不可欠であるし，SDGsに表わされる国際社会の一般的利益の実現に合致するものであろう。

しかしながら，たとえば世界的に防疫に成功した地域として名をはせた台湾は，中国の反対によって加盟することも，会議にオブザーバーとして出席することもできず，台湾での経験を，世界保健機関を通じて発信することができなかった。また米国は，WHOが中国寄りであるとして独立性に疑問があるとして脱退表明し，協力を拒否していた（後にバイデン政権下で復帰）。

さらに，このパンデミックのような事態においては，国家は，国際社会の一般的利益の実現よりも，国家利益を優先させる事態を露呈させたのである。

一般に各国家における社会的な緊急事態が発生したときに，各国家の安全保障を優先し，国境管理強化が行われる。まさにCOVID-19のパンデミック状態のなかでこの機能が作動し，モノ・カネ・ヒトが極端に制限された。さらに，国家における国民の生命保護という目的のために，ワクチンの争奪戦が繰り広げられることとなった。こうした動きは，各国家に経済安全保障・食糧安全保障という一国家内で経済を完結できるようにすること，自給自足の向上が必須であるとの考え方，つまり自国経済・自国民救済優先主義の考え方が台頭したのである。

　国家が国民の生命・生活を保護することは国家の基本的義務ともいえるため，そのこと自体を責めることはできまい。しかしながら，問題なのはそれによって，WHO・UNICEFが主導して途上国へのワクチン普及を進める国際組織COVAXを設立して対応したものの，アフリカなどの途上国や貧困層へのワクチン供与など救済措置が後回しにされ，資金不足により十分に機能しなかったことである。こうした国家利益優先の考え方は，ポストコロナ時代と呼ばれる今日においても根強く残った。それはSDGsの理念である，「すべてのヒトに貧困からの脱却」などの項目とは大きく異なるものである。

　もはや，2023年段階でSDGsの活動は危機的状況であり，このままではSDGsの2030年達成は不可能であるとの国連事務総長は警告を発した。国際社会の一般的利益の実現は，国家利益の危機の前には，後景に追いやられ，それを止める強制力ある手立ては国際機構は持ちあわせていないのである。

3　国際社会で活躍する新たなものたち
──個人・NGO・多国籍企業

　私たちは，国際社会における法主体としての，国家の役割，そして国際機構に関する問題をこれまで学んできた。国際社会には，これら以外のものでも活躍する実体がある。たとえば，人民（植民地・従属地域の人民（民族解放団体）），個人，非政府組織（NGO），そして多国籍企業などである。これら主体は，それぞれ国際社会において位置づけを異にしている。

　まず民族解放団体は，人民の自決の原則が，現代国際法の基本的基盤となっていることとのかかわりで，国際法の主体として認められるようになり，国家に準

ずる地位をもつ実体とされている。すなわち，国家としての独立を求めて，外国の植民地支配，占領や人種差別に抵抗している実体を指す。一般的には「人民」は国際法上の権利を行使できるわけではない。しかしながら，このように状況に応じて国際法上国家に準ずる地位を保持し，権利を行使することができるとされている（1970年国連友好関係宣言）。

さらに国際社会ではNGOの活躍も見逃せない。もっとも古いNGOの1つには，赤十字国際委員会がある。1863年に設立されたこのNGOによる戦争犠牲者の保護活動に関する多大なる貢献は，国際法，とりわけ国際人道法の分野において，法の成立や遵守・発展などに輝かしい功績を残した。近年では，国家が国際法を創りだす過程や国際法を遵守する過程のなかで，私人やNGOの役割が注目されるようになっている。たとえば，国際刑事裁判所に関するローマ規程や障害者権利条約などの策定過程には，NGOが大きな役割を果たしている。また国家による法の遵守にかかわっていえば，さまざまな遵守手続・監視手続にNGOが参加することが期待されるようになっている。

私人である個人も，人権分野において，国際的な人権裁判所や委員会において，自らに対して行われた人権侵害に対して，救済を求める手続が用意されるようになっている（→第8章参照）。

さらに私人のなかでも，多国籍企業は，その経済力を背景に，国家を凌駕し，国際社会に大きな影響力を及ぼしている。そのため，企業の国際社会における事実上の地位に対応した国際法規範が求められるようになった。それによって，企業の権利を保護するための制度が準備されたが，他方で，国際法における義務の観念やその追及を確保する制度の整備は立ち後れている。国連は，2000年グローバルコンパクトを採択して，企業の社会的責任・行動指針を策定したが，法的拘束力を有するまでにはいたってはいない。とはいえ，国家の人権保護義務とは別に，企業自体に人権保障義務を有することを自覚させることによって，国際社会の発展をめざすことがその後も追求され，国連人権理事会は「ビジネスと人権に関する指導原則」を2011年全会一致で採択し，持続可能な社会の実現のため事業活動の中に国際的な人権基準の尊重を採り入れる責務があることを確認した。

こうしてみると，NGOや私人の活動は，国際社会に大きな影響力を及ぼすよう

になっているといえる。しかしながら，前述の赤十字国際委員会が，スイス国内法人の民間団体にすぎないように，国際社会で活躍するとはいえども，国際社会の権利義務を当然に有する実体として見ることはできないのである。

【参考文献】

明石康『国際連合——軌跡と展望』（岩波新書，岩波書店，2006年）

加藤俊作『国際連合成立史——国連はどのようにしてつくられたか』（有信堂高文社，2000年）

吉田康彦『国連改革——「幻想」と「否定論」を超えて』（集英社新書，集英社，2003年）

中村耕一郎『国際「合意」論序説——法的拘束力を有しない国際「合意」について』（東信堂，2002年）

家正治・小畑郁・桐山孝信編『国際機構〔第4版〕』（世界思想社，2009年）

横田洋三『国際機構の法構造』（国際書院，2001年）

藤田久一『国連法』（東京大学出版会，1998年）

第3章　国際紛争を解決する方法
―― 紛争の平和的解決と国際司法裁判所

◆スタートアップ

　中米のニカラグアで1979年の革命で共産主義政権が成立したことに対し，米国はニカラグアに積極的に介入しました。ニカラグアの反政府勢力コントラに対して財政的・軍事的援助を行い，ニカラグアの港に機雷を敷設し船舶に被害を与えたほか，港や石油施設への爆撃を行いました。

　ニカラグアは1984年に米国を国際司法裁判所（以下，「ICJ」と略称）に提訴しました。米国はICJの管轄権（ICJが事件を審理する権限）を否定し，進行中の軍事行動をICJは扱うことはできないと主張しました。しかし，ICJはそれを退ける判決を下し，米国はそれ以降審理を欠席しました。

　ICJは1986年の判決で，米国の軍事行動は武力行使禁止原則の違反およびニカラグアの主権の侵害であること，コントラへの援助はニカラグアの国内事項への干渉であることなどを認定し，米国に違法行為を停止すること，およびニカラグアが受けた損害に賠償することを命じました。

　かつては武力紛争（戦争）は裁判になじまないとの考え方もありましたが，この判決は，武力紛争であっても国際法に従ってその合法・違法を判断することができることを示した点で画期的なものでした。

この章で学ぶこと

・国際社会における紛争の解決はどのようにして行われているだろうか？
・紛争の解決手段にはどのようなものがあるだろうか？
・国際裁判の仕組みはどのようなものだろうか？

1　紛争の平和的解決

(1)　国際紛争とは何か？

　国家間の紛争を**国際紛争**という。国際紛争にはさまざまなものがある。国際法に関する見解の相違についての紛争がある（法律的紛争という）。そのなかにはある国の行為が国際法に違反したかどうかについての紛争がある（本章「スタートアップ」の対ニカラグア軍事的・準軍事的活動事件がその例）。国内法では法律を破った場合，破った者が国家によって処罰される刑事責任と，被害者に賠償金を支払わされる民事責任がある。国際法には国家の刑事責任を問う制度は存在しないので，国際法を破った場合の罰則はない。しかし，違法行為を行った国は違法行為を停止し被害を与えた国に賠償をする責任がある（国家責任という。→終章参照）。賠償には金銭賠償だけではなく，違法行為をした国に前の状態を回復させることや，陳謝させたり「遺憾の意」を表明させたりすることなども含まれる。国家はこのような償いをさせられることによって間接的に法を破ったことへの制裁を受けることになる。

　国際法上の紛争には権利の有無を争う紛争もある。領土紛争はその典型である。いずれも未解決であるが，日本はロシアとの間に北方領土，韓国との間に竹島，中国との間に尖閣諸島の領有権をめぐる紛争がある。また，海洋法の発展に伴って，大陸棚や排他的経済水域といった海洋の境界に関する紛争も増え，ICJに持ち込まれることも多い（→領土・海洋については第5章参照）。

(2)　紛争の平和的解決の義務

　国際紛争が発生した場合，20世紀初頭までは戦争によって解決することも認められてきた（→第11章参照）。正しい国が戦争に勝つとは限らないから，結果が公平である保障はない。戦争にはいたらないが，自国の主張を認めさせるために軍隊を送って相手国の領土を占領したり港を封鎖したりすることも行われた。

　現代の国際法では紛争は平和的手段によって解決しなければならない。これを**紛争の平和的解決の義務**という。国連憲章2条3項は「すべての加盟国は，その国際紛争を平和的手段によって国際の平和及び安全並びに正義を危くしないよう

コラム3-1 「見舞金」の支払

　国際紛争において一方の国が非を認めて賠償金を支払う際も，法的な責任を意味する「賠償金」を避けて「見舞金」を支払う解決が行われることがある。

　米国が太平洋のビキニ環礁で水爆実験を行った際，周辺の公海上に危険水域を設定していたが，その外側で漁業をしていた日本漁船・第五福竜丸が放射能に被爆するという事件が起きた。これに対し米国が日本に200万米ドルの「見舞金」を支払った（1954年）。

　1978年にソ連の原子力衛星コスモス954号がカナダに落下し，広範囲の森林が放射能で汚染された際，カナダは宇宙損害責任条約などの規定を根拠にソ連に賠償金を支払うよう要求し，ソ連は300万カナダドルを支払ったが，これも「見舞金」としてであった。

に解決しなければならない」と規定している。紛争の平和的解決義務は武力行使を禁止する原則（→第11章参照）と表裏一体の関係にある。

(3)　紛争解決手段の選択の自由

　国家は紛争を平和的に解決しなければならないが，どのような手段で解決するかは紛争当事国の自由な選択に委ねられている。国連憲章33条1項も，紛争の「当事者は……交渉，審査，仲介，調停，仲裁裁判，司法的解決，地域的機関又は地域的取極の利用その他当事者が選ぶ平和的手段による解決を求めなければならない」としている。ある解決手段を用いるためにはすべての紛争当事国がその手段の利用を「選ぶ」すなわち合意しなければならない。

　国内社会では，**応訴義務**といって，一方が裁判に訴えれば相手はそれに応じて反論しなければならない（応じなければ主張を認めたものとみなされる）。それによって強制的に紛争の解決が図られる。国際法では，どの解決手段を用いるかについて合意ができなければ紛争を解決することはできない。国家は主権をもっているので，その同意なしに特定の手段による解決を強制できない。裁判のような拘束力のある解決手段が必ず用いられるとは限らないし，紛争が裁判に付託される（＝持ち込まれる）こと自体多いわけではない。

　国家は裁判に持ち込んで敗訴すればすべてを失うことになるので，裁判での解決に消極的である。むしろ国際紛争は当事国間の交渉によって解決されることが多い。交渉であれば妥協によって双方の体面を保つような解決に達することも可能である。交渉では紛争に国際法を適用すればどうなるかを意識しながら行われるといわれるが，政治的な妥協が行われることも多い。

　国際紛争には解決されないままの紛争も多い。裁判以外の拘束力のない手段が

用いられた場合解決にいたらないこともある。たとえば交渉において当事国の主張が平行線のままといった事例である。現状が自国にとって有利な状態であれば、交渉のテーブルにつくことすら拒否する、つまり何らの解決手段も選ばれないこともある。

2　裁判による紛争の解決

(1)　国際司法裁判所

国際法に基づいて国家間の紛争を裁定する裁判所でもっとも重要なものは ICJ (International Court of Justice)である。ICJ の前身は国際連盟によって1921年に作られた常設国際司法裁判所（以下，「PCIJ」と略称）である。

ICJ は総会・安全保障理事会（以下，「安保理」と略称）とともに国連の主要機関である。国連加盟国になると自動的に ICJ 規程という条約の当事国になり，裁判所の原告または被告となる資格が与えられる。国連に加盟していない国であっても一定の条件を満たせば ICJ を利用することができる。

ICJ は15名の裁判官で構成される。1つの国の国民が同時に2名以上裁判官になることはできない。裁判官の任期は9年で，3年毎に5人ずつ国連で選挙される。選挙は国連総会と安保理の両方で行われ，それぞれで投票権をもつ国の過半数を得る必要がある。これは総会だけで選挙をすると数のうえで勝る中小国が有利になり，少数の大国の意向が反映されなくなるので，総会と安保理の両方で選挙をすることにしたものである。この結果，近年まで安保理の常任理事国（米・英・仏・中・ロ）から裁判官が選出されるのが一般的であった（中国は1985年以降。英国は2018年まで，ロシアは2024年まで）。裁判官が選出されると裁判官の間で裁判所長と次長の選挙が行われる。

裁判官は地域毎に枠があり，原則として西欧その他(北米，豪州などを含む)5人，東欧2人，中南米2人，アジア3人，アフリカ3人である。日本人の裁判官としては，田中耕太郎（1961〜70年），小田滋（1976〜2003年），小和田 恆（2003〜18年），岩澤雄司（2018年〜）が選ばれている（→資料3-1参照）。

訴訟当事国出身の裁判官(国籍裁判官という)も裁判に出席する権利がある。裁判

資料 3 - 1　ICJ の裁判官（2024年 2 月現在。席次順）

サラム（レバノン。裁判所長）　　　　ノルテ（ドイツ）
セブティンデ（ウガンダ。次長）　　　チャールズワース（オーストラリア）
トムカ（スロバキア）　　　　　　　　ブラント（ブラジル）
アブラーム（フランス）　　　　　　　ゴメス・ロブレド（メキシコ）
ユスフ（ソマリア）　　　　　　　　　クリーブランド（米国）
シュエ（中国）　　　　　　　　　　　アウレスク（ルーマニア）
バンダリ（インド）　　　　　　　　　トラディ（南アフリカ）
岩澤（日本）

所に国籍裁判官がいない場合は，その裁判に限って当事国が指名した裁判官（特別選任裁判官という）を出席させることができる。この場合，裁判官の数は16名または17名になる。国内裁判で裁判官が訴訟当事者の関係者である場合，除斥（裁判を担当させないこと）の対象となるのとは大きな違いである。

　ICJ の手続には，訴訟手続と勧告的意見手続がある。以下順に説明しよう。

　①　**訴訟手続**　　訴訟手続は国同士の紛争にかかわる裁判の手続である。国家以外の個人や国際機構は裁判の当事者になることはできない。

　裁判所がある訴訟事件を審理できることを，裁判所が事件に**管轄権**を有するという。裁判所が管轄権を有するためには紛争当事国の同意が必要である。相手国の同意がないまま裁判所に一方的に提訴しても管轄権なしとして却下される。

　裁判所の管轄権を設定するためにはいくつかの方式がある（→資料 3 - 2 参照）。そのなかで**付託合意**は，具体的な紛争が発生してから紛争当事国がその紛争を裁判所で解決することを合意するものである。領土紛争や海洋境界をめぐる紛争ではこの方式による裁判が多い。

　裁判条約や**裁判条項**のように，将来紛争が発生した場合に裁判所で解決することを予め合意しておく方法もある。具体的な紛争が発生した場合，一方の紛争当事国が一方的に提訴して裁判を開始することができる。他方の紛争当事国が裁判による解決を望んでいなくても，すでに同意をしているので拒否することはできない（これを強制管轄という）。

　強制管轄は**選択条項受諾宣言**によっても実現される。選択条項受諾宣言とは裁

判所の強制管轄を認める宣言で，こ
の宣言をした国同士では強制管轄が
成立する（本章「スタートアップ」の
対ニカラグア軍事的・準軍事的活動事件
ではニカラグア・米国ともこの宣言をし
ていたのでニカラグアは提訴することが
できた）。これは PCIJ 設立の際，す
べての紛争を強制管轄にすべきであ
ると主張する国々と，国家の同意を
維持すべきだと主張する国々との妥
協の結果，設けられた仕組みであ
る。

選択条項受諾宣言を行っている国
は日本を含め74カ国である（2023年9
月現在）。当初は西側諸国が受諾に
積極的であったが，オーストラリア
およびニュージーランドがフランス
の南太平洋における大気圏核実験の
差止めを求めた事件（核実験事件）の
後フランスが宣言を撤回し（1974
年），前述の対ニカラグア軍事的・準
軍事的活動事件をきっかけに米国が
撤回した（1985年）。なお，南極海捕

鯨事件（→コラム 3 - 2 参照）のオーストラリアの提訴も，同国と日本の両者の受諾
宣言を根拠として行われた。

　裁判所の手続は，両当事国による付託合意書の提出（付託合意による場合）また
は一方の国による請求訴状の提出（付託合意以外の場合）によって開始される。最終
的な判決が出ていない段階で，一方の訴訟当事国の行動により他方の当事国に取
り返しのつかない損害が発生するおそれがある場合は，裁判所は**仮保全措置**と

資料 3 - 2　ICJ の管轄権設定の方式

①紛争が発生する前に ICJ への付託を合意してお
　くもの（事前の合意）
　　(a)裁判条約……条約当事国の間で紛争が発生
　　　　　　　　　した場合 ICJ に付託すること
　　　　　　　　　を合意した条約。例・1928年
　　　　　　　　　国際紛争平和的処理一般議定
　　　　　　　　　書（1949年改正）など。
　　(b)裁判条項……個別の条約でその条約の解釈・
　　　　　　　　　適用に関して紛争が発生した
　　　　　　　　　場合 ICJ に付託することを定
　　　　　　　　　めた条項。付託できる紛争は
　　　　　　　　　その条約が規定する範囲に限
　　　　　　　　　られる。例・ジェノサイド条
　　　　　　　　　約 9 条，ハイジャック防止条
　　　　　　　　　約12条，難民条約38条，日米
　　　　　　　　　通商航海条約24条など。
　　(c)選択条項受諾宣言……ICJ の強制管轄権を
　　　　　　　　　認める宣言。宣言を
　　　　　　　　　した国の間で強制管
　　　　　　　　　轄が成立する。
②紛争が発生した後で ICJ への付託に合意するも
　の（事後の合意）
　　(d)付託合意……紛争当事国が具体的な紛争を
　　　　　　　　　ICJ に付託することを合意す
　　　　　　　　　る。
　　(e)応訴管轄……一方の紛争当事国が管轄権の
　　　　　　　　　根拠なしに一方的に ICJ に提
　　　　　　　　　訴し，他方の当事国が応じる
　　　　　　　　　ことで合意が成立する。

いって，最終的な判決が出るまでの間，当事国にその行動を差し控えることや，逆に何らかの行動をとることを命令することができる。

裁判の実質審理（本案手続という）に入る前に，被告は裁判所に管轄権がない，紛争が裁判になじまないなどの主張をすることができる。これを**先決的抗弁**という。先決的抗弁が提起されると裁判所はまず先決的抗弁について判断をする。裁判所が先決的抗弁を認めれば訴えは却下され，先決的抗弁を却下すると裁判は本案手続に進む（対ニカラグア軍事的・準軍事的活動事件では米国はさまざまな先決的抗弁を提起したが認められなかった）。本案手続では両国から書面で主張が提出され，次に口頭弁論が行われる。判決は裁判官の過半数の賛成により決定され，可否同数になった場合は裁判所長がもう1票を投じて決定する。

当然のことであるが，ICJの**判決は訴訟当事国を拘束する**。国内法では強制執行の制度があり，判決に従わない者に対しては国家権力が判決を執行する。これに対して国際社会では国家の上に立つ権力が存在しないので，判決に従わない場合どうなるのか問題になる。アルバニアの領海であるコルフ海峡で英国の軍艦が機雷に触れて爆発し，英国がアルバニアに賠償を求めたコルフ海峡事件という裁判がある。裁判所は英国の請求を認める判決を下した（1949年）がアルバニアは従わなかった（1992年になってアルバニアは英国と賠償の支払に関する取決めを結んだ）。漁業管轄権事件ではICJはアイスランドの漁業水域の拡大を認めない判決を下した（1974年）がアイスランドは従わなかったなど，多くはないが判決が守られなかった事例がある。

国連憲章94条2項は，一方の訴訟当事国がICJの判決に従わなかった場合，他方の当事国は安保理に訴えることができ，安保理は判決を執行するために勧告をし，または措置を決定できると規定している。この「措置」とは強制措置（制裁）を意味するとされる。措置の内容については前例がないのではっきりしていないが，経済制裁などの非軍事的措置にとどまる（軍事的措置はとれない）と考えられている。対ニカラグア軍事的・準軍事的活動事件ではニカラグアは安保理に訴えたが，判決の即時実施を求める決議は米国の拒否権行使で否決された。この制度においても判決の実施を完全に確保できるわけではない。

ICJに付託された訴訟事件は約190件（2023年9月現在）で，訴えが途中で取り下げ

られたまたは係属中の事件を除いた約170件で何らかの判決が下されている。領土紛争および海洋境界紛争に関する事件が多い。近年では，対ニカラグア軍事的・準軍事的活動事件をはじめ武力行使の適法性を判断した判決も出されている。裁判所を利用する国は，最初は欧米諸国が多かったが，1980年代以降は発展途上国による利用が多い。

エチオピアおよびリベリアが南アの南西アフリカ（現ナミビア）支配（特に人種隔離政策の実施）の違法性を訴えた裁判が，本案手続に入る前に却下された南西アフリカ事件第二段階判決（1966年）以降，裁判所は特に途上国から批判を受け提訴件数も減少した。しかし，前記の対ニカラグア軍事的・準軍事的活動事件で大国である米国の行動を違法とした判決が出され，その後の提訴数の増加の一因となったともいわれている。

近年では，ミャンマーが少数民族ロヒンギャを迫害していることについて，ガンビアがジェノサイド条約違反として訴えた裁判がある。ICJは2022年の判決で管轄権を認めた。また，ロシアのウクライナ侵攻に対して，ロシアが侵攻の理由として主張するジェノサイドは存在しないとウクライナが訴えた裁判が審理中である。ICJは，2022年にロシアに軍事行動の即時中止を指示する仮保全措置命令を下し，2024年の判決で管轄権を認めた。

②　勧告的意見　　**勧告的意見**とは，国連総会，安保理，および総会の許可を得た機関（UNESCOやILOなど）が要請した法律問題についてICJが意見を表明するものである。諮問（意見を求めること）が行われると，裁判所を利用できるすべての国と関係国際機関は陳述書を提出し口頭で意見陳述をすることができる。勧告的意見に法的拘束力はないが，国連の主要な司法機関の判断として権威がある。

勧告的意見はこれまで29件の諮問があった（2023年9月現在）。そのなかには国連の活動の合法性に関する問題が議論されたものがある（たとえば国連のある種の経費事件勧告的意見（→第2章・第13章参照））。ほかに，国際機構と国家の間の紛争が勧告的意見の形で裁判所に諮問されることも多い。たとえば，国連本部協定の解釈事件の勧告的意見（1988年）がそうである。この事件は，国連のオブザーバーであるパレスチナ解放機構がニューヨークに有していた国連代表部を米国が閉鎖する動きを見せ，米国と国連との間に発生した紛争に関するものである。南アの

ナミビア支配をめぐる問題も何度も裁判所に諮問された（1950年の南西アフリカ事件勧告的意見など）。

近年ではイスラエルがパレスチナで行った分離壁の建設が国際法に違反するとした勧告的意見（2004年）や，国連の暫定統治下にあったコソボが行った一方的独立宣言が国際法に反しないとされた勧告的意見（2010年），モーリシャスの独立時にチャゴス諸島を分離して自国領にとどめた英国の措置が国際法に違反すると認定した勧告的意見（2019年）が有名である。

(2) その他の裁判所

国際紛争を解決するための裁判所は ICJ だけではない。**仲裁裁判**も活用されてきた。これは紛争を解決するために紛争当事国が合意を結んで，裁判官を選任し仲裁裁判所を設置して裁判を行うものである。仲裁裁判は紛争が起きるごとに裁判所が設置され，判決が下されれば解散する点で，ICJ のような常設の裁判所と区別される。

仲裁裁判の特徴は，裁判所の構成，手続，裁判準則（判決の基準になる規則）などを両当事国が自由に合意できることである。仲裁裁判所は通常は 3 名または 5 名で構成される。そのなかで各紛争当事国が国籍裁判官として 1 名または 2 名を指名し，残りの 1 名または 3 名の裁判官を両当事国の合意により指名することが多い。

仲裁裁判の歴史は古く，古代・中世にも例はあるが，近代的な仲裁裁判は1794年に英国と米国が結んだジェイ条約で両国間の問題を仲裁裁判に付託したことに始まる。英国・米国間で米国の南北戦争に対する英国の中立義務違反の有無が付託されたアラバマ号事件仲裁判決（1872年）以降，仲裁裁判による紛争解決が多くなった。1899年の国際紛争平和的処理条約により常設仲裁裁判所が設置された。これは予め用意された名簿のなかから仲裁裁判官を選ぶもので，仲裁裁判を利用しやすくしようとしたものである。

仲裁裁判は現代でも活用されている。最近では，フィリピンの提訴に基づき，中国の南シナ海での活動について，海域に対する中国の歴史的権利は認められず，また中国が実効支配する南沙諸島の島々は排他的経済水域および大陸棚をも

たないとして，活動が国連海洋法条約に違反すると裁定した仲裁裁判所の判決（2016年）が知られている。

近年では分野毎にさまざまな常設の裁判所がある。

国際海洋法裁判所（ITLOS）——海洋法の問題を扱う裁判所として1996年に設立された。ドイツのハンブルクにあり21名の裁判官で構成される。日本はみなみまぐろ事件，豊進丸事件などで当事者となった（→コラム3-2参照）。

投資紛争解決センター（ICSID）——投資家と投資受入国との紛争を扱うもので1966年に設立された。投資家個人が国家を訴えて仲裁裁判をする仕組みが整えられている。

世界貿易機関（以下，「WTO」と略称）の**紛争解決機関**（以下，「DSB」と略称）——貿易に関する紛争を扱う。DSBはWTOの加盟国の代

コラム3-2　日本と国際裁判

日本が当事者となった主な国際裁判として次のようなものがある。

①マリア・ルース号事件——日本の港に停泊中のペルー船から逃亡した中国人労働者を日本当局が保護したことから生じた紛争で，日本とペルーの合意により仲裁裁判官に指名されたロシア皇帝は日本勝訴の判決を下した（1875年）。

②家屋税事件——19世紀末の欧米列強との不平等条約改正をめぐる英国・フランス・ドイツとの紛争で，常設仲裁裁判所は日本敗訴の判決を下した（1905年）。

③みなみまぐろ事件——オーストラリアとニュージーランドが，日本のみなみまぐろの調査漁獲の中止を求めて紛争を仲裁裁判に付託し，同時に国際海洋法裁判所（ITLOS）に暫定措置を申請した。1999年にITLOSは日本に調査漁獲の中止を命じる暫定措置を指示した。翌年の仲裁判決は事件の管轄権を否定し暫定措置を取り消した。

④豊進丸事件——日本の漁船第88豊進丸がロシアの排他的経済水域で違法漁業をしているとしてロシアによりだ捕された事件である。日本はITLOSに船舶および乗組員を速やかに釈放するよう申し立て，ITLOSは保証金の支払を条件にロシアに釈放を命令した（2007年）。

⑤南極海捕鯨事件——ICJは，オーストラリアの訴えに基づき，日本が南極海で実施していた調査捕鯨について，広範な殺傷による調査が日本が調査計画で示した科学調査の目的に対して合理的であるとはいえず，国際捕鯨取締条約が認める調査捕鯨にあたらないため，条約の附表に違反すると認定して，日本に調査許可の撤回を命令した（2014年）。

表で構成されるが，裁判は紛争当事国の合意で選ばれた原則3名の委員からなる小委員会（パネル）によって行われる。パネルの意見に不服がある当事国はさらに上級委員会（3名）に上訴できる。裁定の実施について当事国が合意できない場合DSBは対抗措置を決定できる。非常に強力な紛争解決手続である（→第9章参照）。

地域の人権裁判所——欧州，米州，アフリカの人権条約はそれぞれ裁判所をも

ち，特にフランスのストラスブールにある**欧州人権裁判所**は多数の判決を出していて，国際法の発展への貢献も大きい（→第8章参照）。

　国際刑事裁判所（ICC）——戦争犯罪や人道に対する罪を犯した個人を裁く。2002年に設立され，オランダのハーグにある（→第14章参照）。

　欧州連合司法裁判所——ルクセンブルクにある。欧州連合（EU）にかかわるさまざまな問題について加盟国やEUの機関（欧州理事会，欧州委員会，欧州議会）を当事者とする裁判を審理する。個人も一定の場合に訴えを起こすことができる（→第9章参照）。

　これらの裁判所はそれぞれ独立しており，ICJにおいて判断の統一がなされるわけではないので，同一の問題で判断が異なることがあり，懸念がもたれている。

3　紛争の政治的解決手段

　国際紛争は裁判所で解決されるとは限らず，政治的な方法で解決されることもある。政治的解決手段として，交渉，仲介，審査，調停などがある。

　このなかで最も基本的な紛争解決手段は紛争当事国間で行われる**交渉**である。交渉によって紛争が解決することも多いが，当事国がそれぞれの主張を譲らず暗礁に乗り上げることも多い。

　仲介と**周旋**は，第三者が交渉に介在し紛争解決のために援助をするものである。仲介は第三者が積極的に交渉に関与し，交渉の内容に立ち入って解決案を提示する。解決案に裁判所の判決のような拘束力はなく，紛争当事国がそれを受け入れるかどうかは自由である。周旋は仲介と似ているが，第三者が紛争当事国に交渉の機会や場所を提供するにとどまる。仲介と周旋はこのように区別されるが，実際は交渉の経過が非公開のため第三国の関与の程度がはっきりせず，区別が難しいことが多い。

　国際紛争では紛争当事国が対立しており，相手に譲歩することも容易ではなく，対話さえできない状況であることも珍しくない。周旋および仲介は第三者が両国を話し合いのテーブルにつかせ，両国の主張から妥協点を探り解決に導くという，国際社会で長年培われてきた紛争解決の手法である。

紛争の政治的解決手段として，ほかに**審査**や**調停**がある。審査は，紛争当事国の合意により中立で専門的知識をもつ委員からなる国際審査委員会を設立し，事実問題について審査をするものである。国際審査委員会は報告を発表するが，裁判所の判決のような拘束力はない。事実関係について当事者間に相違がある場合には有用な方法である。調停は，調停委員会が事実問題を審査しさらに解決案を提示するというもので，いわば審査に仲介が加わった紛争解決手続である。これも調停委員会の見解に拘束力はない。調停は多数の条約で紛争解決の手続として規定されているが，審査も調停も利用された例は少ない。

国連も紛争の平和的解決に関する手続をもっていて，国連憲章で

コラム3-3　仲介・周旋の例

仲介の例には次のようなものがある。四度の中東戦争を戦い敵対関係にあったエジプトとイスラエルの和平を図るため，米国のカーター大統領が両国の首脳を招いて行ったキャンプ・デービッド会談（1978年）がある。ここで成立した合意に基づき両国は平和条約を締結した。ほかに，イラン革命後学生たちがテヘランにある米国大使館を占拠し外交官などを人質にとり，米国が対抗して米国にあるイラン資産を凍結した紛争において，1980年にアルジェリア政府の仲介によりアルジェ協定が締結され，資産凍結の解除やイラン革命による米国民の被害を仲裁裁判所（イラン・米国請求権裁判所）で解決することなどが取り決められた。

周旋については，日露戦争（1904～1905年）終結のため米国の呼びかけで両国の代表が参加し，平和条約であるポーツマス条約の調印にいたったポーツマス会議（1905年）がある。また，米国が南ベトナム国内で南ベトナム政府とともにベトナム民族解放戦線と戦い，それを支援する北ベトナムを攻撃したベトナム戦争（1964～1973年）において，フランスの周旋で行われた和平交渉がある。この結果1973年にパリ協定が締結された。

国連事務総長による仲介・周旋活動の例としては，デクエヤル事務総長が行った，アフガニスタンに侵攻したソ連軍の撤退（1988年）やイラン＝イラク戦争（1980～1988年）の停戦についてのものがある。

は安保理や総会が仲介や審査の活動を行うことができると規定している。しかし，実際にはそのような活動は**国連事務総長**によって行われることが多い。安保理もしくは総会の委任を受けて，あるいは事務総長のイニシアチブで行われる。会議体である安保理や総会よりも単独で行動できる事務総長の方が周旋・仲介には適しているからであろう。近年では事務総長が特使や特別代表を任命し，周旋・仲介活動を行わせることが多い。

4 実力による紛争の解決

戦争によって紛争を解決することは禁止されているが，それ以外の経済制裁などの実力行使によって紛争解決を促すことは禁止されていない。国内社会にあっては，**自力救済（自助）の禁止**といって，自らの権利を実現するために実力を行使すること，たとえば盗まれた物を暴力で取り返すことは禁止されている。裁判所に提訴して勝訴判決を得てそれを強制執行してもらわなければならない。これに対して，国際社会では，政治力や経済力といった実力を行使して紛争を解決することが認められている。

国際法では**対抗措置**または復仇といって，ある国の違法行為によって被害を受けた国が，違法行為をやめさせる目的や賠償を支払わせる目的で相手国に対して別の違法行為を行うことが認められている。一方の国の違法行為に対し被害を受けた国が国際法上合法な行為で反応することもあり，これを国際法の用語で「報復（リトージョン）」という。

ロシアのウクライナ侵攻については，西側諸国を中心とする国々がロシアに対して経済制裁を行っている。自力救済も国際法実現の一つの手段といえよう。

他方で，自力救済が認められていることから不合理な結果になることがある。力のある国は自国の権利を救済することができるが，力のない国にはできない。法の適用が平等に行われないことになる。そうならないようにするためにはすべての国に裁判による紛争解決が義務づけられるべきであるが，主権国家からなる国際社会の現状ではその可能性は低いであろう。

【参考文献】

小田滋（酒井啓亘・田中清久補訂）『国際司法裁判所〔増補版〕』（日本評論社，2011年）
小田滋『国際法と共に歩んだ六〇年──学者として裁判官として』（東信堂，2009年）
杉原高嶺『国際司法裁判制度』（有斐閣，1996年）

第4章 国はどこまで権限を行使することができるか？ —— 管轄権

◆スタートアップ

　国境を越えたことがありますか。国と国との境目のことです。国境がヨーロッパで意識されるのは17世紀以降のことです。日本でも伊能忠敬や間宮林蔵らが活躍して，本格的な地図が作られたのは江戸末期です。これはロシアとの国境が意識されたからでした。国境線を引き，地図を作るということは，自国の権力がどこまで及ぶのかという限界を客観的に示すことなのです。

　それでは，この国境の内側で国はどのように権力を使うのでしょうか。日本のような民主制の国では，国民の意思で作られた憲法に基づき，議会や政府，裁判所といった統治機構が組織されて，この統治機構が権力を行使します。具体的には，議会が制定した法に基づいて裁判所や政府が判断し，その判断を守らない者にも法を強制的に守らせます。たとえば，日本で殺人事件が起きれば，日本の法律に基づいて，日本の警察が証拠を集めて，犯人の身柄を押さえて，裁判されることになります。

　しかし，国境が存在しているということは，国ごとに法が異なるということを意味します。日本で起こった事件が外国にも関係している場合や，日本国籍を有する人が外国で事件に巻き込まれた場合を想像してください。どこの国の法で処理するのでしょうか。

この章で学ぶこと

・国や国境の意味を考えてみよう。
・国はどのように法を適用し，執行するのだろうか？
・米軍基地や外国の大使館はなぜ特別な扱いを受けているのだろうか？

1　主権を有する国

　日本はどのように統治されているのだろうか。日本国憲法を見ると，国民の意思に基づいて，国会が法を制定する（立法），内閣が法に基づく業務を遂行する（行政），裁判所が具体的な事件に法を適用することで紛争を解決する（司法），という統治機構に関する規定がある。日本に限らず，国がどのような統治機構を組織して，自国領域内における立法，行政，司法をどのように行うかについては，その国が自ら決定する事項であり，民主制をとる国では国民の意思に基づいた憲法が規定している。さらに，この自国領域内における統治について，他国や国際機構に命令されることはない。

　国を明確に定義することは難しいが，少なくとも，国が一定の地域を自国の領域として定めて，その領域内においては原則として排他的かつ自由な統治を行うことができると考えられている。一般にこの独立した統治を行う力のことを**主権**といい，主権を有する国のことを**主権国家**という。主権についてもさまざまな理解があるが，現在でも国際社会が主権国家を中心に構成されていることは確かであり，この主権国家間の関係を規律することが国際法の重要な役割である。

2　国際法は管轄権を配分する

(1)　管轄権とは何か

　国が自国領域内においては排他的かつ自由な統治を行うといっても，国王や政府が独断で統治するという方法はいまや支持されない。各国の制度に違いはあるが，国が法を制定し，その法を人，物，行為に適用して，執行するという形で統治が行われる。こうした法を制定，適用，執行する権限のことを**管轄権**という。

　この管轄権は一般に権限行使の段階に応じて，3つに区別される。まず，ある特定の人，物，行為を対象とする国内法を制定する権限を**立法管轄権（法の定立）**という。この立法管轄権を行使して制定された国内法を裁判所などが具体的な事件に適用して，判決や決定を下す権限を**司法管轄権（法の適用）**という。そして，司

法管轄権を行使して下された判決や決定を守らせるために，捜索，身柄拘束，強制執行といった強制的な措置を行う権限を**執行管轄権（法の執行）**という。

国が立法管轄権と司法管轄権を行使する方法については，国際法上の明確な制限が存在していない。基本的には各国の裁量に委ねられているが，どのように管轄権を行使するかについてはいくつかの考え方がある。もっとも一般的なのは，特定の人や物が自国領域内に存在すること，あるいは，特定の行為が自国領域内で生じていることを理由に，国内法をその人，物，行為に適用する場合である。こうした管轄権行使を**属地主義**という。海外から来た旅行者にも滞在する国の法が適用される。「郷に入れば郷に従え」である。ここでいう領域には陸だけでなく，海や空も含まれる。そして，自国領域がどこまでか，すなわち，国境線をどのように引くかという問題は国家間の紛争を引き起こす（→領域の決め方については，第5章参照）。国境線を引くことで，どこの国に管轄権が配分されるのかが決まり，その国境の内側では排他的に管轄権が行使されるのである。

資料4-1　管轄権の概念図

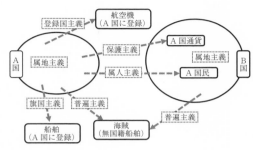

出典：著者作成

(2)　自国領域外で生じた行為に対する管轄権行使

自国領域内に存在していない人や物，自国領域内で生じていない行為に国内法を適用することもある。人に着目する法の適用である。行為が生じた場所がどこの国であるかには関係なく，その行為にかかわる者が自国に関係していることを理由に管轄権を行使することを**属人主義**という。通常，行為にかかわる者の国籍に着目する（→国籍の決め方については，第6章参照）。

たとえば，殺人事件が米国で起こり，加害者Xは日本国籍，被害者Yはドイツ国籍を有しているとしよう。米国で事件が起こったので，まず米国が属地主義に基づいて，加害者Xの裁判を行うことができる。一方，加害者Xが日本国籍を有

しているので，米国で起こった殺人事件であっても，日本は加害者Xの裁判を行うことがある。これは特定の行為を遂行した者の国籍を理由とする管轄権行使であり，**能動的（積極的）属人主義**という。さらに，被害者Yが国籍を有しているドイツが管轄権を行使することもある。これも属人主義の一種である。特定の行為を原因とする被害を被った者の国籍を理由とする管轄権行使であり，**受動的（消極的）属人主義**という。なお，属人主義における「人」には自然人だけでなく，会社のような法人も含まれる。

　船舶上や航空機内で生じた事件については，その船舶や航空機が登録されている国の管轄権が及ぶ。船舶の国籍である「船籍」を理由とする管轄権行使であり，これを**旗国主義**という。また，航空機が登録されている国による管轄権行使を**登録国主義**ということもある。現在では世界の陸地の大半がいずれかの国の領域となっているが，海にはいずれの国にも属さない公海が多い。それゆえ，この公海で船舶の衝突が生じた場合にどの国が管轄権を行使するのかという問題が生じる。こうした問題を解決するため国際法は旗国主義を採用している。船舶は必ずどこかの国に登録されており，その登録した国の国旗を揚げて公海を航行し，事件が生じたときはその国旗の国が管轄権を行使する（→公海については，第5章参照）。

　次に，行為が生じた場所に関係がないだけでなく，その行為にかかわる者との間に国籍というつながりもない国が管轄権を行使することがある。第1に，特定の国が自国の国益を損なう行為について管轄権を行使することがある。これを**保護主義**という。たとえば，カナダで日本の一万円札を偽造した犯人がフランス国籍を有しているとしよう。偽造行為は日本で生じておらず，偽造を行った者も日本国籍を有していない。そもそも通貨偽造は個人が直接の被害者となるわけではないが，偽造された一万円札が世界で流通すれば，日本円は信用を失い，日本の国益も大きく損なわれることになる。日本が自らの手で処罰したいと考えるであろう。そこで，こうした特定の行為に限り，場所や国籍というつながりがなくても，自国の国益を保護するために，管轄権を行使するのである。

　第2に，国際社会全体の利益を守るために，あらゆる国家が管轄権を行使することがある。これを**普遍主義**という。特定の国家が有する国益の保護を理由としている保護主義に対して，普遍主義は国際社会の一般的利益の保護を理由とする

点が異なる。普遍主義に基づく管轄権行使は古くから公海上にある**海賊**の処罰をめぐって主張されてきた。安全な海上交通を阻害する海賊は「人類共通の敵」であるので，どこで海賊行為を行ったかにも，海賊行為にかかわる者がどこの国籍を有するかにもかかわらず，公海上で海賊を発見した国が管轄権を行使して，国際社会の一般的利益を確保する。

(3) 管轄権行使の具体的な方法

　国が立法管轄権（法の定立）と司法管轄権（法の適用）を行使する方法としては属地主義が一般的であるが，すでに見たように，能動的属人主義，受動的属人主義，保護主義，普遍主義に基づき，自国領域外で生じた行為にも管轄権が行使されることもある。しかし，自国領域外で生じたどのような行為に対して，立法管轄権や司法管轄権を行使するかについては，基本的に国際法上の制限は存在せず，各国の国内法に委ねられている。

　そこで，管轄権行使の具体的な方法を確認するために，日本における犯罪の処罰を規定している刑法を見てみよう。

　刑法1条は属地主義による法の適用を示しているが，2条以下では日本国外で行われた犯罪にも日本の刑法を適用すると定める。保護主義を採用する2条は対象犯罪を内乱罪や通貨偽造罪などに限定している。刑法3条は能動的属人主義を，3条の2は受動的属人主義を採用する。受動的属人主義を採用する3条の2にあげられている犯罪は，不同意性交等，殺人，傷害，逮捕監禁，略取誘拐，強盗といった凶悪犯罪に限定されている。この受動的属人主義を採用する3条の2は2003年に追加された。これは，公海を航行中のパナマ船籍タンカーで日本人がフィリピン人に殺害された事件について，日本が管轄権を行使することができなかった事態を受けて，日本国外での犯罪の被害者が日本国籍を有する場合に刑法を適用するこ

資料4-2　刑　法

第1条　この法律は，日本国内において罪を犯したすべての者に適用する。

第2条　この法律は，日本国外において次に掲げる罪を犯したすべての者に適用する。

第3条　この法律は，日本国外において次に掲げる罪を犯した日本国民に適用する。

第3条の2　この法律は，日本国外において日本国民に対して次に掲げる罪を犯した日本国民以外の者に適用する。

とができるように改正したものである。

　自国領域外で生じた行為に対する管轄権の行使は犯罪の処罰に限らない。民事上の紛争も対象となる。たとえば，日本企業Ｘがカナダ企業Ｙから木材を購入する契約を結んでいたが，Ｙが契約上の義務を履行せずに，木材を渡さないので，Ｘは訴訟を起こすとしよう。第１に，どこの国で裁判を行うか，すなわち，どこの国の裁判所が管轄権を行使するかを決定しなければならない。これは**国際裁判管轄**という問題であるが，国際法上の規則が確立しているわけではない。現時点では各国の裁量に委ねられており，国ごとに異なる対応がとられる。第２に，どこの国の国内法を適用するのかという問題がある。犯罪の処罰のような国家と私人との間の法的な関係には自国法しか適用されない。すなわち，犯罪の処罰の場合に日本の裁判所は刑法をはじめとする日本の法律しか適用しない。しかし，契約をめぐる紛争のように，私人間の法的な関係については，国内裁判所がその紛争を解決するのに最も適した外国法を適用することがある。具体的にどこの国の法を適用するかについても国際法は存在しておらず，各国の**国際私法**（日本の場合は「法の適用に関する通則法」）が決定する（→国際私法については，第７章参照）。

(4)　管轄権の競合

　ここまで見てきたように，国は自国領域内で生じた行為だけでなく，自国領域外で生じた行為についても法を適用することができる。執行管轄権の行使は国際法上，自国領域内に限定されているものの，立法管轄権と司法管轄権の行使については各国の裁量に委ねられている。しかし，各国の裁量に委ねられているために，問題が生じることもある。

　一例をあげると，複数の国の管轄権が競合することがある。米国で起きた殺人事件を再び想定してみよう。事件発生地は米国，加害者Ｘは日本国籍，被害者Ｙはドイツ国籍とする。この場合，米国が属地主義を理由に管轄権を行使することができるとともに，能動的属人主義を理由に日本が管轄権を行使することも可能であるし，受動的属人主義を理由にドイツが管轄権を行使することも可能である。現実には加害者の身柄を拘束している国が執行管轄権を行使して，最終的な刑の執行まで行うことになる。しかし，通常の犯罪処罰に対する立法管轄権や司

法管轄権の行使を規制する国際法は存在しない。その結果，米国で逮捕され，裁判を受けて無罪になった加害者Xが日本に帰国した後に，日本で同じ罪を問われて逮捕され，裁判を受ける可能性もある。さらに，ドイツに旅行したときにドイツで同じ罪を問われて逮捕され，裁判を受ける可能性も考えられる。

　実際に，米国で発生した同じ殺人事件について，日本国籍を有するXが日本と米国で二度逮捕された例がある。Xは米国ロサンゼルスでXの妻Yの殺害を教唆したとして，1985年に日本で逮捕された。日本は能動的属人主義に基づく管轄権を行使したのである。1審の東京地裁では無期懲役の判決が下ったが，2003年に最高裁で無罪が確定した。しかし，2008年に米国のサイパンに滞在していたXを米国ロサンゼルス市警がYを殺害した罪で逮捕した。米国は属地主義に基づく管轄権を行使したのである。その後，Xが死亡したために米国での裁判は行われなかったが，Yの殺害という同じ事件について，日本と米国の管轄権行使が重複した例である。

(5)　管轄権行使の義務化

　管轄権を行使するかどうかは各国の裁量に委ねられるが，他方，管轄権行使を義務化する条約が締結されるようになってきた。1970年の**航空機の不法な奪取の防止に関する条約**は，航空機の不法な奪取行為（ハイジャック）について，航空機の登録国，着陸国，賃借国に管轄権の設定を義務づける。同時に，被疑者の所在国は自国で被疑者を裁くか，あるいは，上記の関係国に引き渡すかのいずれかを選択しなければならないこと（**「引き渡すか，訴追するかの義務」**）も規定した。海賊の場合，管轄権を行使する権利が国家に与えられるが，ハイジャックの場合は管轄権の行使が義務化されているのが特徴である。人質行為禁止条約，核物質防護条約，拷問禁止条約など，管轄権行使を義務化する条約は増えている。さらに，戦争犯罪，ジェノサイド，人道に対する罪など，国際社会全体に共通する法益にかかわる犯罪行為について，すべての国が管轄権を行使するべきであるという主張もあるが，いまなお議論が続いている。

3 管轄権行使の限界とその克服

(1) 執行管轄権は自国領域内でしか行使できない

　立法管轄権と司法管轄権の行使は各国の裁量に委ねられる範囲が広いのに対して，執行管轄権には明確な制限がある。国際法上，執行管轄権は自国領域内においてしか行使することができない。日本の警察が被疑者を日本国外まで追いかけることも，他国で捜査することも国際法違反となる。また，国内裁判所が下した判決を履行しない被告の財産が他国に存在するとき，その財産の所在する国が同意する場合にのみ，その財産に対する強制執行を行うことができる。

　それでは，犯罪の被疑者が国外に逃亡した場合にはどうするのか。この場合，各国警察が国外まで追いかけられないので，逃亡先の国に被疑者を捕まえてもらうように要請することになる。逃亡先の国はたとえ自国領域内で犯罪を行っていなくても，他国で罪を犯した者が自国領域内に滞在することを好ましく思わない。それゆえ，両国の利害が一致して，捜査や被疑者の身柄確保に協力する。こうした協力を**国際司法共助**という。この国際司法共助を円滑に進めるために，**ICPO**（**インターポール，国際刑事警察機構**）という国際機構が設立されている。また，国際司法共助を円滑に進めるための条約の締結も行われている。

(2) 逃亡犯罪人の引渡

　実際，他国で罪を犯して逃亡してきた者の引渡が請求された場合に逃亡犯罪人の身柄を引き渡すことは頻繁に行われている。これを**犯罪人引渡**という。もちろん，逃亡先の国が裁判を行うこともある。たとえ自国領域内で犯罪が行われていなくても，属人主義や保護主義を理由に国内法に基づく管轄権を行使しうるからである。しかし，国内法上の根拠がないために管轄権を行使することができない国に逃亡した場合や，裁判における証拠や証人の確保が難しい国に逃亡する場合には，逃亡犯罪人を逃亡先の国から裁判が行われる国（通常は犯罪が行われた国）に引き渡すことは望ましい。

　この引渡は，引渡を求める国（請求国）と引渡を行う国（被請求国）との間の合

意に基づく。両国で事前に条約を
結んで合意する場合と，実際に引
渡が請求されてから事後に合意す
る場合がある。日本の場合，事前
に条約を結んで合意しているのは
米国（日米犯罪人引渡条約）と韓国
（日韓犯罪人引渡条約）のみである
が，条約を結んでいない国から請
求があったときには事件ごとに事
後に引渡に合意することもある
（たとえば，張振海事件における中国
への引渡）。

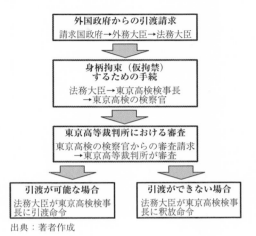

資料 4 - 3　日本における犯罪人引渡手続

出典：著者作成

　日本における犯罪人引渡の手続
は逃亡犯罪人引渡法が規定している。引き渡すかどうかを判断するために，ま
ず，引渡対象者の身柄を拘束する（仮拘禁）。次に，東京高等裁判所で審査する。
日本に限らず，引渡の可否を裁判所で審査するのが一般的である。さらに，東京
高等裁判所が引渡可能と決定した場合でも，最終的には法務大臣が引き渡すかど
うかを決定する。

　この引渡の決定にはいくつかの基準があり，代表的なものとして，政治犯不引
渡原則がある。政治犯罪とは，ある国の体制の変革を目的とする革命やクーデ
ターの計画などの行為で，その国の法に抵触するものをいう。こうした政治犯罪
を行ったとされる者（政治犯）を引き渡すことにより，引渡対象者が処罰される
ことを防ぐために，政治犯不引渡原則が主張されている。また，近年では，請求
国における引渡犯罪人に対する待遇が人権条約の基準に合致しない場合，引渡と
いう行為そのものが引渡国の人権条約違反となる可能性もある。たとえば，拷問
が行われる可能性が高い国への引渡を拷問等禁止条約は禁じている。また，死刑
廃止国から死刑存置国への引渡が一定の状況下では人権条約に違反するとされた
例もある（欧州人権裁判所のゼーリング事件判決，自由権規約委員会のキンドラー事件見
解とジャッジ事件見解）。

4 自国領域内における管轄権行使の例外

(1) 排他的な管轄権行使が制限される場合

　国際法は国が自国領域内において排他的に管轄権を行使することを前提にしている。しかし，自国領域内の人，物，行為であるにもかかわらず，国際法上の制限を受けて，管轄権を行使することができない場合がある。

　とりわけ問題になるのが，駐留する**外国軍隊**に対する管轄権の行使である。日本でも駐留米軍兵士が犯した行為の処罰が大きな問題になってきた。米軍は日米安全保障条約に基づき日本に駐留し，日本における駐留米軍の扱いは日米地位協定が定める。駐留米軍兵士の犯罪の扱いを規定する**日米地位協定**17条によれば，日米両国が管轄権を有するが，公務執行中の行為，米軍の構成員や財産にのみかかわる行為を除き，日本が優先的に管轄権を有する。しかし，17条の第5項(c)は米軍基地内にいる兵士を起訴前に身柄拘束することを許さない。たとえば，米軍兵士が公務外で罪を犯した後に逮捕されずに米軍基地に戻った場合，起訴までは日本の警察がその米軍兵士の身柄を確保することはできない。

　もっとも，日本では1995年に沖縄で発生した少女強姦事件を契機に，駐留米軍の特権への批判が高まり，刑事裁判手続に係る日米合同委員会合意が交わされて，殺人や強姦という凶悪な犯罪に限り，起訴前の身柄拘束に米国が好意的な考慮を払うことが約束された。実際にこの合意に基づいて起訴前に日本の警察に米兵が引き渡された事例もあるが，起訴前の引渡が拒否されることもある。

　ただし，日本における駐留米軍の扱いが特別だと単純に言い切れるわけでもない。日本に限らず，軍事同盟に基づき外国軍隊を駐留させる国が駐留軍隊に何らかの特権を与えることは一般的である。日本の自衛隊が米国に駐留していないので，一方的であることは確かであるが，日米地位協定という条約に基づき，日本は管轄権を制限されることに同意しているのである。他方，日本が海外に派遣している自衛隊が特別の扱いを受けることがある。たとえば，ソマリア沖の海賊行為に対処するために2009年からジブチに自衛隊が派遣されており，この派遣された自衛隊員の扱いについては日本とジブチが条約を締結している。この条約によ

れば，ジブチに派遣された自衛隊員はジブチの刑事裁判権から絶対的に免除され，派遣国である日本だけが管轄権を有することになる。

(2) 外国の外交官・領事および大使館

　自国領域内における排他的な管轄権の行使が制限されるのは外国軍隊だけではない。外交官や領事に対する管轄権の行使も制限される。外国（派遣国）から派遣されてきた外交官は，外交官として駐留する国（接受国）における特権が**外交関係条約**により認められている。また，外国に駐在して自国民の保護や自国の通商の促進に従事する領事にも**領事関係条約**に基づく特権が認められている。

　まず，外交官の身体は不可侵であり，接受国は外交官を逮捕することができない。犯罪に関する刑事裁判からも免除されるし，公務の遂行とは無関係の私的な行為についての民事裁判からも原則免除されるので，たとえば，外交官が運転する車に衝突された被害者は，加害者である外交官に損害賠償を求める訴訟を提起することはできない。また，外交官は課税や空港などでの手荷物検査も免除される。ただし，接受国は一切理由を示さずに特定の外交官を**ペルソナ・ノン・グラータ**（好ましからざる人物）として通告することができ，この通告を受けた派遣国はその外交官を召喚し，またはその者の任務を終了させなければならない。これは外交官の特権が濫用されたときに，接受国が対抗する手段をあらかじめ用意しているのである。最終的な手段として，派遣国との**外交関係の断絶**もある。

　また，外交官は外交使節団の一員として通常は公館（大使館）で職務を遂行するが，この公館も不可侵であり，接受国の官吏は使節団の長の許可なしに公館内に立ち入ることができない。また，接受国は侵入や損壊から公館を保護し，安寧の妨害や威厳の侵害を防止する義務も負う。ただし，公館が外国領域となるのではない。公館に許可なく立ち入ることはできないとしても，たとえば，東京にある米国大使館の土地は日本の領域である。

　外交関係条約が使節団や外交官にこうした特権を認めるのは，第1に，使節団や外交官は派遣国の威厳や名誉を代表しているからである（威厳説）。第2に，外交任務を能率的な遂行を確保するためである（機能的必要説）。外交関係条約は特権の目的を「国を代表する外交使節団の任務の能率的な遂行を確保することにあ

る」として，威厳説と機能的必要説の両方を採用している。かつて外交官は命がけの職業であった。戦争になれば最初に囚われるのが外交官であった。それゆえ，外交官にだけは手出しすることができない制度を構築して，外交官を通じた紛争の平和的な解決を確保しようとしているのである。

(3) 外国国家

　国際法上，国は他国裁判所の管轄権に服することはないといわれている。これを**主権免除**（国家免除）という。主権免除のうち，国内裁判所で外国を被告とする裁判を行うことができないことを**裁判権免除**という。この主権免除は19世紀頃に欧米諸国の国内判例を通じて形成された規則である。かつてはいかなる場合でも主権免除が与えられるという**絶対免除主義**が主張されていたが，現在では，国の行為を主権的行為と業務管理的行為に区分し，業務管理的行為には免除を与えないという**制限免除主義**が一般的である。

　主権免除については最近，日本における展開が見られる。従来，絶対免除主義を採用した1928年大審院決定が判例とされてきたが，2006年最高裁判決は制限免除主義へと判例変更した。米軍横田基地の周辺住民が米軍機の夜間離発着の差止めを求めた訴訟において，2002年最高裁判決は米軍機の離発着という行為は主権的行為であるとして裁判権免除を認めていたが，この2006年最高裁判決はパキスタン政府に対するコンピューター販売代金の支払を求める訴訟にかかわるものであり，業務管理的行為については裁判権免除を与えないとしたのである。さらに，2009年には**国及びその財産の裁判権免除に関する国際連合条約**が国会承認され，2010年には**外国等に対する我が国の民事裁判権に関する法律**（主権免除法）も施行された。いずれも制限免除主義を採用している。

　また，裁判権免除を放棄した外国国家は法廷地国の裁判権に服するが，その裁判で敗訴した後に判決を履行しないときに行われる強制執行に服するかは別の問題である。国内裁判所は外国国家と関係がある財産を判決の強制執行の対象にすることができないのである。これを**執行免除**（強制執行からの免除）という。執行免除は判決後の強制執行だけでなく，判決前の保全処分でも問われる。また，外国国家が裁判権免除を放棄しても，執行免除まで放棄したことにはならない。さら

に，投資をめぐる外国国家と私人との間の仲裁で下された仲裁判断の強制執行についても執行免除が問われる。この執行免除についても裁判権免除と同じく制限免除主義が支持されている。外国国家の主権的権限の行使に関わる目的で現在使用されている財産には執行免除が与えられるというのが国際法上の規則である。しかし，執行対象財産の使用目的により執行免除を決定するのには限界がある。外国国家名義，あるいは，外交使節団名義の銀行預金に対する強制執行が一般的であるが，複数の使用目的が混在しているために使用目的を特定するのは難しいからである。また，国連国家免除条約や各国国内法は執行対象にすることができない財産を列挙している。

　さらに，近年，人権侵害行為については主権免除を付与するべきではないという議論がある。重大な人権侵害は国際法上の強行規範に違反し，そうした人権侵害行為を行った国には主権免除は与えられないという主張であり，イタリア裁判所は第二次世界大戦中のドイツ軍の行為に関する戦後補償を求める民事訴訟においてこうした主張を認めた。しかし，主権免除を否定されたドイツがイタリアを国際司法裁判所に提訴し，2012年の国際司法裁判所判決（国家の裁判免除事件（独対伊））は，慣習国際法上，武力紛争時の外国軍隊による不法行為には主権免除が与えられるとして，イタリアがドイツに主権免除を与えず，管轄権を行使したことは国際法上の主権免除規則に違反すると判断した。

　その後，イタリアの裁判所では国際司法裁判所の判決に従わずに，執行免除まで否定する判決が継続的に下されている。また，2021年にブラジル連邦最高裁が第二次世界大戦中のドイツの行為に関する訴訟において裁判権免除を否定している。第二次世界大戦の戦後補償については韓国においても元慰安婦らが日本を被告とする2つの訴訟をソウル中央地裁に提起した。第1の訴訟では慰安婦制度が強行規範に反するとして，同地裁は日本の裁判権免除を否定した。日本は控訴せず，第1の訴訟の地裁判決が確定した。第2の訴訟では，同地裁が一転，日本の裁判権免除を認めたが，控訴審のソウル高裁は1審判決を破棄し，裁判権免除を否定した。戦後補償をめぐる訴訟においては主権免除を否定する事例が少しずつ蓄積してきている。

(4) 外国国家元首・政府の長・閣僚

近年，外国の国家元首や政府の長，閣僚を国内裁判所で裁こうとする事例が見られる。拷問やジェノサイドなど，重大な人権侵害を指揮したとされる外国の国家元首や政府の長，閣僚を犯罪者として処罰するために，国際刑事裁判所（→国際刑事裁判所については，第14章参照）ではなく，国内裁判所が普遍主義や受動的属人主義を理由に管轄権を行使するのである。しかし，外交官は刑事裁判権から免除されるし，外国国家自体も主権免除を有している以上，国家元首や政府の長，閣僚も国内裁判所の刑事裁判権から免除されるという主張には一定の説得力がある。国際司法裁判所の刑事司法共助問題事件判決（2008年）は，フランス予審判事によるジブチ大統領に対する証人召喚状の発付が国際法には違反しないが，発付手続が国際礼譲に合致しないと判示した。

病気療養のために英国に滞在していたチリの元大統領ピノチェトが在職中に拷問や誘拐などの重大な人権侵害を行っていたとして，スペインが英国にピノチェトの身柄引渡を求めた事件において英国貴族院の多数意見は，ピノチェトが在職中に行った拷問行為は国家元首の任務ではないとして，免除を否定した。一方，コンゴ民主共和国の現職の外務大臣が重大な人権侵害を行ったとしてベルギーの予審判事が逮捕令状を発給した是非が争われた2002年の逮捕令状事件において国際司法裁判所は，外務大臣の在任中には免除が認められるとした。十分に事例が蓄積していないが，現職の国家元首，政府の長，外務大臣は免除される一方で，すでに職を辞した場合には免除が否定される可能性は高い。

【参考文献】

梅林宏道『在日米軍』（岩波新書，岩波書店，2002年）

川上裕央『なぜ米兵犯罪は裁けないのか──日米地位協定「不平等」の現実』（朝日新聞WEB新書，朝日新聞，2010年）

松本健一『わたしが国家について語るなら』（未来のおとなへ語る，ポプラ社，2010年）

森下忠『新しい国際刑法』（信山社，2002年）

山本草二『国際刑事法』（三省堂，1991年）

村瀬信也・奥脇直也他編『国家管轄権──国際法と国内法 山本草二先生古稀記念』（勁草書房，1998年）

第5章　日本の国境はどこにある？
―― 国境と空間秩序

◆スタートアップ

資料5-1　日本地図

出典：海上保安庁HP（http://www1.kaiho.mlit.go.jp/
JODC/ryokai/ryokai_setsuzoku.html）

資料5-1の地図は，日本の領土とその周辺海域を表したものです。海岸線の他にもいくつかの線が日本を囲んでいるのがわかります。もちろん海に実線は引かれていませんが，どうやら海はいくつかの区域に分類できるようです。またこの地図ではわかりませんが，日本列島の上空は日本のものです。しかし空を見上げれば，外国旅客機が通過することもありますし，月や火星といった星まで私たちのものだとは思えません。空はどこまで国のものなのでしょう？　さて，もう一度地図に目を戻しましょう。日本は周辺諸国との間に領土問題を抱えています。また国境線は国や人が引いた線ですが，海を泳ぐ魚にとって，そんな線は知る由もありません。漁業資源をめぐる争いはどのように解決すればよいのでしょうか？　本章では，このような領土，海，空といった空間に関する国際法について学びます。

この章で学ぶこと

・国家の領土が増えたり減ったりするのはどのような場合だろうか？　そのなかで日本が隣国との間にかかえている領土問題について，その原因と法的な意味を考

えてみよう。

・国家は他国の海や空をどこまで利用できるだろうか？　宇宙空間に国際法は適用されるのかについても考えてみよう。

・南極大陸，国際河川，国際運河といった特別な制度のもとにおかれている区域の存在についても確認しよう。

1　空間秩序の基礎

(1)　空間秩序の展開

　空間秩序に関する国際法は，伝統的国際法の時代から現代国際法の時代にかけて複雑化してきた。19世紀までは，国際法が規律する空間とは，「主権が設定される場所（＝領域）」と「主権が設定されない場所（＝無主地または公海）」のいずれかという単純二元構造でほぼ説明することができた。また領域や海洋も世界地図を上から眺めれば把握できる平面的(二次元的)構造であった。しかし20世紀に入り，陸地においては国際連盟期の委任統治地域，国連期の信託統治地域や南極大陸など国際的制度のもとにおかれる区域が登場し，海洋においても接続水域や排他的経済水域など新しい海域が設定され，また空域が領域秩序に加わったほか，海洋法においても大陸棚や深海底等が設定され，立体的（三次元的）構造となった（→資料5-5参照）。

(2)　領域主権

　原則として領域をもたない国家は存在しない（詳しくは，第1章2参照）。その国家の領域は，領土，領海，領空の3つによって構成されている。国家は隣接する国家との間で国境線を画定する必要がある。国境は，河川や山脈など自然物によって定められた自然的国境と，道路や緯度経度など人工的に定められた人為的国境の2種類があるが，いずれにせよ当事国間の合意によって画定される。国家は自国領域において，国内法の制定，その執行および裁判に関する管轄権を有する（→詳しくは，第4章2参照）。これを**領域主権**と呼ぶ。領域主権は，国家主権の根幹をなすものであるが，今日絶対的なものではなく，国際法上の一定の制約に

服さなければならない。特に20世紀に入り，国家は自国領域を自由に使用することができると同時に，他国に損害を発生させないように使用する（私人に使用を許可することを含む）責任（**領域管理責任**）を有している（→詳しくは，第10章2参照）。

2　領　土

(1)　領土の獲得と喪失

　領域の3区分のなかで，領海は，領土が海に面している国にのみ設定されるため，領海をもたない内陸国（スイス，モンゴルなど）も存在する。他方で領空は，領土および領海の上空に必ず自動的に設定される。結果として，領土が領域のなかで最も重要な基礎となる。それでは国家は領土をどのように獲得できるのだろうか？　領土の獲得方法は，自国の一方的行為による場合と他国からの移転による場合の2種類に分類できる。前者は，①先占，②添付であり，後者は③割譲，④併合，⑤征服，そして⑥時効である。先占とは，まだどの国の領土にもなっていない土地（無主地）を領有の意思をもって，平穏かつ実効的に占有する行為のことである。ただし，今日，海底噴火や地殻変動でも起こらない限り，地球上に無主地はほとんど存在しない。添付とは，新たな土地の形成による自然または人工の陸地の拡大である。割譲，併合，征服は，他国の領土を自国の領土とすることで，一部であれば割譲，全部であれば併合（これにより他方の国家は消滅する）と呼ぶ。割譲と併合は相手国との合意により成立するが，征服は一方的意思により相手国の領土を実力で取得する行為である。第二次世界大戦以前には，ヨーロッパ列強による外国領土および植民地の分割（ポーランド分割やアフリカ分割など）ならびに，武力による征服（ドイツによるオーストリアの軍事侵攻など）が頻繁に行われたが，今日，人民の自決権（民族自決権）に反する割譲や併合，ならびに武力行使禁止原則に反する征服は，国際法上有効な取得方法とはいえない。時効は，国内法の取得時効（たとえば日本の民法162条）に由来し，本来は他国の領域であった土地を，主権の行使として，平和的かつ一定期間継続して，公然と占有することにより，その土地の領有権が移転することをいう。ただし，どの程度の期間占有を継続させればよいのかについては不明確であり，国際判例も取得時効の援用に

資料5-2　日露間の北方領土の領有状況

１）1855年の日魯通好条約に基づく国境線

２）1875年の樺太千島交換条約に基づく国境線

３）1905年のポーツマス条約に基づく国境線

４）1951年のサンフランシスコ平和条約に基づく国境線

出典：外務省HP（北方領土問題の経緯）
http://www.mofa.go.jp/mofaj/area/hoppo/hoppo_keii.html

ついては慎重である（カシキリ／セドゥドゥ島事件　ICJ判決）。

(2)　日本の領土問題

　多くの国は隣国との間に領土問題をかかえている。これは日本においても例外ではない。日本には，ロシア（旧ソ連）との間に北方領土，韓国との間に竹島，中国との間に尖閣諸島の領土問題が存在する。

　①　**北方領土**　　北方領土とは，北海道の北東部に位置する国後島，択捉島，色丹島および歯舞群島を指す（以下，北方４島）。幕末・明治期において，日露両国は，日露（魯）通好条約（1855年），樺太千島交換条約（1875年）において両国間の領土問題を平和的に処理してきた。その結果，1905年日露戦争の講和条約（ポーツマス

条約）を含めて，第二次世界大戦前まで上記の北方4島が日本の帰属から離れたことは一度もない（→資料5-2参照）。ソ連は第二次世界大戦中に，米英との間に交わしたヤルタ協定に基づき，1945年8月9日に日ソ中立条約を無視して対日参戦を表明した。その後，日本は8月14日ポツダム宣言を受諾したが，ソ連はこの間に千島列島を南進し，9月2日の降伏文書調印までに北方4島をほぼ占領した。ソ連の地位を継承したロシアは，このヤルタ協定を千島列島領有の根拠とするが，同協定は大戦中の密約であり，そもそもある国の領域の処分を第三国が勝手に決定できないことは自明である。また領土不拡大原則を確認したカイロ会談による連合国の合意事項にも抵触する。他方で日本は，1951年のサンフランシスコ平和条約2条(c)で「千島列島……に対するすべての権利，権原および請求権を放棄」しており，問題は放棄した「千島列島」に北方4島が含まれるか否かにかかっている。その後両国は1956年に日ソ共同宣言を締結し，両国間で平和条約が締結された後，「歯舞群島及び色丹島を日本国に引き渡すことに同意」したが，日本政府は，このことにより国後，択捉両島の返還の要求を放棄したわけではないと主張している。

② 竹 島　大韓民国（韓国）名を独島（トクト）と称する竹島は，島根県隠岐島西北約90カイリに位置する2つの小島と数十の岩礁からなる。日韓両国の国民は，19世紀まで竹島をアシカ猟などで使用していたとされ，韓国は新羅の時代からすでに同島を占有していたと主張するが，当時の地図や文書は島の名称が混乱

しており，同島に対する両国の支配・占有の歴史的状況ははっきりしない。日本は，竹島を島根県に編入する1905年の閣議決定が無主地先占にあたると主張しており，これが日本の竹島領有の最大の根拠である。1910年に日本は朝鮮半島全域を併合（日韓併合）するが，第二次世界大戦終了後，日本の朝鮮半島統治は終了し，竹島についても，連合国総司令部覚書により日本の権力行使は暫定的に停止

資料5-3　竹島の位置

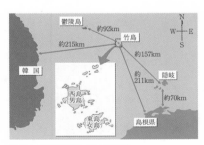

出典：外務省HP（竹島問題）
http://www.mofa.go.jp/mofaj/area/
takeshima/index.html

された。その後，朝鮮半島は南北に分断されるが，1952年に韓国は，「李承晩ライン」と呼ばれる海洋主権宣言を行った。この宣言での領海線の設定が竹島を韓国領としてみなすものであったことから，日韓間で竹島をめぐる領土紛争が浮上した。

　1950年に採択されたサンフランシスコ平和条約は，済州島，鬱陵島などの権利放棄を認めながら，そのなかに竹島が含まれていない（2条(a)）。もっとも竹島が，海洋法に関する国際連合条約（以下，「国連海洋法条約」と略称）121条にいうところの「岩」に該当する可能性もある。竹島の魅力は領土というよりもむしろ，豊富な漁業資源を含む経済水域設定権にあるといってよいが，岩であれば排他的経済水域を設定することはできない。

　1965年の日韓基本条約でもこの紛争は解決されなかった。日本は竹島問題のICJ付託を提案しているが，韓国はこれに応じていない。国連海洋法条約の発効（1994年）に伴い，200カイリ排他的経済水域の設定が条約上の効力をもつことになったが，1999年に発効した日韓漁業協定においても，竹島が存在しないものとして海域の中間線に暫定水域を設置するなど両国で調整が図られている。

③　尖閣諸島　　尖閣諸島は，沖縄県八重山諸島の北方約90カイリにある5つの小島と3つの岩礁からなる。日本は，1895年沖縄県の所轄として閣議決定し，以後実効的支配を続けた。第二次世界大戦後，南西諸島の一部として米国の施政権下にはいるが，1972年沖縄返還とともに日本領に復帰した。日本は，サンフランシスコ平和条約2条(b)で台湾および彭湖諸島に対するすべての権利を放棄しているが，尖閣諸島はここに含まれておらず，沖縄の群島であると一貫して主張している。しかし，1968年に始まった鉱物資源に関する日本，韓国，台湾の共同探査により，東シナ海一帯における原油資源の存在が報告された頃から，中国は，同諸島が歴史的に自国領であるとして領有権を主張し

資料5-4　尖閣諸島の位置

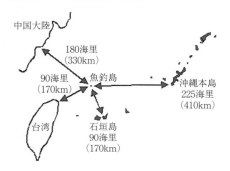

出典：海上保安庁HP（尖閣諸島の島々）
http://senkakujapan.nobody.jp/page024.
html

始めた。歴史的に台湾に付属した同諸島を日本が日清戦争を機に略奪したという主張もあるが，前述の閣議決定以後，中国自身が70年以上日本の実効的支配を否定してこなかったという事実は残る。

3 海　　洋

(1) 国連海洋法条約

　海の利用方法は，古くから国家の関心事項であった。飛行手段をもたなかった時代には，海は人や物を運ぶ重要な航路であり，今でも大規模な輸送は海路で行われている。また海に囲まれた国にとっては国防の手段として，また漁業資源や鉱物資源の採取地としての利用価値も見過ごせない。

　大航海時代以降，海の支配権をめぐって諸国は，海を「万人の共有物」とする海洋自由論と陸と同様「支配の対象」とする閉鎖海論で対立した。この対立は，その後，海洋を領土と同様に主権を認める領海と，諸国の自由な活動のために開放される公海に区分することにより解決した。

　伝統的国際法の時代，海洋の基本秩序は「狭い領海，広い公海」で説明することができた。これは，海洋における区分は領海と公海の２つのみであるということ，そして各国の主権が及ぶ領海はできるだけ限定し，諸国が自由に使用できる公海をできるだけ広く残しておくという意味が込められている。

　この考え方は第二次世界大戦後，大幅に改められることになる。1958年に開催されたジュネーブ海洋法会議では，領海条約，公海条約，大陸棚条約および公海漁業資源条約の４条約が採択された。その後第２回海洋法会議 (1960年) では大きな成果は得られなかったが，1973年から1982年まで開催された第３回海洋法会議では，「海の憲法」と呼ばれる**国連海洋法条約**が採択された。同条約により，領海と公海の間に，接続水域，排他的経済水域など新たな海域が設定された。

　国連海洋法条約は，当時国連で急速に勢いを増してきた発展途上国の主張が取り入れられた。そのため，採択された当初，日本をはじめとする多くの先進諸国は参加をためらった。特に後述する深海底制度に対する不満が大きく，米国は現在もなお締結していない。先進国が参加しないまま条約が発効することは好まし

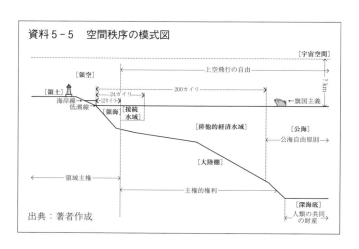

資料5-5　空間秩序の模式図

[宇宙空間]

上空飛行の自由

[領空]

[領土]
海岸線
低潮線

24カイリ
12カイリ

200カイリ

[接続水域]

[領海]

[排他的経済水域]

[大陸棚]

[公海]
公海自由原則→

旗国主義

領域主権

主権的権利

[深海底]
人類の共同
の財産

出典：著者作成

くないと考えたデクエヤル国連事務総長（当時）は，1990年代に入り，深海底制度を見直すための非公式協議を提唱した。その結果，1994年7月に，条約の深海底制度を実質的に修正する**深海底制度実施協定**が採択された。実施協定と国連海洋法条約は単一の文書として一括して解釈・適用され，実施協定の締約国になる国は，国連海洋法条約の締約国になる必要がある。実施協定の採択以後，多くの先進国も国連海洋法条約を締結し，その普遍性は急速に高まった（以下特別の断りがない限り，条文番号は国連海洋法条約を示す）。

(2)　領　海

　領海の幅については，18世紀中頃，領土沿岸から外国船舶を砲撃できる距離が支配できる領海の限界であるとする説（着弾距離説）が唱えられ，当時の大砲の着弾距離がおおよそ3カイリ（海里，1カイリ＝1852メートル）であったことから，その後領海3カイリが国家実行として定着した。20世紀にはいると，北欧の漁業国や新たに独立した途上国が，3カイリ以上の領海を主張した。ジュネーブで開催された2回の海洋法会議でも領海の幅は確定できず，第3回海洋法会議で，ようやく領海は12カイリまでの範囲で設定できることが決定した（3条）。なお，領海の基線については，海岸の低潮線である通常の基線のほかに，沿岸が曲折していたり至近距離に島がある場合，その外側を直線で結ぶ直線基線を用いることもで

きる（7条。日本も領海及び接続水域法1条で直線基線を採用している）。

　領海は，領土と同様に領域国の主権が及ぶ。しかしながら海洋が多くの国にとって重要な航路であることから，領海に特有の国際法規則として，内陸国を含むすべての国に**無害通航権**が認められている。無害通航とは，「沿岸国の平和，秩序または安全を害しない（19条1項）」通航のことをいう。国連海洋法条約は，無害ではない行為として，武力による威嚇または武力の行使，兵器を用いる訓練または演習，漁獲活動などを列挙している（19条2項）。軍艦の無害通航については国連海洋法条約では否定されていない（たとえば30条）が，学説上批判も多い。

　なお領海が12カイリに拡大したことにより（さらに後述する200カイリ排他的経済水域の設定により），これまで公海であった部分に沿岸国の管轄権が及ぶようになった。これに伴って新たに国際海峡における通過通航権（37〜44条）や群島水域（46〜54条）といった制度も国連海洋法条約に明記されている。

(3) 公　海

　国連海洋法条約によれば，公海とは，内水，領海，排他的経済水域および群島水域以外の海洋のすべての部分をいう（86条）。国連海洋法条約がこれまで公海であった部分に，排他的経済水域など新たな海域を設定したため，公海の面積は減少したが，それでも海域のかなりの部分は公海である。公海は，いかなる国もその主権を設定することはできず（89条），沿岸国であるか内陸国であるかを問わず，すべての国に開放される（87条1）。これを**公海自由原則**と呼ぶ。ただし，第五福竜丸事件（1954年）で問題となったように，複数国が公海の同じ場所を使用する場合には，同原則にも内在的な制約があると考えられる。なお，公海を航行する船舶は，その登録国の管轄権にのみ服する（92条）。これを船舶が登録国の国旗を掲げる慣行から**旗国主義**と呼ぶ。ただし，海賊行為や奴隷貿易など国際社会全体で取り締まらなければならない犯罪については，国籍に関係なくすべての国に管轄権がある（105条）。これを**普遍主義**と呼ぶ（→第4章2参照）。

(4) 排他的経済水域（EEZ）

　1945年，トルーマン米国大統領（当時）は，公海漁業資源の保存に関する管轄

権を提唱した（トルーマン宣言）。その後，国連が主導した 3 回の海洋法会議で，先進国は，従来通り狭い領海の維持を主張したが，発展途上国は領海の拡張を要求した。その結果，沿岸国の主権的権利（主権とは異なる）が設定できる特別の海域として排他的経済水域（Exclusive Economic Zone，以下「EEZ」と略称）が自国沿岸から最大200カイリまで設定できることになった（57条）。なお，島の周辺にも EEZ が設定できるが，岩礁には設定できない。

　沿岸国は，EEZ において，①海底の上部水域ならびに海底およびその下の天然資源（生物であるか非生物であるかを問わない）の探査，開発，保存および管理のための主権的権利，ならびにこの水域の経済的な探査，開発のための他の活動に関する主権的権利，②人工島，設備および構築物の設置と利用，海洋の科学的調査，海洋環境の保護と保全に関する管轄権を有する一方，この条約に定めるその他の権利および義務を負い，特に同水域において生物資源の保存と最適利用を促進する義務を負う。他方で，他のすべての国は，EEZ において，航行の自由，上空飛行の自由，海底ケーブルやパイプライン敷設の自由を享受する。遠洋漁業国である日本は，海洋法会議で EEZ の導入に反対していたが，国連海洋法条約の発効を受けて，国内法を改正し，EEZ を設定している。

(5)　大陸棚

　大陸棚とは，地理学上は，低潮線から大洋側の深い方に向かって傾斜が急に増大するところ（縁辺部）までの海底地形を指す。水深が比較的浅いこともあり，石油をはじめとする鉱物資源が開発可能であり，先述の**トルーマン宣言**をきっかけとして，多くの国が自国沿岸の大陸棚に対して管轄権を主張した。1958年の大陸棚条約では大陸棚の定義について，地理学上の定義をほぼ踏襲し，水深200メートルまたは開発可能な水深とした。そのため，高度な開発能力をもつ先進国が大陸棚の幅を拡張させることを懸念した途上国の主張により，国連海洋法条約では，沿岸国の領海を越える海底部分で，大陸縁辺部の外縁にいたる自然の延長，または基線から200カイリのどちらか長い方を選択できる（76条，ただし前者の場合350カイリを越えてはならないなど制限があることに注意）。大陸棚には沿岸国の主権的権利が及び，探査および天然資源の開発に対して排他的な管轄権を有する。

(6) 深海底

　深海底とは「国の管轄権の及ぶ区域の境界の外の海底及びその下（1条1項(1)）」を指す。地球上には水深1万メートルにも及ぶ深海底が存在する。これらは，その深さゆえに手つかずの状態であったが，海底開発の能力が向上するにつれて，深海底の法的地位に関心が集まるようになった。

　伝統的な国際法に基づけば，大陸棚を超える海底部分には，沿岸国の主権的権利は及ばず，また海域としても公海直下であることが想定されるため，公海自由原則によって，開発は自由に行えることになる。しかしながらこの立場に立てば，事実上，開発能力に優れた先進国（および先進国の企業）だけが開発を行い，途上国はそれを追認せざるをえなくなる。そして途上国が開発能力を獲得し，深海底の開発を始めた頃には，その資源はすべて先進国に収奪されていたという状況を許してしまうことになる。このような状況を危惧した途上国は，深海底を新たな法制度のもとにおくことを提唱した。1967年国連総会でのマルタ提案を皮切りに，1970年には深海底およびその資源を「**人類の共同の財産**」とする深海底原則宣言が採択された。これを受けて第3回海洋法会議では，多くの途上国の支持を得て，第11部に深海底制度が明記された。現在では1994年の深海底制度実施協定が優先的に適用される（→本節(1)参照）。

(7) **海洋生物資源の保存**

　先述したように，領海および排他的経済水域の漁業については沿岸国に管轄権があり，公海の漁業については，公海自由原則により，すべての国に漁業の自由が認められる。しかし，外国船舶による公海での乱獲は近隣の沿岸国の漁業活動にとっては，資源の枯渇につながる。また生態系の保存という観点からも海洋生物資源の保全は重要である。

　1946年の国際捕鯨取締条約をはじめとして，国際社会は海洋生物の保全を条約によって規定してきた。また遊泳能力が高く，太平洋など大洋全域を回遊範囲とする魚種（高度回遊性魚種）やEEZと公海にまたがって分布する魚種（ストラドリング魚種）については，海洋や魚種ごとに漁獲を規制する条約が定められている。たとえば日本，オーストラリア，ニュージーランドの3カ国は，南太平洋に生息

するみなみまぐろの保存および最適利用の適当な管理を目的として，1993年にみなみまぐろ保存条約を採択した。この条約の適用をめぐって，日本は他の2国から国際海洋法裁判所および仲裁裁判所に訴えられた（**みなみまぐろ事件**）が，判決後3カ国は，みなみまぐろ資源の管理のための新たな合意を締結し，また韓国やインドネシアなどの新締約国（その他台湾も締結）のほか，フィリピン，南ア，EUといった協力的非締約国などを加えて，みなみまぐろ保存委員会のもとで，資源管理措置を強化している。

なお，2015年の国連総会決議により，国家管轄権外区域の生物多様性の保全および持続可能な利用に関する新協定（いわゆる BBNJ 協定）の交渉が始まったが，2023年6月に，国連海洋法条約の下での実施協定として採択された。

4　領空・宇宙空間

(1)　空の国際法の登場

人類が自由な飛行手段を獲得したのは20世紀初頭であり，19世紀までは，上空の法的地位についてはほとんど関心が寄せられなかった。しかしながら航空技術が急速に進歩したことにより，「空は誰のものか」が問題となるようになった。この新しい「領空」概念については，領土と同様に排他的な主権を認めるべきという主張と空の自由を求めて領海の無害通航権に類する制度をおくべきという主張が対立した。しかし，第一次世界大戦で，航空機が軍事利用された経験から，大戦終了直後の1919年に採択された国際航空条約（パリ条約）では，締約国はその領域上の空間において，完全かつ排他的な主権を有することが承認され（1条），これは1944年の**国際民間航空条約**（**シカゴ条約**）でも踏襲されている。さらに1950年代に入り，米ソ（当時）がロケットや人工衛星を開発し，人類の関心が宇宙空間にまで及ぶと，「宇宙（天体を含む）は誰のものか」が関心の的となり，宇宙条約をはじめとする国際条約が整備された。

なお，領空の幅の限界（水平的限界）については，領土および領海の境界線の上空であることは明白であるが，宇宙空間との境界である高さの限界（垂直的限界）については，今のところ確定していない。学説では大気圏説，航空機飛行空間説，

人工衛星最低軌道説，地球引力説などがあるが，有力なものは存在しない。米国（NASA が高度50マイル＝約80km より上を宇宙と定義）および旧ソ連（1983年宇宙空間平和利用委員会で海抜110km を越えない高度で境界線を設定するべきと提案）の国家実行ならびに民間団体の提案（国際航空連盟は高度100km から上を宇宙と定義）などから，将来高度100km 前後をめぐって確定されると推測される。

(2) 領空主権

　先述の通り，パリ条約およびシカゴ条約に基づき，領域国は自国上空に対して完全かつ排他的な主権を有している。他方で，航空機は船舶よりも迅速に物や人を移動させることが可能であることから，民間航空機の飛行の自由を求める声もあり，シカゴ条約では不定期飛行に限って「空の自由」を認めている（5条）。定期航空業務に関しては，シカゴ条約では，締約国の特別の許可によって上空飛行が可能とされ（6条），同条約と同時に採択された多数国間条約（国際航空業務通過協定と国際航空運送協定）および二国間条約により，定期航空の相互乗り入れを取り決めている。

　上記条約に基づかない民間航空機および国の航空機の他国領空の飛行は，領空侵犯であり，国際法違反となる。領空侵犯に対する対応について民間機と公用機で区別されるべきかどうかについては争いがあるが，1983年の大韓航空機撃墜事件以降，シカゴ条約が改正され，民間航空機に対する武器の使用は禁止された（3条の2）。

　なお，長い海洋境界線を有する諸国が，国防の目的から領空の外に「防空識別圏」を設定し，同圏内に進入する航空機に飛行計画の事前提出などを求める措置をとることがある（日本，米国，中国，韓国など）。ただし，領域主権外であることから，提出を強制したり，外国籍の航空機に実力行使を行うことは，国際法上違法とみなされる。

(3) 宇宙法

　1957年のソ連による人工衛星打ち上げ以降，宇宙の法的地位に関する国際的な関心が高まり，国連総会は1963年に採択された「宇宙空間の探査と利用における

国家活動を律する法原則に関する宣言」の基本原則を条約化する形で1966年に「月その他の天体を含む宇宙空間の探査および利用における国家活動を律する原則に関する条約（**宇宙条約**）」を採択した。この条約を基本条約として，宇宙救助返還協定（1968年），宇宙損害賠償責任条約（1972年），宇宙物体登録条約（1974年），月協定（1979年）が採択されている。

　宇宙条約では，①全人類のための宇宙探査利用の自由，（1条），②領有の禁止（2条），③軍事利用の禁止（4条）および④宇宙活動による損害に関する無過失責任（6および7条）が基本原則として挙げられる。特に①および②に関連して月その他の天体について，月協定は月およびその天然資源が「**人類の共同の財産**」であると明記し，その資源開発は，深海底と同様に国際制度のもとに置かれている（11条5項）。また④については，宇宙空間に打ち上げた物体が引き起こした事故について，宇宙損害賠償責任条約により，打上げ国は無過失の損害賠償責任を負わなければならない。もっとも，宇宙条約以外の宇宙関連条約は締約国数も少なく，その実効性は今後の課題として残されている。

　現在，米国，ロシア，欧州諸国，および日本は，1998年にいわゆる宇宙基地協定を締結し，2011年に完成した国際宇宙ステーション（ISS）で，さまざまな宇宙活動の実験などを行っている。また米国を中心とした有人月面着陸計画（アルテミス計画）など，宇宙活動は先進国による国家主導のプロジェクトが主であったが，近年では，中国やインド等の新興国や，民間事業者による宇宙開発計画も積極的に展開されている。加えて，積極的な宇宙活動によって，宇宙条約には明記されていない「宇宙ごみ（デブリ）」問題も指摘されるなど，既存の宇宙条約体制にも動揺が見られる。

5　その他特別の区域

　現在，地球上のほとんどの陸上部分についてはいずれかの国の主権が設定されている。しかし，国際条約によって特別な法的地位を設定している区域も存在する。たとえば，ヨーロッパを始めとして大陸には，複数の国家を貫流したり，国境線を形成する国際河川が多数存在する。1997年には国際法委員会が国際水路非

航行的利用法条約を採択
し，航行以外の利用方法に
ついて上流国と下流国の利
害の調整を図っている。

　また国際運河としてエジ
プトのスエズ運河やパナマ
のパナマ運河が有名だが，
両者とも国際条約により運
河の利用が諸外国の船舶に
対して認められている。

　最後に，極地について説
明する。まず南極は，氷に
覆われた大陸でその面積は
オーストラリア大陸の約2

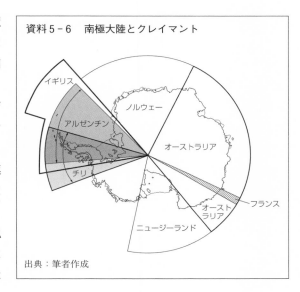

資料5-6　南極大陸とクレイマント

出典：筆者作成

倍の面積を有する。19世紀までは人類未到の地であったが，ノルウェーの探検
家，アムンゼンによる南極点初到達（1911年）を皮切りに，南極を探検，観測す
る人が増え，いくつかの国が大陸の支配に乗り出した。領有権を主張する国（クレ
イマント）は，自国民による発見（ノルウェー），先占（英国およびフランス），近接
性（南ア，アルゼンチン，オーストラリアおよびニュージーランド）を根拠とする。主
張する領域部分が重複する国も見られるが，大陸の区分方法として，南極点から
2本の子午線によって囲まれた扇形の区域を主張するセクター理論を用いている
点は共通している（→資料5-6参照）。1957年から1958年の国際地球観測年を契機
として，上記クレイマント7カ国と南極大陸の領有を否定する国（米国，ソ連，日
本，ベルギーおよび南ア）は南極の法的地位とその利用方法に関して協議を行い，
1959年南極条約を採択した。同条約の基本原則は，①南極地域（南緯60度以南の地
域）の平和利用（1条），②科学調査の自由と国際協力の促進（2および3条），③
南極地域における領土権主張の凍結（4条）および，④条約の遵守を確保するた
めの監視員制度の設定（7条）である。このうち，領土権主張の凍結とは，クレ
イマントの領有権の主張を否定も肯定もせず，条約の有効期間中の南極での活動

を領有権の主張とは無関係のものとすると同時に，クレイマントを含めてすべての締約国が新たに南極大陸に領有権を主張することを禁止する。また，南極地域に関する共通の利害関係のある事項について協議し，条約の原則および目的を助長するための措置を立案する会合として協議国会議を設置している（9条）。

　南極大陸は，その酷寒な気候と厚い氷から，豊富な資源が手つかずで残されており，またアザラシなどの野生動物も生息している。南極条約では資源開発および環境保護に関する規定が存在しないため，同条約を補完するために，1972年に南極アザラシ保護条約，1980年に南極海洋生物資源保存条約，1988年に南極鉱物資源活動規制条約が採択された。また，1991年の環境保護に関する南極条約議定書のもとに，現在環境影響評価，南極の動物相および植物相の保存，廃棄物の処分および廃棄物の管理，海洋汚染の防止，地区の保護および管理ならびに緊急状態から生じる責任を規定する6つの附属書が採択されている。なお，同議定書の発効を受けて，日本では「南極地域の環境の保護に関する法律」が制定されており，たとえば，観光目的で南極地域に赴く場合には，環境省への事前の届出が必要である（5条3項）。

　北緯66度33分以北の地域である北極圏には，カナダ，米国，ロシア，アイスランド，ノルウェー，スウェーデン，フィンランド，およびデンマーク（グリーンランド）が領土を有している。ノルウェー領であるスヴァールバル諸島を非武装地帯として，締約国の自由な経済活動を認めるスヴァールバル条約が1920年に締結されたこともあるが，北極圏は，酷寒で広く氷に覆われており，また南極と異なり大陸が存在しないこともあって，特別な条約は締結されなかった。

　その後，環境問題の関心が高まると，北極圏諸国は，1991年に北極環境保護戦略に合意した。また1996年には北極評議会を設立し，これまで北極地域の経済活動や環境保護に関する協議を行ってきている。同評議会は，国際機関ではなく，北極圏に居住する先住人民団体を常時参加者として認めるなど，ユニークな特徴をもつフォーラムである。最近では，地球温暖化の影響により，北極航路が開発されつつあることから，北極圏諸国以外の国もこの地域の利用に関心をもつようになってきた。非北極圏国でも評議会が認めれば，オブザーバーとして参加することができ，日本も2013年にオブザーバー資格が認められた。

【参考文献】

明石康他『日本の領土問題』（虎ノ門 dojo ブックス，自由国民社，2002年）

岩下明裕『北方領土問題——4でも0でも，2でもなく』（中公新書，中央公論新社，2005年）

小松正之・遠藤久『国際マグロ裁判』（岩波新書，岩波書店，2002年）

芹田健太郎『日本の領土』（中公文庫，中央公論新社，2010年）

曽村保信『海の政治学——海はだれのものか』（中公新書，中央公論社，1988年）

中谷和弘『世界の島をめぐる国際法と外交』（信山社，2023年）

山田吉彦『日本の国境』（新潮新書，新潮社，2005年）

第2部　国境を越える活動と法

第6章　日本人と外国人，何がどう違う？
―― 国籍・外国人の権利

◆スタートアップ

　外国人労働者という言葉が日本社会に定着して随分たちます。高校の教科書などでは，しばしば，「発展途上国」の人々が，「高賃金」である日本に働きの場を求めてやってきた，との説明がなされています。これはもっぱら，経済的あるいは社会的側面からの説明ですが，では外国人労働者ひいては外国人をめぐる日本の法の状況はどのようなものなのでしょうか。

　伝統的に，憲法や国際法では，外国人といえば「権利の主体性」が問題となり，「少数者」というイメージでとらえられてきましたが，現在では，外国人が一定の社会集団を形成した「生活の主体」であることに，しばしば気づかされます。

　日本における戦後の「外国人」は，大きくいくつかの世代で分かれます。まず，第二次世界大戦期までの日本の政策と関係で日本に住む人々です。主に朝鮮半島あるいは台湾の出身者が多く，「オールドカマー」と呼ばれています。次に，1990年代初頭の日本の入国管理政策の転換から受け入れられた南米の日系人を主とした「ニューカマー」と呼ばれる人々です。

　後者の人たちが多く住む自治体の会議体として，「外国人集住都市会議」という組織があります。2001年の発足以降活動を続け，現在は11自治体が加盟しています（伊勢崎市，太田市，大泉町（以上，群馬県），上田市，飯田市（以上，長野県），浜松市（静岡県），豊橋市，豊田市，小牧市（以上，愛知県），鈴鹿市（三重県），甲賀市（滋賀県））。「国際化に必要不可欠な外国人住民との地域共生の確立」（同会HP，http://www.shujutoshi.jp/gaiyou/index.html）という観点から，自治体間の連携がなされたことは時代を表すものだと思います。

　いま，日本において私たちとともにある外国人は，こういった人々に限られません。たとえば，ベトナム人の「技能実習生」，コンビニに勤務する外国人の多さ，日本に住むトルコ系難民の話。更には，外国人労働者の過酷な環境の様子がメディアを介して伝えられています（104頁文献（澤田・芹澤・鳥居・平野）等参照）。

　こういった近時の状況をふまえつつ，外国人に関する法問題を，「滞在」の側面を中心に考えてみましょう（外国人との結婚などに関心のある人は，第7章も読んでください）。

・法的に，外国人とはどのような人をいうのだろうか？
・外国人が日本に滞在できるのはなぜだろうか？
・外国人はどのような権利をもっているのだろうか？

1　国籍と法

(1)　国籍の機能と原始的取得

　日本人と外国人を区分する法律上最も明確な基準は**国籍**である。国籍は国家と
人（国民）をつなぐ要素であり，およそ地球上のほとんどの人に関連する問題で
はあるが，国籍とは何かという理論的説明の定説はいまなおない。確実にいえる
のは，次の2点であろう。第1に，ある人に国籍を付与するかは，原則として各
国の専属的判断事項である（1923年のチュニス・モロッコ国籍法事件常設国際司法裁判
所勧告的意見）。第2に，そのようにして自国籍を認められた人に対して，国家は
外交保護権を行使できる。国籍付与国と国籍を与えられた者の間に真正の結合が
あるかあるいはその国籍には実効性があるか（1955年のノッテボーム事件国際司法裁
判所判決）がしばしば議論されてきているが，一般的には，形式的に国籍を付与さ
れていれば，国籍はその機能を果たす。したがって，各国がいかなる国籍付与原
則を採用しているかが重要となる。

　国籍を取得する最も主要な場面は，「出生」である。出生による国籍の取得につ
いて，諸国の法制は血統主義と生地主義に二分されている。日本は，原則として，
父母両系の血統主義を採用している（国籍法2条1号，同2号）。以前は父系主義を
採用していたが，女子差別撤廃条約の批准等を契機に，国籍法を改正した（1985
年1月1日施行）。

　父母両系主義において，母が日本人の場合における子の日本国籍取得にはほと
んど問題は生じない。なぜなら，日本では「産んだ人が母」すなわち「分娩の事
実」があれば法的にも親子関係が認められているからである（最高裁判所小法廷判
決1962年4月27日）。他方，父方から日本国籍を取得するためには，「父」を法的に

確定する必要がある。

　日本人男性とある子の間に親子関係が成立する場合として，たとえば，ある子の母と当該男性がその子の出生時に結婚していれば，子と男性の間に親子関係が推定され（民法772条），それが否定されなければ子は日本国籍を取得する（国籍法２条１項）。次に，たとえば，母と男性は結婚していないが男性が子を「認知」した場合にも，子と男性の間に親子関係が成立するので，届け出により子は日本国籍を取得する（国籍法３条１項）。後者の場面について，従前は認知だけではなく母と男性が結婚することも要件としていたが，親の結婚の有無により国籍取得に差異が生じるのは違憲であるとの判決（最高裁判所大法廷判決2008年６月４日）が下され，同年に上記のように法改正された。ただし，改正に際して，偽装認知による国籍の取得を防止するため，虚偽の届出に関する罪が新設された（国籍法20条）。また，民法の親子法の改正（2022年）に伴い，認知の反対事実があるとき，３条１項及び２項を適用しないとする規定が導入された（国籍法新３条３項）。

　次に，補充的に**生地主義**が採用されている（国籍法２条３号）。「父母ともに知れない場合」には日本国籍が取得できることになっており，棄児の救済を図っている。

　以上が出生に伴うあるいはそれに準ずる国籍の取得である。現行の日本の国籍法では，婚姻，養子縁組等（身分行為という）では国籍の変動はない。「外国人と結婚すると国籍はどうなりますか？」という質問をよく耳にするが，少なくとも，身分行為により日本国籍を自動的に喪失することはない。ただし，相手方の国の法律が，結婚の条件としてその国の国籍取得を定めていることも考えられるので，相手方の国の法律を確認することも怠ってはならない。

(2)　国籍の変動——帰化と国籍の選択，喪失

　上記以外で国籍が取得できるのは，帰化の場合である。帰化とは，自己の発意により国籍取得を申請し，法務大臣が裁量によってそれを認める制度である（国籍法５条）。帰化が認められる条件としては，居住条件（同条１項１号），能力条件（同２号），素行条件（同３号），生計条件（同４号），重国籍防止条件（同５号）憲法遵守条件（同６号）が法定されている。さらに上記の条件のいくつかを緩和した簡易

帰化（国籍法6条〜8条）および上記の条件に基づかずに認められる大帰化（同9条）もある。これらを充たせば必ず帰化が認められるわけではなく，法務大臣の裁量判断による（4条2項）。

(3) 国籍の喪失および国籍の選択

　国籍が各国独自に付与されることから，重国籍への対応を要することになる。まず，自己の志望により外国籍を取得した者は日本国籍を喪失する（国籍法11条1項）。志望による場合には本人の意思にかかわらず国籍を喪失させるこの制度について，裁判所は違憲とはしなかった（最高裁判所小法廷決定2023年9月28日）。次に，外国で生まれて重国籍となった者は，日本国籍の留保の届出をしない限り，出生に遡って日本国籍を喪失する（国籍法12条）。**国籍留保制度**という。20世紀前半に日系移民の現地での同化に対応することが目的の1つであったが，その後対象が拡大されて現在に至っている。外国で出生した場合にだけ留保が求められている点が裁判で争われたが，合憲とされている（最高裁判所小法廷判決2015年3月10日）。最後に，その他の理由で外国籍を有する日本人は，届け出ることによって日本国籍を離脱できる（国籍法13条）。

　重国籍者は国籍の選択を義務化されており，20歳までに重国籍となった者は22歳までに，20歳より後に重国籍となった者は重国籍となった時から2年以内に日本国籍か外国国籍を選択することになる（国籍法14条1項）。**国籍選択制度**という。父母両系主義の導入に伴い，一般的な選択制度を規定している。

(4) 重国籍の許容性

　国籍法11条から13条は，「外国籍」の存在を日本国籍喪失の要件としている。したがって，国籍法は，無国籍を認めていないといえる。憲法22条2項も無国籍の自由を保障するものではない。では，重国籍はどうか。

　そもそも，父母両系主義が普及した場合，出生時における重国籍者は必然的に増えることになる。したがって，日本も含めて，「重国籍」期間の存在が認められる傾向にある。日本も，喪失規定をみると重国籍に厳しいようであるが，選択制度からは一定容認されているようにも解される。問題は，その重国籍状態は必

ず解消されなければならないかである。

解消すべき根拠として,「国籍唯一の原則」があげられる。世界人権宣言15条あるいは自由権規約24条3項などがその例とされることもある。ただし,これらは「国籍取得権利」を定めるものである。これを含め,「1つの国籍を取得する権利」という原則があるかはなお議論が続いている。

他方,重国籍容認の動向も世界的にはある。国籍選択制度はそもそも1977年の欧州評議会閣僚委員会の決議を範としているが,その欧州自体が条約や国内立法において,国籍唯一の原則にこだわらない動向を見せている。

2 日本に滞在する外国人

(1) 出入国

現在,自由に海外に旅行や居住することができるように感じるが,出入国にも"法"がかかわる。日本では「出入国管理及び難民認定法」(以下,「入管難民法」と略称)があり,同法に従って入国・上陸の要件が定められている(入管難民法7条各号)。日本に入国・上陸するには,旅券の所持はもちろんのこと,ビザ(査証)が必要な場合それを受けていること,申請された在留資格および在留期間が適正であること,上陸拒否事由に該当していないこと,および,個人識別情報(指紋,写真など)を提供することが主な要件として課せられている。旅券の代表例は,各国が自国民に発給するパスポートである。A国の在外公館がA国本国に出す推薦状のような役割を果たすのがビザである。ビザは国家間で免除の話し合いが盛んに行われている。

日本は単純移住者を受け入れていない。すべての入国者は後述する**「在留資格」**のいずれかに該当し,かつ,一定の在留資格は基準省令に具体的条件が示されており,それに適合することも必要となる(上陸審査基準)。それに対応して「在留期間」が定められている。在留期間は延長することができる。在留資格の変更は一部を除き可能である。

在留資格については,入管難民法2条の2第2項に基づいて,同法の2つの別表に次のような在留資格が定められている。まず,別表第一には,外交,公用,

教授，芸術，宗教，報道（以上，同（一）），高度専門職，経営・管理，法律・会計業務，医療，研究，教育，技術・人文知識・国際業務，企業内転勤，介護，興行，技能，特定技能，技能実習（以上，同（二）），文化活動，短期滞在（以上，同（三）），留学，研修，家族滞在（以上，同（四））および特定活動（同（五））がある。次に，別表第二には，永住者，日本人の配偶者等，永住者の配偶者等および定住者がある。

　在留管理体制が大きく変更され（2009年改正），自治体への外国人の登録という制度は廃止され，外交，公用および短期滞在以外の上記在留資格を有する外国人を中長期在留者とし，在留カードが交付されている。在留カードは法務省によって管理され，限定的な記載内容ではあるがその内容は常に更新されることになった。また，外国人登録法は廃止され，外国人も住民票が作成されている。

　2019年に特定技能（後述）が新設され，現在の在留資格は29種類である。在留資格はこの間，社会動向にあわせて変化が著しい。入管難民法51条の10に基づき外国人の入国在留管理に関する基本施策を示す「**出入国在留管理基本計画**」（2019年。従前は「出入国管理計画」（第1次〜第5次））等とあわせて，その運用を注視していく必要がある。

(2)　活動制限的な在留資格

　別表第一（三）および同（四）は就労不可能であるが，別表第一（一）および（二）は就労可能であり，おおむね就労内容に応じた区分である。なお，別表第一（五）の特定活動にどのような活動が該当するかは個別に判断される。たとえば，経済連携協定等による特定の職種の受け入れはこの資格において行われている。

　外国人のなかでも，高度な資質あるいは能力を有する者の受け入れの促進を国の方針としてきている。2012年の高度人材ポイント制度の導入もそのあらわれの1つである。また，高度専門職という在留資格が2014年に新設された。2023年4月からは，「特別高度人材制度」（J-Skip）も導入されている。他方，単純労働者の受け入れをしてこなかったことも影響して，外国人実習生がそれに代わる役割を担い，なかには過酷な労働環境に置かれる者も少なくないことが社会問題化した。2009年に在留資格として「技能実習」を新設したが，その後も外国人実習生

を受け入れる制度面の批判はなお続いていた。そのようななか，技能実習制度の改善を企図して，「外国人の技能実習の適正な実施及び技能実習生の保護に関する法律」が2017年11月より施行されている。さらに，「経済財政運営と改革の基本方針」（2018年）を受けて，2019年に人手不足分野の人材確保という観点から，「特定技能」の在留資格が創設された。対象範囲は暫時拡大されている。

　これ以外にも，日本では留学生が労働することが条件付きで認められているところ，「**留学**」という在留資格で入国し，労働に重きを置いた生活をしている留学生が一部にいる。失踪する実習生も後を絶たない。これらには総じて日本社会の必要とする外国人像と在留資格の齟齬が背景にある。「特定技能」は，研修ではなく労働に踏み込んだとも評価されているものの，日本の外国人受け入れ政策はなお多くの課題を有している。

(3)　日本において比較的自由に活動できる在留資格

　次に「別表第二」についてである。「別表第二」に記載されている在留資格を取得すると，日本において比較的自由な活動が保障される。

　① **永住者（およびその配偶者等）**　　単純移民を受け入れていない日本において「永住者」で入国することは予定されていない。したがって，この永住者とは入国後の日本での生活実態が評価された場合に取得しうる資格とみてよい。永住者の認定の詳細は，「永住許可に関するガイドライン」（2006年3月31日法務省入国管理局；2023年12月1日改訂）等が公表されたことにより，かなり透明度が増したが，法務大臣の許可により認定される点は従前のままである。永住者自身の在留期間が無期限である点に特徴がある。

　② **定住者**　　「特別な理由」を法務大臣が考慮した結果，認められうる在留資格である。古くは，インドシナ難民，その後は中国残留日本人，さらには日本人の子（日系2世）の実子すなわち日系3世などニューカマーの人たちがこれに該当する。日系4世は特定活動で受け入れられている（2023年12月から更なる受け入れ促進も開始された）。定住者については，「定住者告示」（正式名称「出入国管理及び難民認定法第七条第一項第二号の規定に基づき同法別表第二の定住者の項の下欄に掲げる地位を定める件」（平成2年法務省告示第132号）；最新改正2021年10月28日告示第220号）が存

在し，「定住者」として在留する場合，原則として告示に該当する必要がある。

③　**日本人の配偶者等**　　日本人の妻，夫，子，特別養子は，「**日本人の配偶者等**」として在留資格を認められる。在留資格のある外国人の家族にも家族滞在が認められている。これらは総じて，家族の一体的居住を保障するものと解される。この場合，婚姻の準拠法上妻であっても，妻として活動している実態がなければ，配偶者という在留資格には値しないとする判決がある（最高裁判所小法廷判決2002年10月17日）。また，正当な理由なく6カ月以上配偶者としての活動がないことは，在留資格取消事由となる（入管難民法22条の4第7号）。

なお，外国人同士の同性パートナー（第7章参照）について，一方に何らかの在留資格がある場合，相手方にも「特定活動」の在留資格の取得がありうる（平成25年10月18日法務省通知）。しかし，日本人と外国人間の同性パートナーは対象となっていない（この点につき，東京地方裁判所判決2022年9月30日参照）。

(4)　**特別永住者**

第二次世界大戦の前から，引き続いて日本に在留する朝鮮半島・台湾出身者およびその子孫については，1991年に施行された「日本国との平和条約に基づき日本の国籍を離脱した者等の出入国管理に関する特例法」により，入管難民法による在留資格とは別の枠組みで，日本での滞在が認められている。1952年のサンフランシスコ平和条約発効後，上述の人たちについて，個別の対応をしてきたものを，安定した法的地位と処遇の創設のため，1991年の特例法が編まれたのである。**オールドカマー**の人たちへの対応である。

この法律により，平和条約国籍離脱者等は，自動的に，あるいは申請に基づき法務大臣が裁量の余地なく特別永住者として認められ永住することが可能となった。退去強制の可能性が限定され再入国許可の期間も伸張されている。特別永住者には，在留カードではなく特別永住者証が交付される。特別永住者は，入管法上の在留資格を有する外国人と法の適用において異なる点が多い。

(5)　**難　民**

入管難民法には，その名称の通り，難民に関する規律が含まれる。難民に関す

る部分は，「**難民の地位に関する条約**」（以下，「難民条約」と略称）の批准に伴い出入国管理令（当時）に付加され現行名称となった。難民条約上の難民の定義は，「人種，宗教，国籍若しくは特定の社会的集団の構成員であること又は政治的意見を理由に迫害を受けるおそれがあるという十分に理由のある恐怖を有するために」（1条A(2)）国外にいる者と要約できよう。このような難民は，法務大臣の裁量によって認定されるのではなく，この条約に基づいて発見・確認することになる。したがって，難民認定自体は裁量的な行為ではなく羈束的な行為である。

　難民条約上の「難民」は，「迫害」の要件などがあるため限定的であり，対象は広くない。2022年2月に発生したウクライナへのロシアの侵攻以降，ウクライナから受け入れた人々を，日本政府は「ウクライナ避難民」として対応している。2023年入管難民法改正（以下，同改正については出入国在留管理庁「入管法改正案について」https://www.moj.go.jp/isa/laws/bill/05_00007.html）により，紛争地から避難してきた人を難民に準じて扱う「補完的保護対象者」制度が導入されることになった。定住者の在留資格が用意される。

　日本は難民認定に消極的な国と評されて久しい。難民について，国内外から，なお日本の受け入れ姿勢に注目が集まるところでもある。そのような中，2005年に入管難民法の難民に関する部分を初めて改正し，入国から申請までの厳格な日数制限の規定を廃する一方，申請者側の不服申立てについては第三者である難民審査参与員を関与させるなどに改めた。さらに，第三国定住という政策（2008年）に基づき，2010年以降受け入れている難民が一定数存在している（2019年にその対象を拡大）。

　日本の場合，別の在留資格で入国後に難民申請することが多くなる。在留資格が失効する等，滞在根拠を欠く難民申請者もいる。この点，従前は，難民申請者期間中は日本から退去はさせなかった（送還停止効）が，2023年の入管難民法改正により，3回目以降の難民認定申請者は，相当の理由のない限り，退去させることが可能となった。難民申請が却下されても退去しない「退去忌避者」対策でもあるという。

(6) 退去強制

　不法入国，不法上陸，不法滞在等，入管難民法に抵触する外国人は国外追放されることがある。**退去強制**という。入管難民法24条に実体的要件として退去強制事由が定められ，それを前提に調査，審査（最初の判断），口頭審理（異議に基づく二度目の判断），裁決（法務大臣による最終判断）と，比較的重厚な手続が用意されている。しかし，そこに現れる入国警備官，入国審査官，特別審査官，法務大臣はすべて行政側であり，手続全体の透明性，公平感は高くないとも評される。

　調査において，ある外国人が退去強制事由に該当すると疑うに足る相当な理由のある場合，入国警備官は収容令書により当該外国人を収容することができる（入管難民法39条）。採決まで含めて，いずれかの段階で退去強制に当該外国人が異議を唱えなかった場合に，退去強制令書が発付され，それに基づき執行手続きが進められる（入管難民法47条項等）。また，2004年改正により，退去強制によらず，出国命令により出国することも可能となった（入管難民法24条の３）。なお，特別永住者は退去強制の対象外である。

　収容が行われる場合，該当者は収容施設に入る。申請に基づき，一定条件の下，「仮放免」（入管難民法54条等）も認められている。それでも収容の長期化が問題となり，健康や人権問題の指摘が後を絶たない。2021年には，収容されていた外国人が収容所で亡くなり，国の対応が問題にもなっている。そのようななか，2023年入管難民法改正では，収容なしに退去強制手続を進める「監理措置制度」が導入されることになった。

　難民条約上，締約国は難民を生命または自由が脅威にさらされる地域へ追放してはならないとされている（難民条約32条，33条）。**ノン・ルフールマンの原則**といい，この趣旨を受けた規定が入管難民法にも存在する（53条３項１号）。難民条約上は難民が対象となっているが，難民認定されなかった者もこの原則の対象となると解される。

　法務大臣は退去強制に対する異議を認めなかった場合でも，特別に在留を認めることがある（入管難民法50条）。**在留特別許可**という。在留特別許可についてもガイドラインが示されている（法務省入国管理局2006年10月，2009年７月改訂）。「在留特別許可」という在留資格は存在せず，許可された後に，別の在留資格が付与される。

3 日本国憲法と外国人

(1) 権利の性質

　このようにして、入国、滞在を認められた外国人が日本国憲法上のいかなる権利を認められるのか。それを考えるうえで、最初に跳んでおくべきハードルがある。それは、憲法の文言である。憲法には「国民」という用語が非常に多く用いられている。この「国民」は日本国民のことを指しているという非常に素直な理解を認めると、「国民」には外国人は含まれないという考え方がしばしば同時にあらわれてくる。

　しかし、国民と書いてあれば、国民「だけ」の規定であるというのは唯一の解釈ではない。国民に認められるものであって、かつ、外国人にも認められる権利はある、と読むことも十分可能であるし、むしろ、現代ではその解釈のほうが必然ともいえよう。

　最高裁も、憲法の諸規定は、「権利の性質上日本国民のみをその対象としていると解されるものを除き、わが国に在留する外国人に対しても等しく及ぶものと解すべき」との判断を示し、それが現在でも広く支持されている（「マクリーン事件」最高裁判所大法廷判決1978年10月4日）。これを、**権利性質説**という。以下、権利の性質にそって、外国人の権利享有を考えてみる。

(2) さまざまな権利と外国人

　① **出入国**　外国人が日本国憲法上のいかなる権利を享有するかを考える前提として、そもそも外国人は日本に自由に出入りできるのか、という問題をまず考えておきたい。これに関連する規定が日本国憲法22条であり、何人も、公共の福祉に反しない限り移転の自由を有し（1項）、また、何人も、外国に移住する自由を侵されない（2項）と規定されている。

　とりわけ2項は、「外国移住の自由」といわれている。外国人はどうか。一般には、憲法上の規定を根拠に、あるいは、国際人権規約を根拠に、外国人にも出国の自由が認められると考えられている。他方、入国の自由の判断は、慣習国際法

に基づくが，結論として，外国人には保障されないといわれている。入国の是非は受け入れ国の裁量であるという。

したがって，日本では外国人の出入国の判断はそれぞれ異なる根拠を見いだすことになる。この点，注意すべきなのは，再入国である。文言的には，「再入国」は入国の一種であるが，再入国は出国の延長線上にもある。出国の自由が認められている以上，外国人が「帰ってくる」ことが当然想定されるのであるから，「再入国」は「特別の配慮」をしていいという考え方が，強く説かれている。再入国というのは，実質的には，国外旅行から帰ってくることを意味する場合が多い。外国人には憲法上外国渡航の自由が認められていないとし，ある外国人の再入国を拒否した判決がある（最高裁判所小法廷判決1992年11月16日）。

②　**自由権と外国人**　外国人には自由権はどの程度認められているのか。自由のなかでも人の内心に由来する精神的自由はほぼ全面的に外国人にも認められている。他方，既述の通り，外国人には在留資格による制約があるので，特別永住者等一部の人々を除いて，職業選択の自由（憲法22条1項）は限定的となっている。

また，外国人（特別永住者）が地方自治体の管理職となれるかにつき，住民の権利義務を直接に形成し範囲を確定するあるいは重要政策の決定またはそれへの参画をする公務員への昇任を日本人に限定することは憲法1条，15条等の観点から合憲であるとした判決もある（最高裁判所大法廷判決2005年1月26日）。参政権（④）にも関連しうる論点ではあるが，結果的には外国人（特別永住者）の職業選択を制限した側面を有する判決である。

経済的自由も基本的には認められているが，取引法的観点等から，一定，内外人を区別するという法政策判断はありうる。現在の日本の法制にも外国人の権利享有を制限するような規定は存在する（鉱業法17条，同87条，船舶法1条等）。このような外国人を直接の規律対象とする法規は，渉外的法律関係を対象とするものの，国際私法（第7章参照）とは性質の異なる規範である。

③　**社会権と外国人**　社会権に関して，古典的には，国籍所属国こそが，その人の社会的水準を維持する第一次的な存在であって，その結果，外国人は社会権の享有を認めないとする考え方が有力であったが，近時は，外国人は除外対象ではなくむしろ含まれるべきとの考え方が強い。各種の社会保障立法においても，

「国籍条項」はそもそも存在しないあるいは改正により除外されたものがほとんどである。国籍条項の除外の背景には，社会権に対する考え方の変遷があった点のみならず，日韓基本条約締結あるいは難民条約批准といった外交判断への対応という側面が大きかったことはなお留意されてよいであろう。生活保護については，非正規滞在者を含めて外国人に対して一定制約的であることに留意が必要である。

④ **参政権と外国人**　日本の外国人参政権の現状を端的にいえば，「地方」「選挙権」を認めるのかに集約される。まず，外国人の「国政」参加は，国民主権と真っ向から対立するからか，学説においても肯定派は多くない。なお，長らく**在外邦人の国政選挙への参加機会を保障してこなかったことを違憲とした判決**（在外選挙制度違憲訴訟最高裁判所小法廷判決2005年9月14日）があり，国政参加の基本が国籍であることが別の側面から再確認された。

　国政レベルで大きな壁となった「国民主権」とは別に，地方にはその名の通り地方公共団体の機関の直接選挙（憲法93条）がある。外国人が地方社会の担い手であることは周知の事実であるが，地方には国政とは異なる課題が多く，各地域の住民がその中心であることはまさにその通りであり，その住民から一律に外国人を排することの方が理論的にはもとより，実社会の状況に照らしても不合理である。したがって，憲法は外国人の地方参政権を否定していない，というのが学説上有力である。ただし，定住外国人を念頭におく立場が多い。

【参考文献】
　市川正人『憲法〔第2版〕』（新世社，2022年）
　木棚照一『逐条国籍法──課題の解明と条文の解説』（日本加除出版，2021年）
　澤田晃宏『ルポ技能実習生』（ちくま新書，筑摩書房，2020年）
　芹澤健介『コンビニ外国人』（新潮新書，新潮社，2018年）
　高宅茂『入管法概説』（有斐閣，2020年）
　鳥居一平『国家と移民　外国人労働者と日本の未来』（集英社新書，集英社，2020年）
　平野雄吾『ルポ入管』（ちくま新書，筑摩書房，2020年）
　山田鐐一・黒木忠正・高宅茂『よくわかる入管法〔第4版〕』（有斐閣，2017年）

第7章　外国人と結婚したら？
——国際結婚・家族生活と法

◆スタートアップ

　日本国憲法24条1項は，「婚姻は，両性の合意のみに基いて成立し，夫婦が同等の権利を有することを基本として，相互の協力により，維持されなければならない」と謳っています。後にこの条項は，当時20代前半であった欧州ゆかりの日本育ちの女性の手によるものであることが明らかになりました。家族関係における「平等原則」（同14条）の徹底を企図したこの条項は，日本人とりわけ日本人女性に新たな時代の幕開けを告げることになったといえるでしょう。

　日本国憲法下の日本の家族のもう1つの変化は，顕著な国際化の促進でした。いわゆる「国際結婚」の数が増加の一途を辿ったのは，その例です。それとともに，国際的な離婚も増加し，離婚の際に子をめぐって父母が国境を越えて争うという現象も生じました。また，海外からは，同性婚や同性パートナーシップといった新しい共同体の在り方ももたらされています。国内でいわゆる「LGBT理解増進法」（2023年6月）が成立しましたが，海外の法展開はより急速です。海外で成立した同性婚を日本でどのように法的に扱うかといったような場面が今後多くなるかもしれません。

　国際結婚の多様性が，それが「異文化理解」あるいは「文化摩擦」の家庭内現象である点に見いだせます。同時に，婚姻が法的保護を受ける生活関係である以上，国際結婚にはいかなる法が適用されるのかということも考えなければなりません。実は，この点を具体的に定める国際条約は皆無に等しく，関連する国内法に頼らざるをえないのが現状です。たとえば，日本人とフィリピン人が結婚する場合，日本法もフィリピン法もこの婚姻に適用される可能性があり，その結果，文化摩擦ならぬ「法の抵触・衝突」が発生するのです。

　このような法の抵触を解決する法として，「国際私法」という分野が存在します。主要には，「法の適用に関する通則法（以下，「通則法」と略称）」という法律に一連の規定が存在します。婚姻の成立に関しては，（偶然憲法と同じく）24条1項に「婚姻の成立は，各当事者につき，その本国法による。」とあり，関連する法のなかから適用する法を選択し，法の抵触を解消するので，抵触法あるいは法選

択とも呼ばれています。では，なぜこういう仕組みが必要なのでしょうか。考え
てみましょう。

この章で学ぶこと

・日本における国際結婚の実態はどうなっているのだろうか？
・国際結婚に関する「国際私法」とはどういう法律なのだろうか？
・日本法は世界から，どのように評価されているのだろうか？

1 国際結婚の実態——日本における「国際結婚」

　第6章で見た「在留資格」に，「日本人の配偶者等」というのがある。法務省
が出している「在留外国人統計」（2023年6月）（e-Start 政府統計の総合窓口「在留外
国人統計（旧登録外国人統計）／ 在留外国人統計」https://www.e-stat.go.jp/stat-search/files?
page=1&toukei=00250012&tstat=000001018034）の集計から，そのうち「日本人の配
偶者」（総数約12万1000）の所属国籍を読み取ると，中国，フィリピンが2万人台
で北米，欧州の総数より多い。韓国が1万人台で3番目である。米国は9000人台
後半の規模でアジア以外では多いが，タイ，ベトナムがそれぞれ7000人台，6000
人台で続く。その後は4000人台の台湾となる。それぞれの国との人の流れの関係
性については第6章も見てもらいたい。

　さて，上記のデータは，日本に在留する日本人と外国人の夫婦の統計を示すに
すぎない。日本に住む外国人同士の夫婦，外国に住む日本人と外国人の夫婦，さ
らには，外国に住む日本人同士の夫婦も総じて国際結婚である。国際結婚に関す
るこのような態様を念頭に置きながら，以下，その法的側面を見ていくことにす
る。なお，上記のような国際結婚は，それぞれ関連する外国で問題となるあるい
は裁判が行われることもある。そういった可能性もふまえつつ，ここで論じるの
は，日本で何らかの法的判断が必要な場合を中心とする。

2　国際私法

(1)　国際私法の意義と目的

　結婚については，多くの国に婚姻法がある。では，上記のような国際結婚の場合には，何国法に基づいて判断するのか。民事法のなかでも家族法の分野では，国境を超える法の統一はほとんどなされていない。したがって，当該婚姻に適用可能な国内法の国際的な適用範囲を確定するルールが必要であると考えられてきた。そのルールを**国際私法**という。国際私法とは，1つでも国際的な要素を含んだ事案について（これを**渉外的法律関係**という），内外法のなかから，事案と最も密接な関係を有する法を選定する国内規則である。

　国際私法の目的は，複数の国に関連する法律問題が，どこの国で問題となってもそれぞれの国の国際私法を介して同じ法律が適用されることにより，国際的に一致した結論が導かれることにある。裁判の場合なら，**判決の国際的調和**が可能になる。そのために，各国の国際私法の内容はできるだけ一致していることが望ましい。

　日本の国際私法は日本民法を重視するという立場をとってしまうと，国ごとに結論が異なり，上記の目的は達成されない。そこで，一国の国際私法は，自国法を優先することを許されず，自国法と外国法とを対等・平等に扱うことが求められる。これを**内外法の平等**という。

　国際私法はいわば「法を選ぶための法」である。日本人と台湾人が離婚できるかどうかは何法によるのかを決めるのが国際私法であり，離婚できるかどうかは選ばれたいずれかの国の法に基づいて判断される。直接的に事案に答えを与える家族法などを実質法といい，間接的に事案の解決に寄与する国際私法とは区別している。

　結果として，民事事件では国際私法を介して外国法が適用される場合が生じるが，それは国際的私法交通の安全と円滑のためであって，各国の立法主権を調整するというような発想ではない。したがって，未承認国家（政府）の民事法も，国際私法の要請に応じて，日本国内でも適用されている（たとえば，王京香事件京

都地方裁判所判決1956年7月7日）。実際，台湾，北朝鮮あるいは日本が承認する前の中国の法が適用された事例は少なくない。

国際結婚に関する国際私法を，具体的に見てみよう。

(2) 国際私法の構造

国際私法の意義と目的は，今のべたとおり法律学のなかでもかなり特徴的である。そもそも，国際私法は欧州を中心に発展してきた法分野であるが，その欧州でも過去において，過度に理論的な分野と批判されたこともあると聞く。それでも，現在，ＥＵでは全加盟国で統一的に適用される「規則」としての法整備が進められている。米国は，州ごとに牴触規則が異なり，米国法独自の捉え方も一定ある。韓国，中国をはじめ，アジアでも成文法をもつ国も一定存在する。態様はさまざまであるが，世界的なルールとしてその考え方は定着している。

では，その国際私法の基本的構造を説明しよう。第1に，国際私法は，国境を越える結婚など民事的（私的）な問題を対象としているので，日本法上は想定されていない問題（同性婚など）にも対応する。国際私法は，あらゆる渉外的法律関係に必ず適用され，当事者が選択できるものではない。なお，すべての要因が国内に集中する純国内的法律関係には国際私法の適用はなく，当然に，民法，家族法など日本国内法が適用される。

第2に，おそらく，みなさんにとって最大の驚きであったかもしれないが，国際私法を介する結果，日本において，外国法を適用することになる。これは，公法などでしばしば問題となる「域外適用」ではない。外国民事法は，国際私法によって「指定」されたことをもって，内国，すなわち，日本において適用されるのである。日本の国際私法は家族法に関して**本国法主義**を原則としているので，外国法の適用される可能性は比較的高い。国際結婚の場合，外国法の適用は，戸籍窓口で必要書類を受理する際に行われることにもなる。このような戸籍実務の集積は，重要な先行例となる。ちなみに，日本の戸籍の実務では，韓国法，中国法，台湾法，フィリピン法などが，過去に比較的多くの先例がある法領域といえよう。

第3に，準拠法たる外国法が日本社会と整合しない可能性もある。同性婚や一

夫多妻制を認める外国法は適用できるか，どんな状況であっても親権者は父だけであるとする外国法を適用できるかなど，想定されうる問題は数多い。このような場合，内外法平等を企図する国際私法は外国法自体を批判はしないが，外国法の適用が日本の公序に反する場合，その適用を排除する。これを**国際私法上の公序**（通則法42条）という。学説・判例は，適用の結果だけでなく，それが日本社会に影響を与える度合いも考慮している（内国牽連性）。ただし，公序をむやみに発動すると，国際私法の存在意義にかかわってしまう。したがって，公序の発動は抑制的にすべきというのが通説である。公序に関する近時の例として，「タラーク」と夫が唱えると一方的な離婚が認められるイスラム法（ミャンマー）を日本の公序に反するとした判決がある（東京家庭裁判所判決2019年1月17日）。

3 国際結婚

(1) 国際結婚の成立——二人の間の問題

　ある二人の人が，法律上婚姻を成立させるために必要な要件を，各国は定めている。たとえば，日本民法上の主な要件を掲げてみると，婚姻適齢（民法731条），重婚禁止（同732条），近親婚の禁止（同734条），婚姻意思（同742条）である。これらは万国共通の要件かというと，必ずしもそうではない。では何法によって判断するのか。

　このような**婚姻の実質的成立要件**は，各当事者につきその本国法によって決定される（通則法24条1項）。日本人が外国人と婚姻する場合，日本人は日本法の要件を充足し，外国人はその本国法の要件を充足する必要がある。

　実質的成立要件を充足しているかは，婚姻の届出時（→3(2)参照）の提出書類によって判断される。日本人の場合は戸籍謄本で足りる。外国人はその本国の官憲が発行する「要件具備証明書」などによって，結婚できることが確認される。

　通則法24条1項は，各当事者の本国という2つの連結点を，1つの単位法律関係のそれぞれの問題に配分している。これを**配分的連結**という。婚姻意思のように，当事者ごとの判断が可能とされる問題については，配分的連結はよく機能する。しかし，重婚あるいは近親婚のように，両当事者の相対的関係を判断すべき

問題では，結局，両当事者の本国法の要件を各当事者が充足する必要性も生じる。

　たとえば，日本人女性とすでに妻を有する外国人男性が結婚するとしよう。通則法24条1項の文言によれば，日本人女性は日本法により重婚でないとされ，外国人男性はその本国法によりいわゆる一夫多妻が認められていれば，この婚姻が認められそうである。しかし，重婚かどうかは当事者双方に関係があるので，日本人女性も外国人男性もそれぞれ相手方の本国法の要件も充足しなければ，重婚かどうか判断できないともいえる。配分的連結の課題といえる。

(2) 二人の結婚をみんなに伝える──婚姻の形式的成立要件

　現在の日本は，儀式に重きをおくのではなく，法律上の届出をすることをもって，婚姻の成立としている。民法制定の議論のなかでさまざまに検討された結果，公の官庁へ届け出ることが，婚姻を社会に知らしめる方法となった。これを婚姻の方式あるいは**婚姻の形式的成立要件**という。では，国際結婚の場合，いずれの国の方式を履践すればいいのか。

　婚姻の形式的成立要件は，婚姻挙行地法（通則法24条2項）あるいは当事者の一方の本国法（同条3項本文）のいずれかによる。ただし，当事者の一方が日本人であり，婚姻挙行地が日本の場合，相手方外国人の本国法の適用の余地はなく，婚姻挙行地法たる日本法が準拠法となる（同条3項但書）。これを「**日本人条項**」という。また，在外日本人同士の結婚の場合，その国の駐在日本大使，公使または領事に届出をすることができる（民法741条）。これを「**領事婚**」という。日本法上，在外日本人間の領事婚が認められるが，自国民と外国人間の領事婚を認める法制もある。

　婚姻挙行地法と本国法という複数の法を併置し，いずれかの法の要件を充足すれば，当該法律関係を有効とする通則法24条2項および3項本文のような連結方法を，**選択的連結**という。両法間に優劣関係はない。そもそも，方式も成立の一部であるので，原則的には本国法を適用すればよいと思うかもしれないが，歴史的には，婚姻の挙行方法は各国多様であり，また，挙行地の公益にもかかわるということを理由に，むしろ婚姻挙行地法のみが認められていた時代が長かった（1898（明治31）年−1989（平成元）年）。

その後，日本人の国際的な活動範囲が広がるにつれ，挙行地法だけではむしろ婚姻成立の可能性を限定してしまうことにもなってきたので，1989（平成元）年の「法例」（通則法以前の日本の国際私法の主要法源）改正により選択的連結が導入され，婚姻成立の可能性を広げたのである。

　どのような行為が婚姻の挙行に該当するかは，挙行地法による。日本民法上は婚姻届の提出がそれに該当する（民法739条など）。各国の法制はさまざまであるが，いずれにせよ，挙行地法の要求に従って初めて「挙行」は完成する。その結果，たとえば，日本人同士が外国の方式に基づいて婚姻を成立させることも可能である（東京地方裁判所判決2021年4月21日等参照）。

(3) 結婚後の問題

　結婚後，二人の間では，どのような権利義務が生じ，あるいは生活関係に変動を生じるのか。法的には，これを婚姻の効力という。民法と同じく，国際私法においても身分的効力と財産的効力に分けて考えられている。

　婚姻の身分的効力について，通則法は，まず，夫婦の同一本国法があればそれにより，その法がない場合は同一常居所地法により，そのいずれもないときは最密接関係地法によるとしている（通則法25条）。3つの法を段階的に組み合わせ，順次その妥当性を検討していくので**段階的連結**といわれる。

　婚姻の効力のなかで論争的なのは「夫婦の氏」である。結婚した夫婦の氏が変動するか否かは，婚姻の効果の問題と把握することができ，通則法25条によって，同一本国等，段階的に確定された準拠法の規定に基づき，いかなる氏を称するかが決定されるとする説がある。これに対して，「氏」は本人の人格の問題であり，親子の氏なども含めて国際家族法上は条理により（各）当事者の本国法によるとの説も見られる。

　これら2説は，「氏」を私法上の問題とみて，国際私法の対象としている点で共通し，それぞれの立場に立つ判例も存在する。これに対して，そもそも「氏」は，少なくとも日本法上は戸籍法という公法に立脚した制度であり，私法上の効果として論じられるべきものではないとする立場がある。「**氏名公法理論**」という考え方であり，戸籍実務に関係の深いものでもある。日本の戸籍法上，国際結婚

「後」の氏の「変更」（戸籍法107条2項）が定められているが，これは，外国人との結婚に夫婦同姓の原則（民法750条）は直接的には適用されないことを意味し，結果的に氏名公法理論と整合する。氏は，判例実務と戸籍実務および学説間でなお議論が続く。

　次に，婚姻の財産的効力あるいは夫婦財産制に関しても，身分的効力に関する国際私法のルールが原則として準用されている（通則法26条）。身分的効力との相違の一つは，当事者間の合意によって適用法規の選択が一定認められている点である（**当事者自治の原則**という）。財産的効力には，当事者間で話し合う余地がある問題が多く含まれる。民法上も夫婦財産契約を締結することが許されているのと同様に，国際私法上も適用法規の選択が認められている。たとえば，日本でともに暮らす同一の外国籍を有する夫婦の間で，日本法上の夫婦財産制を採用するあるいは夫婦財産契約（ただし，日本民法上，要件が厳格である）を締結することが可能となる。

(4) 同性婚・同性パートナーシップ

　今後は，**同性婚**あるいは**同性パートナーシップ**にも注目すべきであろう。同性婚を法律で禁じている国もあり，日本のように認めていない国も多い。他方，同性婚を認める国が増えてきている。オランダ，ベルギー，スペインなどヨーロッパ諸国の他，南アフリカ，カナダ，アルゼンチンなど，世界的な広がりを見せている。米国も2015年の連邦最高裁判決により，全土で認めるにいたっている。台湾でも法律が整備され2019年から性別が同一の当事者間の婚姻の登記が受け付けられている。また，同性間のパートナーシップを認める国もある（英国，スイスなど）。したがって，国際社会の変化にあわせて，同性婚の準拠法の解釈などが，争われる可能性もある。日本でも議論の途上であるので，ここではいったん同性婚を対象として，考え方の枠組みだけを確認しておきたい。

　日本国内の同性婚を法律上認めるか否かは，家族法あるいは憲法の論議であって，ここでの直接の対象ではない。上記のように，同性婚を認める国が増えてきているなか，海外で成立した同性婚を日本で私法的評価をする場合の準拠法は何かという点が主に問題となる。日本の国際私法において，一先ず出発点は通則法

24条の「婚姻」および同条以下の効力の規定に同性婚が含まれるかであろう。他方，やはり異性間法律婚との制度の違いや同性婚を認めていない国（あるいは禁止している国）もあることに鑑み，解釈あるいは条理により，別の法律関係と捉えられるかなどが検討されている（なお，公法である入管難民法上の扱いについては第6章参照）。

(5) 離　婚

　離婚についても，婚姻の効力の段階的連結が準用されている（通則法27条本文）。規定の順番としては婚姻の効力が先となっているが，実務的には離婚事案が圧倒的に多い。離婚に関しては，これに加えて，夫婦の一方が日本に常居所を有する日本人の場合，日本法が準拠法となると定められている（同条但書）。これも「日本人条項」といわれるが，離婚が過度に容易になるとの懸念も示される。

　離婚には多様な方法がある。日本法上，協議離婚，調停離婚，審判離婚および裁判離婚がある。国際的な場面では，**協議離婚**は話し合いの結果双方合意したうえで行われる離婚であり，裁判所の関与は必要なく，準拠法判断によって成立する。「日本人条項」が機能する場面の1つがここにある。すなわち，戸籍窓口において，協議離婚に関する最密接関係地の判断には困難が予測されるので，あらかじめ一定の場合，日本法によることを明示し，実務の混乱を回避することが企図されたのである。

　世界にはなお離婚を否定する国があるものの，過去に離婚禁止であった国々を含めて，現在，比較的多くの法制において離婚は認められている。ただし，日本法ほど方法は多様ではなく，**裁判離婚**が中心である。離婚が必ずしも容易ではなかった時代を想起すれば，理解しやすいかもしれない。

　現代法において，裁判離婚の特徴は，その名の通り，裁判所が関与する点にある。したがって，国際私法上，離婚に関しては，適用法規だけでなく，いずれの国の裁判所が当該離婚を審理するのかという問題も別途生じる。このように，どこの国の裁判所が管轄を有するのかという問題を，**国際裁判管轄**という。従来は判例法理に委ねられていたが，2019年4月より施行されている「人事訴訟法等の一部を改正する法律」に基づき，人事訴訟法および家事事件手続法にそれぞれ明

文の規定がおかれている。たとえば，裁判離婚については人事訴訟法3条の2に
原則的な規定があり，被告の住所地管轄（同条1号）などが列記されている。裁判
管轄は準拠法とは異なり1つに絞る必要はないので，該当する管轄原因のうち1
つが日本にあれば日本での管轄が認められる。

4　離婚に関連する重要問題

(1)　問題の所在

　離婚に伴って，当事者間では財産をどうするのか，氏をどうするのか，扶養を
どうするのかといったさまざまな問題が生じる。そのなかでも，日本国内のみな
らず，世界的にも大きな問題と認識されてきたのが，親の離婚の子に対する影響
の問題である。法的には，離婚後，子の親権は誰に帰属するのかという離婚の際
の親権者指定という問題につながる。厳密には，離婚していなくても破綻してい
る夫婦間でも生じる問題であるが，ここでは，離婚時の課題として扱う。

　たとえば，子のいる夫婦において，離婚の少し前あたりから，父か母のいずれ
かが，子を連れて家を出るということがよく起こる。法的には，その後の離婚裁
判等において子の親権あるいは監護を行使する者が決定されるが，その段階では
どちらかの親と同居していることが多い。子はしばしば一緒に住んでいる親に感
情移入するし，仮に同居していない親が法的権利を得ても，子に対して強制執行
をかけることは，その是非，方法について慎重意見がある。結局，子を「確保」
したほうが実質的にかなり有利となる。子の意思表明を重視することも1つの解
決策であるが，子に判断させるにはあまりに重大な問題であり，また，兄弟姉妹
がいる場合やDVが関連する場合など，判断が容易でないことも多い。法律学の
難題といわれて久しい問題である。

(2)　子の奪取

　この現象は国境を越えても生じている。婚姻の破たんを契機に，生活国から，
多くの場合自分の出身国へ子とともに帰ってしまう親が多数いる。この点に関し
て，ハーグ国際私法会議の策定した「**子の奪取の民事面に関する条約**」（本項目で

は条約とのみという）が数多くの加盟国を得て注目されている。この条約によれば，「奪取」された子は，常居所地国へ返還されることになる。日本も2013年に奪取条約の締結が国会で承認され，「国際的な子の奪取の民事上の側面に関する条約の実施に関する法律」（平成25年法律第48号／平成25年6月19日公布。以下，実施法）も成立し，いずれも2014年から施行されている（後述するように実施法は2020年に改正）。

　外務大臣（外務省）を**中央当局**（条約6条）として（実施法3条），東京および大阪家庭裁判所に管轄を集中させ（実施法32条），ノウハウの集積をはかっている。たとえば，日本から連れさられた場合，外務省を窓口に相手国の中央当局へ働きかけることが主となる。その逆の場合，家裁は，日本へ「奪取」すなわち子の常居所（条約前文）から不法な留置・連れ去り（条約1条）をされて1年以内（条約12条）の16歳未満の子（条約4条）に関して，返還命令を下すことが予定されている。接触の権利に関する規定も，条約には存在する（条約21条）。国内法でも2011年に明文化された面会交流（民法761条1項）とあわせて，重要な役割を果たそう。

(3)　子の返還をめぐる課題

　以下，運用上注目すべき2つの点について簡単に説明する。第1に，**返還拒否事由**（条約13条／実施法28条）である。条約の趣旨からは，返還拒否にはできるだけ慎重になるべきであろうが，過去40余年の各国の実践からは，返還拒否しなければならない場合が少なくないことがうかがえる。その背景には，条約作成時の想定と現実における当事者性の違いがある。作成段階では，奪取者が He で検討されていたことからも明らかなように，「父親が母親のもとから子を奪う」ことが想定されていたが，実際には，「子の面倒をみている母親が父親のもとから逃げる」ことも多い。すでにスイスなどでは，このような点もふまえて，返還拒否の判断に子の福祉を考慮することが国内法において明示されている。日本の実施法にも返還判断における考慮事由がかかげられている（実施法28条2項）。

　第2に，子の返還の実効性の課題がある。子奪取条約は子の利益が最重要であることを踏まえたうえで，子の迅速な返還制度を構築している（条約前文）。条約が一定利用される一方で，返還に困難を生じる事例も，報告されてきた（終局決

定の変更（実施法117条）に関する最高裁小法廷決定2017年12月21日等）。2019年の民事執行法改正において，国内の子の引渡しが整備された際に，子奪取条約上の子の返還をより促進するよう実施法も改正された。そこでは，間接強制の見直しや代替執行の強化等も行われた（実施法136条等）。同時に，強制執行が子の心身に有害な影響がないようにとも定められている（実施法140条1項等）。困難な状況下でも日々成長する子が直面する問題の性質は，条約の前後でも変わってはいない。子の利益とは何かを，関わる大人がしっかりと考えて運用していくべき条約である。

5　国際社会から見た家族法

　最後に，国際社会から見た日本の家族法について，言及しておこう（→第8章参照）。

　世界人権宣言16条，社会権規約10条1項，さらに自由権規約23条は総じて，婚姻や家庭の安全に触れ，そのうえで，これらはすべて，婚姻は，両当事者の自由かつ完全な合意によってのみ成立するあるいはしなければならないとする（世界人権宣言16条2項，社会権規約10条1項2文，自由権規約23条3項）。これらに加えて，**女子に対するあらゆる形態の差別の撤廃に関する条約**（「女子差別撤廃条約」）16条1項も同種の内容の確保をめざす。

　主要な人権条約（世界人権宣言は法的拘束力を有さない）において，結婚における対等な両当事者間の自由かつ完全な合意が重視されていることは明白である。第二次世界大戦後，新憲法とともに国際社会に復帰した日本は，この大きな流れにのっている。

　しかし，女子差別撤廃条約の実施状況を検討する「**女子差別撤廃委員会**」は何度となく，日本の家族法に疑問符を付けている。同委員会は，女子差別撤廃条約の運用を監視するため設置されたもので，締約国からの報告書に基づき，それを審議し，不十分な点については勧告が行われる。

　日本も，1987年より数度にわたり報告書を提出している（第9回報告は2021年）。第4回および第5回の報告書に対する委員会の最終見解において，種々の問題と

あわせて，結婚最低年齢，離婚後の再婚禁止期間，夫婦同姓，非嫡出子の相続分差別など，民法（および国籍法）における男女差別あるいは非嫡出子差別が取り上げられ，その後も継続的に指摘を受けている。

　そのようななか，国内では，最高裁が，嫡出でない子の相続分を嫡出子の相続分の2分の1とした民法900条4号［判決時］の規定を違憲とし（最高裁大法廷判決2013年9月4日），離婚後の再婚禁止期間を女性のみ6カ月としていた民法733条1項［判決時］の規定を違憲とした（再婚禁止期間違憲判決・最高裁大法廷判決2015年12月16日）。後者は，その期間を100日に縮減する改正が判決後になされたが（2016年），嫡出推定に関する法改正に伴い，規定自体が削除されることになった（2024年4月改正法施行）。さらに，結婚最低年齢も女性が16歳だったのが変更され，男性と同じ18歳になった（2022年4月1日改正法施行）。

　国内法の動きにどれほどの相関関係があるかは，にわかには判断しがたいが，家族法という伝統と文化が反映されやすい領域に，国際的な視座を及ぼすことは今後も必要であろう。

【参考文献】

　木棚照一『国際家族法——重要判例と学説の動向』（日本加除出版，2017年）
　ベアテ・シロタ・ゴードン（平岡磨紀子構成・文）『1945年のクリスマス——日本国憲法に「男女平等」を書いた女性の自伝』（柏書房，1995年）
　東京弁護士会LGBT法務研究部編『LGBT法律相談対応ガイド〔第2版〕』（第一法規，2021年）
　中西康他『国際私法〔第3版〕』（有斐閣，2022年）
　二宮周平『家族法〔第5版〕』（新世社，2019年）
　二宮周平編集代表／渡辺惺之編『現代家族法講座第5巻　国際化と家族』（日本評論社，2021年）

第8章　国際社会で個人はどのように保護されるのか？
—— 基本的人権の保障

◆スタートアップ

資料 8 - 1　国際基準としての自由権規約から見た日本の人権状況

(2022年10月，自由権規約委員会　一部省略)

評価できる点	女性の社会参加を促進する立法および政策：第5次男女共同参画基本計画，政治分野における男女共同参画推進法，女性活躍加速のための重点方針
	ジェンダー平等に関する法改正：婚姻年齢の男女平等化に関する民法改正，性犯罪に関する刑法改正
	その他の立法：取調べの可視化に関する刑事訴訟法改正，ハンセン病元患者家族への補償金支給法，外国人技能実習法など
問題点・勧告	国内裁判所により規約上の権利が適用される件数が限られていること
	独立した国内人権機関の未設置
	包括的な差別禁止法の未制定，性的少数者に対する差別的な取り扱い，ヘイトスピーチ問題
	ジェンダー不平等（夫婦同姓の維持，意思決定に関わる女性が少数であることなど），女性に対する暴力
	刑事法に関わる問題：死刑廃止・執行停止，被拘禁者の権利保障や取調べの可視化が不十分など
	「慰安婦」補償，人身取引，難民や庇護申請者を含む外国人の処遇
	福島原子力災害での被災者の保護，精神障害者の強制入院
	個人情報の保護，特定秘密保護法による表現の自由の侵害
	先住民としてのアイヌおよび琉球・沖縄人の権利保障
	児童の権利保障：児童福祉法による虐待を受けた児童の一時保護など
	フォローアップ手続：国内人権機関の設置，外国人の処遇，および児童の権利に関する勧告実施について1年以内に情報提供

　私たちは，人間らしく生きるために憲法によってさまざまな人権が保障されています。一人ひとりが実り豊かな人生を送るうえで憲法はとても大切なものです。それでは，視野を広げて世界的に見てみると，日本で暮らす人たちの人権は憲法により十分に守られているのでしょうか。資料 8 - 1 を見てください。これは，国際人権規約の自由権規約という国際人権基準に照らして，自由権規約委員会と呼ばれる監視機関が現在の日本の人権状況について評価できる点や問題点を指摘したものです（→このような措置については，本章 4 (1)も参照）。

単純に比較すれば，積極的に評価できる点よりも問題点の方が多いわけですが，このように，国際的な基準に照らして国家の人権問題をなぜ点検する必要があるのでしょうか。また，国際人権保障は，国家による人権保障に対してどのような役割を果たすことができるのか考えてみましょう。

この章で学ぶこと

・人権をなぜ国際的にも保障しなければならないのか？
・国際人権保障はどのような特徴をもち，どのような仕組みを設けているのか？
・日本において国際人権条約・規範はどのように実施されているのか？

1 国際人権保障の意義と展開

(1) 人権の誕生と国内問題としての人権保障

人権という考えは欧米諸国で生まれたものであり，その起源は1215年のイギリスのマグナ・カルタにまでさかのぼるとされる。近代の自然法思想のもとで，生まれながらにしてもつ人間の権利としての人権がはじめて宣言されたのは，1776年のアメリカ独立革命時に制定されたアメリカ諸州の権利章典であり，その流れは1789年のフランスの人権宣言でも示される。

19世紀になると，人権は，人間の権利から，国家により与えられる「国民の権利」に後退する現象も見られた（明治憲法では「臣民の権利」）。いずれにしても，人権は憲法などの国内法を通じて国家により保障されるものであり，一国の人権問題は基本的に国内問題として取り扱われるべきものとされた。他方，国際法は国家間の関係を定めた法であり，国際法が人権問題を扱うことは想定されず，一国の人権問題に他国が介入することは不干渉原則に反すると考えられた。もっとも，第一次世界大戦後にヴェルサイユ条約に基づいて創設された国際連盟のもと，戦後の東欧諸国やトルコにおいて一連の少数者条約や宣言により少数者保護制度が設けられた。この制度は第一次世界大戦後の欧州の秩序を安定させることに主たる狙いがあり，その制度が適用される地理的範囲も東欧などに限定されて

いた。また，19世紀末から労働運動が国際的に高まるなかで，ヴェルサイユ条約に基づいて，1919年に国際労働機関（ILO）が創設されたが，同機関の取り組みは，基本的に労働者の権利保障の問題に限定されていた。ヴェルサイユ条約により誕生したこれらの制度は不十分な点を抱きつつも，国際人権保障の先駆となった。

(2) 第二次世界大戦以降の国際社会における人権保障

① 平和と人権の不可分性　　人権の国際的保障の大きな転換点となったのが第二次世界大戦であった。個人よりも国家全体の利益を優先する全体主義を掲げたナチス・ドイツは，国内ではユダヤ人などを強制収容所で迫害し，対外的には侵略戦争を引き起こした。ナチスは，超法的なクーデタによる権力奪取ではなく，1932年の総選挙で第一党となり，ヒトラー内閣のもとで国内法に基づいて上記の政策を行った。このことから，戦勝国である連合国は，戦後の国際秩序の構築にあたり，国内の人権保障と国際社会の平和の維持が不可分な関係にあり，人権保障を国家にだけ委ねることはできず，国際的な監視が必要であるとの認識を共有した。国際人権保障の意義はまさにここにあるのであり，国連憲章は，1条3項で「人種，性，言語又は宗教による差別なくすべての者のために人権及び基本的自由を尊重するように助長奨励することについて，国際協力を達成すること」を基本目的の1つに掲げた。国連のもとで国内の人権問題が一般的に扱われる可能性を生み出したのである。その後，1948年にはジェノサイド条約および国際的な人権基準として世界人権宣言が国連総会で採択された。また，同宣言に依拠して，1950年には欧州人権条約が採択された。

② 人権享有の前提としての自決権　　第二次世界大戦後，西欧諸国の多くの植民地が独立を果たした。その流れの中で1960年に国連総会で採択された植民地独立付与宣言1項は，外国による人民の征服，支配および搾取が基本的人権を否認し，国連憲章に違反し，世界平和および協力の促進の障害となっていると明言した。さらに，同宣言2項は，「人民が自決の権利を有し，この権利によって，その政治的地位を自由に決定し，かつ，経済的，社会的および文化的権利を自由に追求する」と宣言した。世界人権宣言では自決権に関する規定は存在しなかったが，1966年に採択された国際人権規約（本章3(2)①参照）では，同規約を構成する自由

権規約と社会権規約の共通の第1条として人民の自決権が定められ，自決権の保障が個々の人権の享有の前提となることが明示された。

③ **自由権と社会権の不可分性**　　アジア・アフリカ諸国は第二次世界大戦後政治的独立を果たしたが，先進国との経済格差が大きく，1960年代後半あたりから南北問題が顕在化した。貧困から脱却するために，途上国は人権として社会権を強調し，自由権を強調する先進国と対立した。また，国際人権規約は，これらの人権を保障する国家の義務が伝統的に異なるとして，即時実施義務を課す自由権規約と，漸進的達成義務を課す社会権規約に分けられた。しかし，社会権の享有のない自由権の完全な実現は不可能であるとして，1968年のテヘラン宣言など多くの国際文書では，双方の人権の不可分性が繰り返し確認されてきた。

④ **人権概念の普遍性と内容の多様性**　　冷戦が終結して1990年代になると，人権の価値が国際的に高まり，1993年の世界人権会議で採択されたウィーン宣言では人権概念の普遍性が認められた。他方で，人権の具体的内容は国や社会の文化に応じて異なりうるとして，人権の多様性が強調されるようになった。一部のアジア諸国は，国家の役割を強調した「アジア的人権観」を主張した。また，欧米諸国が自由主義的な人権を主張するのに対して，イスラム諸国は政教一致を理念とするイスラム法に基づく人権を主張する。異なる文化や価値観に基づく人権の具体的内容をめぐる衝突は，人びとの世界規模の交流の深まりとともに生じている（たとえば，欧州での女性のイスラム教徒のスカーフ着用問題）。ところで，2020年の新型コロナウイルスのパンデミックは世界中で人の移動を大きく制限し，またロシアによる2022年2月のウクライナ侵攻や深刻さを増す気候変動問題は今後の世界情勢の不透明性を増大させ，人権保障にも重大な影響を与えている。

　人権概念の普遍性が承認されながらも，多様性を尊重する寛容の精神のもとで，対話による相互理解を通じて人権の内容について合意することが肝要である。

2　国際人権保障の理念と特徴

(1)　人権の前国家的性格と無差別・平等

　日本国憲法の多くの人権規定は，「国民の権利」を保障している（学説や裁判例に

よれば，人権の享有が権利の性質上国民に限定されない場合もある）。これに対して，国際人権規範は，「すべての人間は，生まれながらにして自由であり，かつ，尊厳と権利において平等である」（世界人権宣言1条）として，すべての者に固有の尊厳を認め，人権の平等な保障を定めている。このように，国際人権保障は人権の前国家性の理念に立脚しており，このことから内外人平等や他の差別撤廃が強調される。

(2) 具体的人間と弱者の保護

抽象的な「すべての者」に人権を保障したからといって，実際にあらゆる個人が人権を十分に保障されるわけではない。そこで，国際人権法では，弱者を中心とする具体的な権利主体ごとに宣言や条約が採択され，無差別・平等を実りある原則にすることがめざされている。国連は活動の初期から人種差別の撤廃に取り組み，1965年には**人種差別撤廃条約**が採択された。また，1990年代初期の南アフリカによるアパルトヘイト（人種隔離）政策の廃止は，国連を中心とした国際連帯の成果でもあった（→第12章参照）。その他，法的拘束力のない宣言として，被拘禁者の権利宣言や先住民の権利宣言などが採択され，条約では，**女子に対するあらゆる形態の差別の撤廃に関する条約**（以下，「女子差別撤廃条約」と略称），**児童の権利に関する条約**，あるいは**障害者の権利条約**などがある。

(3) 連帯と監視機関

人権保障という共通の目標を達成するには，国際社会全体の連帯と国家の国際協力が必要となる。そのため，人権条約では，締約国による条約履行を監視する機関が設けられるのが共通した特徴であり，条約が設置した監視機関のもとで締約国による実施措置が制度化され，国家の協力を促進している。普遍的な人権条約では，監視機関は，自由権規約委員会，社会権規約委員会，または人種差別撤廃委員会などがあるが，その機能は締約国政府と「建設的対話」を通じて条約内容を実現させていく調停機関としての役割が色濃い。これらの機関の判断は，締約国を法的には拘束しない。他方で，地域的人権条約では，上記のような機関のほかに，欧州人権裁判所など法的拘束力のある判決を下す司法機関が設置されているものもある。もっとも，人権保障は国家による保障が基本であり，監視機関

の役割は補完的である。また，監視機関は，条約規定に照らして締約国の人権状況をチェックするが，締約国の国内法を解釈・適用したり，国内裁判所の判決を無効にすることで国内裁判所の上訴機関として機能するわけではない。

3　国連の人権保護活動

(1)　総　会
　総会は，国連憲章13条 1 項(b)のもとで，人権および基本的自由の実現を援助するため，研究を発議し，勧告を行うことができる。同条のもとで，総会は，宣言決議と呼ばれる人権に関する宣言を総会決議で採択し，国際人権基準の設定を行ってきた。例としては，世界人権宣言（1948年）のほか，児童の権利宣言（1959年）や先住民の権利宣言（2007年）などがある。そして，これらの宣言決議をふまえて，のちに総会で人権条約が採択されることも多い。また，国連加盟国で実際に人権侵害が発生した場合，総会は，加盟国の人権状況を審議し，加盟国の非難や一定の措置の勧告を行っている。

(2)　人権委員会
①　人権委員会の設置と国際人権基準の設定　　国連は国際人権保障を基本目的の 1 つとしたが，国連憲章は具体的にどのような人権を保障するのかについて何も定めていなかった。そこで，国連は，国連憲章68条に基づき，経済社会理事会の機能委員会として**人権委員会**(Commission on Human Rights)を設置し，同委員会は，国際人権基準の設定を目的として，**国際人権章典**の策定に取り組むことになった。まず，委員会は，**世界人権宣言**の草案を起草し，国連総会に提出した。宣言草案は，1948年12月10日に国連総会で賛成48，反対 0，棄権 8 で採択された。世界人権宣言は，総会決議として形式的には法的拘束力はないが，人権の国際基準を定めた文書として重要な価値をもち，国際人権保障の発展に大きな影響を与えた。委員会はその後宣言を条約にする作業を行い，1966年に条約として**経済的，社会的及び文化的権利に関する国際規約**（社会権規約またはA規約と呼ばれる）と**市民的及び政治的権利に関する国際規約**（自由権規約またはB規約と呼ばれる）が国連

総会で採択され，これらは**国際人権規約**と総称される。さらに，自由権規約では，同年に個人通報制度に関する選択議定書が採択され，上記の諸文書の総体をもって国際人権章典とされた。国際人権規約は1976年に発効し，日本は1979年に両規約を批准した。その後，自由権規約では死刑廃止議定書が1989年に採択され，社会権規約では個人通報制度などに関する選択議定書が2008年に採択されている。

　　② **国際人権基準の実施——1235手続と1503手続**　　人権委員会は，1960年代後半から加盟国による実際の人権侵害に対して人権を保護する活動を本格的に開始した。人権委員会による保護活動は1235手続と1503手続に大別され（これらの数字は手続の法的根拠である経済社会理事会決議の番号である），さらに，1235手続は国別手続とテーマ別手続に分けられる。1967年開始の国別手続では，人権委員会は，大規模な人権侵害を行っているとされる国家を選び，特別報告者による人権状況の調査をふまえて，公開審議と勧告を行う。また，1980年開始のテーマ別手続では，委員会は，拷問などの今日的な人権問題を指定し，特別報告者の調査をふまえて，公開審議と勧告を行う。他方で，1970年に設けられた1503手続は，人権委員会が大規模人権侵害の事態に関する通報を非公開で審議し，独立専門家による調査などの措置を決定するものであった。

(3)　人権委員会の廃止と人権理事会の創設

　人権委員会は最大で53カ国の政府代表から構成される政治的機関であったが，政治化の弊害が徐々に顕著になり始めた。また，冷戦終結後の国連において人権の価値が高まるなかで（「**人権の主流化**」），人権委員会が大規模な人権侵害などに十分に対応できず，いっそうの実効性が求められるようになった。そこで，人権委員会に代わり，2006年に**人権理事会**（Human Rights Council）が総会の補助機関として創設された。人権理事会は47カ国の政府代表から構成される。理事国は総会で全加盟国の絶対過半数の得票により選出され，任期は3年である。選挙では，人権の促進と保護に向けた貢献度が主に考慮される。ロシアは，2022年2月のウクライナ侵攻に伴う「重大かつ組織的な人権侵害」を理由に同年4月に理事国の資格を停止され，2023年の選挙で落選した。人権理事会は，新たに**普遍的定期審査**（Universal Periodic Review：UPR）を導入し，すべての加盟国の人権状況を世界人権

宣言，人権条約，あるいは加盟国の自発的誓約などに照らして審査を行っている。この審査は，被審査国政府による報告書やNGOの信憑性のある情報などに基づいて，加盟国と被審査国の相互対話により行われ，審査結果として成果文書が採択される。成果文書は勧告および（または）結論からなり，被審査国は勧告のフォローアップに関する自発的誓約を行う。なお，人権委員会の国別審査手続およびテーマ別手続は特別手続として，1503手続は不服申立手続として引き続き理事会で実施されている。

(4) 国連人権高等弁務官事務所

1993年の世界人権会議で人権の促進・保護のために**国連人権高等弁務官**の設置が勧告され，同年の総会決議に基づき，同弁務官と国連人権高等弁務官事務所がスイスのジュネーブに設置された。人権高等弁務官は，事務総長の指揮と権威のもとで国連の人権保護活動について主要な責任をもつ。任期は4年で1回の再任が認められる。同弁務官を長とする上記の事務所は，国連事務局の人権担当部門として，国連人権機関や主要な人権条約機関の事務局的な活動などを行っている。

4 普遍的人権条約の実施措置

国際人権規約のような普遍的な人権条約を実施するために，条約はいくつかの実施措置を設けている。条約が設置する監視機関は，これらの措置を通じて締約国による条約の遵守を監視する。

(1) 国家報告制度

国家報告制度は，普遍的人権条約では共通して採用されている。この制度では，締約国は，自国における人権条約の実施状況を条約機関に定期的に報告することが条約上義務づけられている。自由権規約を例にとれば，締約国は自国について発効後1年以内に最初の報告書を自由権規約委員会に提出し，その後は委員会が要請するときに提出しなければならない(40条1項)。委員会の実行では，2回目以降の報告書は5年ごとに提出を求められることが多い。2010年代になると，

資料8-2　主要な普遍的人権条約と実施措置（2024年1月現在）

	採択・発効年	締約国数	国家報告	国家通報	個人通報	調査	日本の締結年
人種差別撤廃条約	1965/1969	182カ国	○	○	○		1995年
社会権規約	1966/1976	171カ国	○				1979年
社会権規約選択議定書	2008/2013	26カ国		○	○	○	
自由権規約	1966/1976	173カ国	○	○			1979年
自由権規約選択議定書	1966/1976	117カ国			○		
自由権規約第二選択議定書（死刑廃止議定書）	1989/1991	90カ国	○	○	○		
女子差別撤廃条約	1979/1981	189カ国	○				1985年
女子差別撤廃条約選択議定書	1999/2000	115カ国			○	○	
拷問等禁止条約	1984/1987	173カ国	○	○	○		1999年
拷問等禁止条約選択議定書	2002/2006	91カ国				○	
児童の権利条約	1989/1990	196カ国	○				1994年
児童の権利条約武力紛争選択議定書	2000/2002	173カ国	○				2004年
児童の権利条約児童売買等選択議定書	2000/2002	178カ国	○				2005年
児童の権利条約通報手続選択議定書	2011/2014	50カ国		○	○	○	
移住労働者の権利条約	1990/2003	58カ国	○	○	○		
障害者の権利条約	2006/2008	186カ国	○				2014年
障害者の権利条約選択議定書	2006/2008	104カ国			○	○	
強制失踪条約	2006/2010	70カ国	○	○	○	○	2009年

出典：国連人権高等弁務官事務所HP

委員会が報告書の提出前に準備した質問リストに締約国政府が回答する形で報告する簡易報告手続が導入されている。委員会は，政府代表と「建設的対話」を目指した質疑応答を行い，「**総括所見**」（concluding observations：最終所見または最終見解とも訳される）と呼ばれる意見を公表する。現在の所見は，肯定的側面と懸念事項および勧告から構成され，法的拘束力はないが，フォローアップ手続も整備されている。同手続では，所見における特定の勧告の履行状況に関する情報を1年以内に委員会に提出することが締約国に求められる。

(2) 個人通報制度

いくつかの普遍的な人権条約では，条約本体または追加的な選択議定書に基づいて個人通報制度が設けられている。この制度では，人権条約上認められた人権の侵害を受けた個人（被害者）が，加害者である締約国政府を相手どって，条約が設立した監視機関に通報することができる。人種差別撤廃条約や拷問等禁止条

約では条約本体で個人通報制度が定められているが，同制度が締約国で適用されるには，締約国が個人の通報を受理し検討する条約機関の権限を条約の批准とは別途に受け入れる意思を表明することが必要である。また，自由権規約や女子差別撤廃条約では選択議定書で個人通報制度が定められてあり，同制度の適用には締約国が選択議定書を批准することが必要である。日本は，条約機関の上記の権限の受諾宣言を行っておらず，選択議定書も批准していない。

　以下，自由権規約を例に個人通報制度について概説する。自由権規約選択議定書の締約国では，その管轄内にあるすべての個人が国内的救済手段を尽くした後に自由権規約委員会に権利侵害を通報し，救済を求めることができる。委員会による通報の審査は，受理可能性の審査と本案審査の二段階で行われる。受理可能性の審査では，通報者が利用可能な国内的救済手段を尽くしたか否かなど，議定書の定める通報者としての形式的な要件が充たされているかが審査される。本案審査では，委員会は，被害者と締約国政府の主張を書面で審査し，最終的に規約違反の有無についての「見解」（views）を採択する。見解は勧告にすぎないが，規約違反が認定された場合には見解の実施に関するフォローアップ手続が設けられている。同手続では，違反国は，原則として90日以内に見解の実施に関する情報を委員会に提供することを求められる。

(3) 調査制度その他

　監視機関は，自らのイニシアチブで締約国の人権状況の現地調査を行うことができる。この制度は，拷問等禁止条約では条約および選択議定書で，強制失踪条約では条約で，女子差別撤廃条約，障害者の権利条約および社会権規約では選択議定書で各々設けられている。

　以上の実施措置のほかに，多くの普遍的人権条約では，締約国による人権侵害を他の締約国が監視機関に通報する国家通報制度が設けられ，人種差別撤廃条約で利用されたことがある。また，人権条約の紛争解決条項（人種差別撤廃条約22条など）に基づいて，国際司法裁判所が人権条約の解釈・適用に関する紛争を扱うことも可能である。

コラム8-1　死刑と国際人権保障

　アムネスティ・インターナショナル日本によれば，2022年末時点で，144カ国が死刑を法律上また
は事実上廃止している。自由権規約等の人権条約は死刑廃止を国家に義務づけておらず，死刑廃止
議定書等の追加的議定書でのみ死刑を禁止している。他方で，犯罪人引渡において，死刑執行のお
それがある国へ犯罪人を引き渡すと，引渡国の人権条約違反が問われることがある。

　1989年のゼーリング事件では，米国で殺人を犯し英国で逮捕された西ドイツ国民を英国が米国に
引き渡すことは欧州人権条約に違反するかが争われた。欧州人権裁判所は，英国によりゼーリング
が米国に引き渡されれば，彼が米国での死刑宣告と「死刑の順番待ち」により死の恐怖に耐えなけ
ればならないと判示し，英国の条約3条（非人道的な取扱い等の禁止）違反が認定された。裁判所
のこのような考え方は自由権規約の個人通報でも踏襲されたが（1993年のキンドラー対カナダ事
件），2003年のジャッジ事件では，死刑廃止国カナダによる殺人犯の死刑宣告国への追放は生命に対
する権利（規約6条）を侵害するかが争点となった。自由権規約委員会によれば，死刑廃止国は死
刑が適用される真の危険に人を晒さない義務を規約6条で負うと解釈され，カナダが死刑不執行の
保証を求めることなくジャッジを米国に追放したことは同条に違反すると認定された。

(4) 監視機関による条約解釈

　自由権規約委員会などの監視機関は，上記の実施措置を通じて自らの条約解釈
を発展させ，このような実行の蓄積をふまえて，条約全体に関わる問題について
の所見や監視機関による各条文の解釈を明らかにした「**一般的意見**」（general
comment）を採択してきた。たとえば，自由権規約委員会は，規約26条の無差別条
項の適用範囲が規約で定める権利に限定されないとの解釈を確立した（1987年のブ
レークス対オランダ事件見解および一般的意見18など）。しかし，条約の第一次的な解
釈権をもつのは締約国であり，また，上記のような意見には法的拘束力がない。
監視機関の解釈の実効性は最終的に国家により受け入れられるかに依存するが，
こうした意見は監視機関による「権威ある解釈」を示すものとして一定の重みを
もち，締約国はこれを誠実に考慮することが求められるとされる。

5　人権の地域的保障

(1) 欧　州

　①　**欧州評議会**　　1949年に欧州における民主主義，法の支配および人権の擁護
を主な目的として，欧州評議会（Council of Europe）がフランスのストラスブール

で創設され，同評議会のもとで1950年に欧州人権条約が採択された（1953年発効。締約国は46カ国）。この条約は，自由権と自由主義的な民主主義の実効的な保障を主な目的としている。同条約の監視機関として，欧州人権委員会と欧州人権裁判所が設けられ活動を行ってきたが，1998年11月に第11議定書の発効により人権裁判所に一元化された。この条約のもとで，締約国内のすべての個人は，国内的救済を尽くした後に締約国政府による条約上の権利侵害と救済を人権裁判所に申し立てることができる。また，国家通報制度も実際に何度か利用されている。その他に，欧州評議会では，社会権を定める欧州社会憲章が1961年に採択され，1965年に発効した。なお，ロシアは2022年2月のウクライナ侵攻後，同年3月に欧州評議会から除名され，欧州人権条約や欧州社会権憲章を廃棄した。

② **欧州連合**　欧州連合（以下，「EU」と略称）では，2000年に政治宣言としてEU基本権憲章が採択された。2007年のリスボン条約は，同憲章がEU諸条約と同等の法的地位をもつことを定め（6条1項），2009年の同条約発効後，憲章は法的効力をもつ。同条約は，EUの欧州人権条約への加入も定めている（6条2項）。

(2) 米　州

南北アメリカ大陸では，地域的機構として米州機構（以下，「OAS」と略称）を創設するOAS憲章が1948年に採択され，同時に米州人権宣言も採択された。同宣言をもとにして1969年に米州人権条約が採択された（1978年発効。締約国は米国やカナダ等を除くOAS加盟国25カ国）。同条約は主に自由権を保障している（社会権は1988年のサンサルバドル議定書で保障）。米州における人権の監視機関については，米州人権委員会がOASの機関かつ条約機関として，米州人権裁判所が条約機関として活動を行っている。すべての個人は，上記の宣言と条約上の人権侵害に関して同人権委員会に通報を行うことができる。また，被害者が委員会への通報手続を尽くした後，委員会または締約国は事件を人権裁判所に付託することができ，被害者も裁判所での審理に参加することができる。

(3) アフリカ

アフリカでは，アフリカ統一機構（OAU）が1963年に創設され，同機構のもと

で1981年にアフリカ人権憲章（バンジュール憲章とも呼ばれる）が採択された（1986年発効。締約国はモロッコを除くアフリカ連合加盟国54カ国）。同機構は，2001年にアフリカ連合（AU）に改組された。人権憲章では，アフリカの伝統や価値が強調され，個人だけでなく集団である人民も権利が認められている。また，個人は，社会や国家などの共同体に対して責務を負うことが規定されている。憲章は，監視機関としてアフリカ人権委員会を設置し，委員会は1987年から活動を行っている。委員会の主な任務は，締約国による国家報告書の審査，締約国ならびに人および人民からの通報の審査などである。さらに，1998年に採択された憲章の追加議定書（2004年発効）により，アフリカ人権裁判所が設置され，人および人民の権利の司法的保障を担っている。さらに，アフリカ連合は，自らがもつ司法裁判所と統合させるため，2008年にアフリカ司法人権裁判所規程議定書を採択した（未発効）。

(4) その他

　アラブ諸国では，アラブ人権憲章がアラブ連盟のもとで1994年に採択され，2008年に発効した。憲章は，監視機関としてアラブ人権委員会を設置し，委員会は締約国による国家報告書の審査などを行う。また，司法機関を設置するアラブ人権裁判所規程が2014年に採択された（未発効）。なお，アジアでは，地域全体での人権保障の基礎となる地域機構が創設されておらず，地域的な人権規範や人権保障システムが存在しない。もっとも，東南アジア諸国連合（ASEAN）では政府代表により構成されるアセアン政府間人権委員会が2009年に設立され，2012年にアセアン人権宣言が採択された。

6　日本における国際人権法の実施

(1) 日本における条約の効力と実施

　日本が批准した条約は，日本の法秩序においてそのままの形で国内的な効力をもつ。日本国憲法は，98条2項で「日本国が締結した条約及び確立した国際法規は，これを誠実に遵守することを必要とする」と定めている。この規定の解釈から，日本政府が締結した条約や慣習国際法は国内の法秩序において憲法より下位

の，法令より上位の効力をもつことが一般に認められてきた。そのため，条約と抵触する法令は改正されなければならなくなる。また，締結した条約を日本で実施するために，国内法が新たに制定されることもある。たとえば，日本は2014年に障害者の権利条約を批准するにあたり，2011年に障害者基本法を改正して，条約に基づいて障害者の定義を拡大し，「合理的配慮」の概念を導入した。さらに，2013年に新たに障害者差別解消法が制定された。

　人権を侵害された個人は，人権条約を用いて日本の裁判所に提訴し，救済を求めることができる。しかし，国内的効力をもつ国際法規則がすべて日本の裁判において適用できるわけではない。国際法規則が日本の裁判で適用されるには，同規則が自動執行的であることが裁判所により求められてきた。自動執行的とは，権利・義務の内容が明確でそのまま具体的な事件に適用できるという意味である。これまでの裁判例では，自由権規約などがそのような条約として扱われてきた。

(2)　日本における国際人権法の実施の意義と課題

　①　意義　　日本の裁判所は，個々の事件で人権条約を適用した場合でも，条約違反の認定には非常に消極的である。他方で，裁判所は，条約規定を直接的に適用しながら，あるいは憲法や法令を解釈する際に条約を参照しながら，その後の法改正に影響を与えるような判決を下すこともあった。1997年の二風谷ダム事件では，札幌地裁は，アイヌ民族が先住民族であり，文化享有権（自由権規約27条）をもつと判示した。その後，2019年のアイヌ施策推進法では，アイヌが「先住民族」であると明記され，国などの責務が定められた。さらに，2013年9月の非嫡出子相続分規定事件で，最高裁大法廷は，自由権規約や児童の権利条約ならびにこれらの条約機関の勧告にも言及しながら，非嫡出子の法定相続分を嫡出子の2分の1とする民法900条4項但し書きが憲法14条に違反する差別であり，無効であると判示した。この決定を受けて，同年12月に民法が改正され，当該但し書きは削除された。この司法判断は，婚姻や家族のあり方をめぐる国民の意識の多様化や国際社会の動向などをふまえて行われた判例変更であり，また，最高裁が欧州人権裁判所の判例を間接的に考慮したとも理解される（性同一性障害特例法における性別変更の手術要件が違憲であると判示した2023年10月25日の最高裁大法廷決定では，

コラム8-2　留保・解釈宣言

　国家は，条約締結時に，自国にとって受け入れられない特定の規定を排除または変更したうえで批准などを行うことがある。これを**留保**という（条約法に関するウィーン条約2条1項(d)）。一例をあげると，日本政府は，1978年に国際人権規約への署名を行った際に，教育権を保障する社会権規約13条について，中等教育（高校など）および高等教育（大学や短大など）に対する無償教育の漸進的導入を定めた同条2項(b)および(c)に拘束されないとして，これらの規定を留保した。これに対し，社会権規約委員会は，日本による第2回政府報告書を審査した総括所見（2001年）で，このような留保の撤回を勧告し，日本政府は2012年に同留保を撤回した。人権条約に対する留保の許容性を有権的に判断できるのは，条約機関なのか他の締約国なのかについては争いがある。

　また，国家は，条約締結の際に，複数の解釈が可能な規定について自国の解釈を提示することがある。これを**解釈宣言**という。日本政府は，国際人権規約への署名に際し，軍隊員，警察官または公務員による団結権およびストライキ権の行使に対する合法的制限を定めた社会権規約8条2項に関して，同項の「警察の構成員」に「消防職員が含まれる」との解釈宣言を付した。これについては，解釈の枠を越えているとの批判もある。

人権裁判所の裁判例に明示的に言及）。また，多様性の尊重が世界的に叫ばれているなかで，上述の障害者やアイヌ民族に関する法律に加えて，ヘイトスピーチ解消法および部落差別解消推進法が2016年に，LGBT理解増進法が2023年に各々成立した。これらの法律は，差別解消や多様性の尊重を推進する国や自治体などに求めるものであり，差別行為に対する罰則は定めていない。

　このように見ると，国際人権法は，少数民族，被拘禁者，非嫡出子，または性的少数者など，憲法の従来の解釈・適用では脇に置かれがちであった人たちに光をあて，憲法による人権保障を補う役割を果たしうるのかもしれない。

　② **課　題**　　上述の意義にもかかわらず，以下の課題がある。日本の裁判所は，人権条約が援用された事件で，権利の内容が憲法と同じであるとして条約を適用すらしないこと，あるいは条約が設置した監視機関の解釈とは異なる条約解釈をとることも少なくない。こうした状況について，裁判官の条約に対する理解不足が指摘されている。また，手続上の問題としては，日本の法制度では，民事裁判であれ刑事裁判であれ，事件を最高裁判所に上告する場合には基本的に憲法違反を主張しなければならず（民事訴訟法312条，刑事訴訟法405条など），そのため，最高裁では人権条約違反の請求が取り上げられにくい。日本政府は人権条約の個人通報制度を「司法の独立を侵害する」として長らく受け入れてこなかったが，

現在個人が同制度を利用できる余地はないのか検討している。

(3) 国内人権機関

国際人権法の国内的実施については，立法措置や司法的救済だけでなく，独立した国内人権機関による人権の促進や保護が重要になっている。国連の人権委員会は，1991年に国内人権機関の役割に関するパリ原則を採択し，国連総会は1993年に決議で同原則を承認した。こうした動きを受け，日本では，人権擁護委員制度を抜本的に改革し，新たに人権委員会を設置する人権擁護法案が2002年に国会に提出された。しかし，この人権委員会の独立性に批判が提起され，法案は翌年廃案になった。人権機関を設置する法案は，引き続き検討されている。

(4) 人権教育

家庭，学校，職場などの日常生活で人権尊重の理念の普及に不可欠なのは，人権教育である。国連総会は，1995年から2004年までを「人権教育のための国連10年」とする決議を1994年に採択し，「人権教育のための国連10年」行動計画が策定された。同計画によれば，人権教育とは，「知識および技術の伝達ならびに態度の形成を通じ，人権という普遍的文化を構築するために行う研修，普及および広報努力」と定義される。このような国際的動向を受けて，日本でも，国や各地方自治体は，人権教育に関する行動計画を1997年以降に策定した。また，2000年には，「人権教育及び人権啓発の推進に関する法律」が制定された。国連では，上記10年が終了した2005年以降，「人権教育のための世界計画」が実施され，終了期限を設けることなく，3年ごとのフェーズおよび実施計画が策定されている。

【参考文献】
　芹田健太郎・薬師寺公夫・坂元茂樹『ブリッジブック国際人権法〔第2版〕』（信山社，
　　2017年）
　川島聡・菅原絵美・山崎公士『国際人権法の考え方』（法律文化社，2021年）
　申惠丰『国際人権入門——現場から考える』（岩波新書，岩波書店，2020年）
　芹田健太郎『国際人権法と日本の法制』（信山社新書，信山社，2021年）

第9章　経済活動は国境を越える
—— 国際的な経済活動と法

◆スタートアップ

　海外旅行に出かけると想像してください。どこに行きますか。何を食べて，何を買いますか。ガイドブックやネットで情報を集めて，荷物も用意しました。ここまでは国内旅行でも同じですが，違う点もあります。

　海外に行く準備で面倒なことの1つはお金の問題でしょう。通常，日本円を海外では使えません。日本円をドルやユーロなどに交換します。この交換は為替レートが基準になります。1ドル＝100円というものです。為替レートはどのように決まるのでしょうか。

　海外旅行に行くときには飛行機を使うでしょう。最近はかなり安いチケットも手に入りますが，航空運賃に加えて，サーチャージという料金を加算されることがあります。燃料である石油の価格があまりに高騰したときに，燃料価格の一部を乗客に負担させるのがサーチャージです。石油の価格はなぜ急激に変動するのでしょうか。

　海外旅行の楽しみの1つは買い物でしょう。海外でお酒やブランド品を買うと，日本よりも安いことが多いです。ただし，日本に帰ってくるときに，お酒を4本以上持ち込もうとすると，関税を空港の税関で支払うことになります。空港でなぜ関税を払わなければならないのでしょうか。

　こうした為替レートも石油の価格も関税にも国際法が関係しています。国境を越えて，人，お金，石油などの資源，ブランド品やお酒などの物が移動することについて，国際法に基づく仕組みが機能しているのです。

この章で学ぶこと

・国際的な経済活動に関する国際法はどのように形成されてきたのだろうか？
・WTO，IMF，EUとはどのような組織なのだろうか？
・海外で経済活動する企業にどのような規制がかけられるのだろうか？

1　国際的な経済活動に関する国際法がなぜ必要なのか

(1)　経済活動は国境を容易に越える

　現在の国際社会では，国が自国領域内で排他的に管轄権を行使して，自由な統治を行う。経済活動についても，各国が経済的な発展をめざして，とりわけ工業を強化するために，自国でどのような経済活動を促進するか，規制するか，自由に決定する。民法や商法といった国内法を制定して，自国領域内における排他的な管轄権を行使するのである（→管轄権については，第4章参照）。

　かつては軍事と通商が結びつき，16世紀以降は重商主義のもと，国家が通商に関与していたが，18世紀終わり頃から，軍事と通商は切り離され，自由主義に基づく通商が広まった。保護貿易から自由貿易へ転換したのである。国内法においては私人による自由な経済活動が保証される一方，国際法においては多くの二国間通商条約が締結された。他国における経済活動を保証するために，自国民と外国人を平等に扱うという**内国民待遇**，いかなる第三国の国民よりも不利に扱われないという**最恵国待遇**も規定された。

(2)　第二次世界大戦は経済をめぐる戦争でもあった

　史上最大の大量殺戮戦争である第二次世界大戦がなぜ起こったのか。1つには1920年代以降の国際経済体制が影響したと指摘されている。

　19世紀半ばのヨーロッパでは貿易が自由に行われ，二国間通商条約も数多く締結された。しかし，19世紀末に何度も不況に見舞われた結果，排他的で閉鎖的な経済圏を形成され，**ブロック経済**が拡大した。英国のスターリング・ブロック，米国のドル・ブロック，ドイツのナチス広域経済圏，日本の円ブロック（大東亜共栄圏）などである。第一次世界大戦の戦費調達，ロシア革命による社会主義経済の登場により，再び国家による経済への介入が強まり，第一次世界大戦が終結した後も，1929年に世界恐慌が発生し，ブロック経済は強化されることになる。

　このブロック経済の域内では**関税**を撤廃し，貿易を自由化する一方で，域外には高い関税を課し，域外からの物の流入を阻止するという**保護貿易**が行われた。

さらに，通貨については為替が切り下げられた。たとえば，日本円を切り下げて円安になると，日本から米国に輸出された製品はドル計算で価格が下がるので，米国では日本製品が売れるようになる一方，米国から日本に輸入された製品は円計算で価格が上がるので，日本では米国製品が売れなくなるのである。つまり，輸出を拡大して，自国経済を復興させることだけに集中して，近隣諸国は貧しくなってもかまわないという政策であり，国際経済関係は崩壊した。とりわけ，資源に豊富な英国・米国と，資源に乏しいドイツ・日本が激しく対立して，第二次世界大戦を招くことになったのである。

　こうした歴史を反省して，第二次世界大戦後に国際的な経済活動を規律する国際法が大きく転換した。第1に，1944年にブレトンウッズ協定が締結され，**国際通貨基金**（IMF），**国際復興開発銀行**（IBRD，通称「世界銀行」）が設立された。貿易による支払を円滑にし，国際通貨体制の安定を図るためである。第2に，公平で自由な貿易を実現するために，**関税及び貿易に関する一般協定**（以下，「GATT」と略称）が締結された。貿易や通貨に関する事項を各国の裁量に任せるだけでなく，国際法上の規制を及ぼすことで自由貿易を確保し，第二次世界大戦前のブロック経済を再現させないという新たな国際経済秩序が構築されたのである。

2　通貨と貿易に関する国際経済秩序

(1)　IMF と IBRD の設立

　第二次世界大戦後の国際経済秩序の軸の1つが，IMF と IBRD である。IMF は米国の経済力を背景に，為替の安定と自由化のために自由貿易を支払手段の面から支える。具体的には，第1に，ドルに信用性を与えるために35ドル＝金1オンスでの交換を保証する。第2に，ドルを基軸通貨とし，各国通貨との交換比率を固定する**固定為替相場制**（金ドル本位制）を採用する。日本円は1ドル＝360円に固定された。第3に，各国は固定為替相場を維持する義務を負う代わりに，国際収支が赤字になった場合には IMF から短期融資を受けることができる。

　IBRD は戦後復興と開発を資金面で支える長期融資を行う。日本も IBRD の融資を受けて，東海道新幹線などを建設した。IBRD は当初，ヨーロッパの復興援

助を重視したが，1960年代以降は途上国の開発援助が中心になった。ただし，IBRD の融資は中期の生産性の高い事業に限られ，金利も高く，途上国の開発援助に向かないので，1956年に途上国の私企業に融資する国際金融公社（IFC），1960年に途上国に有利な条件で融資する国際開発協会（IDA）が設立された。

　しかし，1950年代後半になると，米国の国際収支は赤字基調となり，米国経済の信用は失われていく。西欧諸国が戦後復興を遂げるにつれて，多国籍企業の資本輸出が急増したことに加えて，冷戦構造における西側陣営への経済軍事援助が増加したこと，ベトナム戦争の軍事支出などが原因である。こうしてドルが米国国外に大量流出したことにより，米国の経済不安が高まり，ドルへの信用が揺らぐと，ドルを金に交換する流れが加速した。大量の金が米国から流出し，ドルと金の交換性を維持することが困難になった。**ドル危機**である。

　その後，IMF はさまざまな対策を行うが，成果は見られず，1973年になると日本や西欧諸国は固定為替相場制と決別し，**変動為替相場制**に移行する。変動為替相場制では，円とドルなどの為替レートが外国為替市場で日々変動する。それゆえ，経済の安定している先進国は自由に資金を調達するようになり，IMF は途上国に対する援助機関としての性格を強めていく。また，為替レートが急激に変動すると，先進国の金融当局や中央銀行が協調して，通貨危機に対処している。

　この変動為替相場制のもとでは，通貨が商品化する。本来，通貨をどのように管理するかを決定することは国の金融当局や中央銀行の最大の役割である。しかし，現在の制度ではドルを安く買って高く売るという形で，通貨を商品のように扱い，利益を得ることもできるので，通貨は投機の対象となり，資本が国境を越えて自由に動くようになる。近年，情報技術が大きく発展したことにより，個人でも一層容易に国境を越えて資本を移動させることができるようになった。

(2) GATT の成立

　国際経済秩序のもう１つの軸が GATT である。ブロック経済における保護貿易が第二次世界大戦を招いたとの反省から，1947年に自由貿易を確保するために，米国，英国などの先進国で締結された。翌年の1948年には国際貿易憲章（ハバナ憲章）が採択され，貿易障壁の完全撤廃をめざす国際貿易機構（ITO）の設立

が計画されたが，条約を批准する国が少なく，挫折したために，結局，GATT が戦後の自由貿易体制を支えることになった。

GATT には**自由，無差別，多角**という3つの原則がある。自由の原則に基づき，自由貿易を確立するために関税の引下げと非関税障壁の撤廃を行う。この非関税障壁とは，輸入数量制限，輸入課徴金，煩雑な検疫手続といった関税以外の輸入障壁のことである。無差別の原則に基づき，加盟国を平等に扱うことが要求され，いかなる第三国の国民よりも不利に扱われないという**最恵国待遇**が保障される。多角の原則に基づき，貿易問題は二国間ではなく，多数国間の交渉（ラウンド交渉）で解決する。実際，何度かのラウンド交渉で関税一括引下げ交渉が行われた（1964〜1967年のケネディ・ラウンド，1973〜1979年東京ラウンドなど）。

(3) 1970年代以降の国際経済秩序の変化

このように，第二次世界大戦後に構築された国際経済秩序は1970年代以降に徐々に変化してきた。1つの背景として，南半球に多い途上国と北半球に多い先進国との間の経済格差問題がある。特に植民地時代の途上国は，農作物や鉱産物などの一次産品のみを生産するモノカルチュア経済であり，一次産品を安い価格で輸出し，先進国が加工して生産した工業製品を高い価格で輸入していた。その結果，先進国と途上国との間に経済格差が生まれる。これを**南北問題**という。

この南北問題に対処するために，国連は1961年に「第一次国連開発の10年のための国際開発戦略」が策定して以来，90年代の第四次まで，10年ごとに目標を設定してきた。1964年には**国連貿易開発会議（UNCTAD）**の第1回総会が開かれ，「援助より貿易を」のスローガンのもとで，途上国側が一次産品の価格安定などを要求した。さらに，1974年には国連総会で**新国際経済秩序樹立に関する宣言（NIEO宣言）**も採択された。国は法的に平等であり，独立した経済的主権を有する一方で，先進国は途上国の経済発展に協力することが要求された。

また，途上国のうち，資源保有国は**資源ナショナリズム**を主張した。天然資源を採掘，開発，利用する権利は資源保有国にあり，先進国の国際石油資本（メジャー）による採掘を制限するという考え方である。1962年の国連総会では「**天然資源に対する恒久主権**」が宣言され，さらに，1973年には**石油輸出国機構（OPEC）**

は石油公示価格を約41倍に値上げした（第一次石油危機）。1974年のNIEO宣言には
「天然資源に対する恒久主権」の確立も盛り込まれることになる。

　もちろん途上国も均一ではない。経済成長が著しい国として，**BRICS**（ブリック
ス）と呼ばれるブラジル，ロシア，インド，中国，南アフリカがある。他方，所
得水準が低く，経済的にも脆弱な**後発途上国**（LDC）もある。途上国間の経済格
差も激しく，「援助より貿易」を求めるのは一部の国となり，1986年の国連総会
では「**発展の権利に関する宣言**」が採択され，援助へと回帰していくことになる。

(4) 世界貿易機関（WTO）の設立

　GATTは物の貿易が国際的な経済活動の中心であることを前提としていたが，
1970年代以降になると，変化を余儀なくされた。日本や西ドイツなどの経済発
展，変動為替相場制への移行により，米国の地位が相対的に低下した。一方，伝
統的な物の貿易以外にも国際的な経済活動が拡大し，金融，情報通信，運輸など
のサービス分野，知的財産，農産物の貿易についての規範も必要であると考えら
れるようになる。そこで，GATTでは**ウルグアイ・ラウンド**（1986～1993年）が開
始された。ウルグアイ・ラウンドでは，サービス分野を始め各分野の規範が形成
されるとともに，こうした規範を運用する国際機構の必要性が意識された。そこ
で，**世界貿易機関を設立するマラケシュ協定**（WTO協定）が作成され，1995年に
世界貿易機関（以下，「WTO」と略称）が発足した。

　WTOは物の貿易だけでなく，サービス貿易，知的財産権などの広範な事項を
扱う。WTO協定には4つの附属書が付されており，さらにその附属書のなかに
は数多くの協定が含まれている。第1に，物の貿易については，従来の1947年
GATTを基本的に踏襲しながらも，新たに附属書1Aの一部として，1994年の
GATTが締結された。1994年のGATTでは，関税の引下げとともに，**非関税障壁**
を原則禁止し，さらに，外国人に与える待遇は自国民に与えるよりも不利であっ
てはならないという**内国民待遇**と，いずれかの国に与える最も有利な待遇を他の
すべての加盟国に対して与えるという**最恵国待遇**を定めている。

　第2に，サービス貿易については，**サービスの貿易に関する一般協定**（GATS，
附属書1B）が規定された。GATSが対象とするサービス貿易には，電気通信など

の国境を越えるサービス，観光や留学といった他国の消費者へのサービス，金融や建設などの外国投資により他国に営業基盤を設立して行うサービス，医者，弁護士など提供者自身が国境を越えるサービスが含まれる。また，一定のサービス分野では外国業者の参入を義務づける市場アクセスの確保も定められている。

　第3に，知的財産について，**知的所有権の貿易関連の側面に関する協定**（TRIPS協定，附属書1C）があり，各国の知的財産保護の最低基準，知的財産権の侵害に対する国内司法手続の整備などが定められている。

　第4に，**WTO紛争解決了解**（DSU）がある（附属書2）。紛争が生じた場合にまずは当事国間で協議を行う。この協議で解決しないとき，申立国は常設の**紛争解決機関**（DSB）に小委員会（パネル）の設置を要請することができる。この小委員会が紛争の事実認定やWTOの諸協定に基づく判断を行い，報告書を提出する。小委員会の報告書については上級委員会に上訴することもできる。上級委員会も審理後に報告書を提出する。この上級委員会の報告書を当事国は無条件に受諾しなければならない。さらに，被申立国が上級委員会の報告書を遵守しない場合，申立国は「対抗措置」という報復をDSBに申請することができる。

　ただし，2024年3月現在，上級委員会は機能麻痺に陥っている。上級委員会は7名の上級委員で構成され，そのうち3名が各事件を審理するが，2017年以降，委員が任期を終えて，2020年12月以降はすべて空席になった。委員の任命はDSBが全会一致で行うが，米国がパネルと上級委員会の改革を求めて，新たな委員の任命に反対しているからである。この状況に対応するために，2020年4月，一部のWTO加盟国が**多数国間暫定上訴仲裁アレンジメント**（Multi-Party Interim Appeal Arbitration Arrangement（MPIA））を立ち上げた。MPIAはパネル判断を不服とする場合に仲裁で解決する仕組みである。日本は2023年3月に参加した。

(5) WTO後の国際経済秩序

　WTOはその活動範囲を拡げてきたとはいえ，現在，大きな岐路に立っている。上級委員会の機能麻痺だけでなく，WTOの交渉は頓挫している。2001年に開始したドーハラウンドはいまなお妥結していない。途上国の発言力が増し，自由貿易よりも開発を重視することを求めており，先進国と途上国の対立は激しく，

WTO における合意形成は難しくなっている。

　他方，経済のグローバル化は大きく進み，経済活動は容易に国境を越える。一部の途上国では工業製品の生産が奨励され，先進国から技術移転され，雇用も増えている。先進国企業は雇用コストが安い途上国に生産部門を設けるので，サプライチェーンは国際化し，複数国に拠点を有する多国籍企業が一般化した。輸送コストの縮小や情報技術の発展が著しい近年，多国籍企業は開発部門や管理部門も他国へ移動させており，経済活動の規制は複雑化している。経済犯罪も国際化しており，大規模な組織犯罪から得た収益を数多くの銀行口座に移動して，出所を隠すというマネーロンダリング（資金洗浄），外国での取引を不正に有利に進めるための外国公務員に対する贈賄も問題になっている。

(6)　ビジネスと人権

　経済のグローバル化に伴い，企業に国際人権法の遵守，尊重が求められるようになってきた。**ビジネスと人権**（business and human rights）の問題である。ビジネスと人権は，2005年の国連人権高等弁務官報告書における「多国籍企業と関連企業の人権に関する責任」の略語として登場し，2011年に国連人権理事会が**ビジネスと人権に関する指導原則**を採択した。この指導原則は，①国家の人権保護義務，②企業の人権尊重責任，③救済へのアクセスを柱とする。指導原則は法的拘束力をもたないが，企業の責任を認める国連文書として尊重されている。

　近年，ビジネスと人権が注目されるのは，中国の新疆ウイグル自治区におけるウイグル族の強制労働を理由として，ウイグル自治区で生産された綿製品などの輸入を規制する動きがあり，日本のアパレル企業も批判を受けたことが一因である。また，2022年にカタールで開催されたサッカーのワールドカップ開催のために雇用された外国人労働者が数多く死亡したことも大きく報じられた。

　さらに，企業の尊重責任のうち，企業が自らの活動の人権への影響を評価し，防止，軽減する**人権デューディリジェンス**を義務づける国内法が各国で制定されているだけでなく，ビジネスと人権に関する条約の作成も進められている。それに加えて，自由貿易協定（FTA）にも労働に関する規定が挿入されるようになった。TPP11協定（CPTPP）にも，労働に関する章（第19章「労働」）がある。

3 国際経済秩序における地域主義

(1) 地域経済統合の形成

第二次世界大戦前のブロック経済を再現させないという目的のもと，IMF や GATT・WTO といった多数国間条約体制が構築される一方で，ヨーロッパ，北米，アジアにおいて，**地域経済統合**をめざす地域主義が活発化する。

その端緒はすでに1950年代のヨーロッパに見られる。フランス，西ドイツ，イタリア，オランダ，ベルギー，ルクセンブルクの6カ国が戦後復興のために石炭や鉄鋼といった基幹産業の再建と管理を図るために**欧州石炭鉄鋼共同体**（ECSC）を1952年に設立し，1958年には**欧州経済共同体**（EEC），**欧州原子力共同体**（EURATOM）も設立し，後に **EU（欧州連合）** となる。この EEC に対抗して，工業製品に限定した自由貿易圏を形成するために，英国，スウェーデン，ノルウェー，スイス，オーストリア，アイスランドが**欧州自由貿易連合**（EFTA）を1960年に組織した。北米には**米国・メキシコ・カナダ協定**（USMCA），アジアには**東南アジア諸国連合（ASEAN）**，南米には**南米南部共同市場**（メルコスル，MERCOSUR）がある。また，オーストラリアを中心に，ASEAN，日本，韓国，中国，米国，カナダなどが集まる**アジア・太平洋経済協力**（APEC）もある。

さらに近年，世界中で貿易や投資の自由化をめざす**自由貿易協定**（FTA），**国際投資協定**（IIA），広範な経済協力をめざす**経済連携協定**（EPA）が二国間や複数国間で結ばれている。日本は2002年にシンガポールと最初の EPA を締結し，2024年1月までに20の EPA が発効した。ASESN との包括的経済連携協定もある。

太平洋を囲むオーストラリア，ブルネイ，カナダ，チリ，日本，マレーシア，メキシコ，ニュージーランド，ペルー，シンガポール，米国，ベトナムの12カ国は2016年2月，**環太平洋パートナーシップ**（TPP）**協定**に署名した。この TPP 協定は物の貿易のほか，サービス貿易，投資，電子商取引，国営企業，知的財産，労働，環境など全部で30章にもおよぶ経済連携協定である。2017年1月に米国が離脱を表明したので，米国以外の11カ国が早期発効をめざし，2018年3月に**環太平洋パートナーシップに関する包括的及び先進的な協定**（CPTPP, TPP11）に署名

した。2023年 7 月まで
に11カ国すべてについ
て効力が発生した。
2023年 7 月には英国が
CPTPP に加入するこ
とも決まった。

IIA は世界で3000以
上も締結されており，
日本も2024年 1 月現在,
38の IIA に署名し，そ
のうち36の IIA が発効
している。EPA のな
かに投資に関する章が

資料 9 - 1　日本が締結している経済連携協定と投資保護協定

経済連携協定（EPA）	シンガポール，メキシコ，マレーシア，チリ，タイ，ブルネイ，インドネシア，ASEAN，フィリピン，スイス，ベトナム，インド，ペルー，オーストラリア，モンゴル，TPP11，米国，EU，英国，RCEP
国際投資協定（IIA）	エジプト，スリランカ，中国，トルコ，香港，バングラデシュ，ロシア，パキスタン，韓国，ベトナム，カンボジア，ラオス，ウズベキスタン，ペルー，パプアニューギニア，クウェート，イラク，日中韓，ミャンマー，モザンビーク，コロンビア，カザフスタン，ウクライナ，サウジアラビア，ウルグアイ，イラン，オマーン，ケニア，イスラエル，アルメニア，ジョージア，UAE，ヨルダン，バーレーン，コートジボワール，モロッコ

注記：2024年 1 月現在で発効しているもの

設けられることも多い。多くの IIA には，私人である投資家と投資受入国との間
で生じる投資紛争を国際仲裁で解決する手続（投資家対国家型紛争解決手続，Investor-
State Dispute Settlement：ISDS）を定める条項が含まれている。

　それでは，地域経済統合や経済連携協定は自由貿易を目的とする GATT や
WTO と整合するのか。第二次世界大戦前のブロック経済は域内で関税の撤廃を
行いつつ，域外に対しては高い関税や輸入制限を課すものであった。これに対し
て，近年の地域経済統合や経済連携協定では，域外に対する共通関税を設けて，
その共通関税を共同で徐々に引き下げる。GATT24条も物品の関税や非関税障
壁を撤廃する自由貿易地域と，域外に対する共通関税を設けて，対外通商政策が
採用する関税同盟を認めており，地域経済統合や経済連携協定はこれに整合して
いると主張されている。WTO における合意形成が難しくなるなか，先進国を中
心に，二国間や複数国間における FTA，EPA の締結が拡大している。たしかに，
TPP協定などのEPAを見ると，WTOでは交渉されていない事項も含まれている
が，ブロック経済を加速させる危険性を有しており，GATT・WTO の自由貿易
体制を弱体化させる可能性がある。主たる交渉事項には差がないことからする
と，WTO のような多数国間交渉が頓挫しつつあるのかもしれない。

(2) 欧州連合 (EU)

　最も活発に活動してきた地域経済統合は欧州連合 (以下,「EU」と略称) である。EU の歴史を振り返ると, 最初に設立されたのは欧州石炭鉄鋼共同体 (ECSC) である。1952年のことである。フランス, 西ドイツ, イタリア, ベルギー, オランダ, ルクセンブルクの 6 カ国が参加した。その後, 1958年にはローマ条約が発効し, 欧州原子力共同体 (EURATOM, EAEC) と欧州経済共同体 (EEC) が設立された。この 3 つの共同体は1967年になると, 1 つの総会, 裁判所, 理事会, 委員会を共有するようになり, 3 つをあわせて, 欧州共同体 (EC, European Communities) と称することになった。EC では, EC 域内での輸出入における関税と数量制限の撤廃, EC 域外に対する共通関税と共通通商政策の設定, EC 域内での人, サービス, 資本の自由移動, 共通農業政策などが実施されてきた。

　1993年 1 月以降, 物, 人, サービス, 資本の自由な移動を確保する域内市場が完成する。そして, 1993年にマーストリヒト条約が発効する。**マーストリヒト条約**はこれまでの経済統合に加えて, 共通外交・安全保障政策, 司法内務協力が導入されて, EU が創設されることになった。環境保護, 消費者保護も規定され, EU 市民権も創設された。同時に, EEC を設立したローマ条約も大幅に改正され, EEC は EC (European Community) と改名された。EU には, 欧州理事会, 欧州議会, EU 理事会, 欧州委員会, 欧州司法裁判所, 会計検査院, 経済社会評議会, 地域委員会, 欧州投資銀行などの機関が設置されている。通貨統合にも踏み切り, 1999年に統一通貨の**ユーロ** (Euro) が実現した。2023年 1 月からクロアチアがユーロを導入し, ユーロを導入する EU 加盟国は20カ国となった。

　こうした EU の水平的な拡大にあわせて, 多数決制度, 一部の国による先行統合制度, 人権などの基本権を尊重する仕組みの導入, 機構改革を行うために, 1997年にアムステルダム条約, 2001年にニース条約, 2007年に**リスボン条約**が結ばれた。しかし, 加盟国国民の反対で批准が進まない事態が生じることもあり, リスボン条約も紆余曲折を経て, 2009年に発効した。

　各加盟国政府を代表する **EU 理事会**が主たる意思決定機関であり, 立法権を有する。規則 (regulation), 指令 (directive), 決定 (decision), 勧告 (recommendation) という二次法 (派生法) を制定する。この二次法と基本条約が EU 法を形成する。

資料9-2　欧州連合の歴史

年	事　項
1952	欧州石炭鉄鋼共同体（ECSC）が発足
1958	ローマ条約により欧州経済共同体（EEC）が発足→共通市場が成立 欧州原子力共同体（EURATOM）が発足
1973	英国，デンマーク，アイルランドが加盟し，欧州共同体（EC）が9カ国に拡大
1979	欧州議会直接選挙を初めて実施
1981	ギリシャが加盟→10カ国に拡大
1986	スペイン，ポルトガルが加盟し，ECが12カ国に拡大
1993	1992年署名のマーストリヒト条約により欧州連合（EU）が設立
1995	EUが15カ国に拡大
2002	ユーロ紙幣・硬貨の流通が開始
2004	10カ国が新規に加盟し，EUは25カ国に拡大 欧州憲法制定条約調印→フランス，オランダが国民投票で否決
2007	リスボン条約調印→EUに法人格付与，加盟国議会が立法手続に関与など ブルガリアとルーマニアが加盟し，EUは27カ国に拡大
2013	クロアチアが加盟し，28カ国に拡大
2016	英国がEU脱退を問う住民投票を実施し，脱退賛成が多数を占める
2020	英国，EUから離脱

EU市民を代表する**欧州議会**も立法過程の一部を担う。各加盟国政府から独立した**欧州委員会**は法案の発議権をもつ。また，**欧州連合司法裁判所**はEU法が遵守され，基本条約が適切に解釈，適用されることを保障するという役割を担う。

　EUの最大の特徴は経済統合であり，**単一市場**を形成して，人の自由移動，物の自由移動，資本の自由移動に取り組んでいることである。たとえば，人の自由移動については，EU加盟国国民にはEU域内のどこでも移動，居住，就労できる権利があり，自らが居住するEU加盟国で市町村議会選挙と欧州議会選挙に投票，立候補する権利がある。また，**シェンゲン協定**（1985年）以降，国籍にかかわらず，互いの域内国境で人に対する検問は全廃され，非EU加盟国との国境での審査は統一され，ビザ（査証）に関する共通政策を導入することになっており，EU市民は国境での検問を受けずに自由に移動できる。

　ただし，EUは2000年以降に加盟国が一層拡大し，管轄する事項が増えるに伴い，加盟国間の対立も激しくなった。最近では加盟国間の経済格差が問題になっている。とりわけ，統一通貨ユーロを導入したが，財政は各国に委ねられており，1つの加盟国の財政悪化がEU全体に波及し，加盟国間の対立構造が浮き彫りに

資料9−3　欧州連合の組織と機能

EU理事会	・EUの主たる意思決定機関。立法権を有する。 ・理事会の議長国は加盟国が半年ごとの輪番制で務める。 ・すべての理事会の会議には，各加盟国から閣僚級代表が1名出席。
欧州理事会	・原則として年に4回の会合を開催。 ・首脳レベルの会合，主要な問題について政治的推進力を提供する役割を果たす。 ・EU理事会では合意できなかった重要かつ複雑な問題を議論する権限をもつ。
欧州議会	・EUの諸活動に関する政治的監督権を有し，立法過程の一部も担う。 ・欧州議会議員は5年に1回の直接普通選挙で選ばれる。 ・EUの諸活動に対する民主的な監督を行う。 ・不信任動議を可決すれば，欧州委員会の委員を総辞職させられる。
欧州委員会	・EUの主たる行政機関。 ・法案の発議権を持ち，EU政策の適切な実施を保障。独立性を有する。 ・委員は加盟国との合意および欧州議会の承認に基づき任命，任期は5年。 ・欧州委員会は欧州議会に対して説明責任を負う。 ・規則や指令が加盟国で実施されているかどうかを監視する。適正に実施されていなければ，違反者を欧州司法裁判所に提訴することもできる。
欧州連合司法裁判所	・各加盟国から1名の判事によって構成，8名の法務官が補佐する。 ・EU法が遵守され，基本条約が適切に解釈，適用されることを保障する。

資料9−4　欧州共同体から欧州連合へ

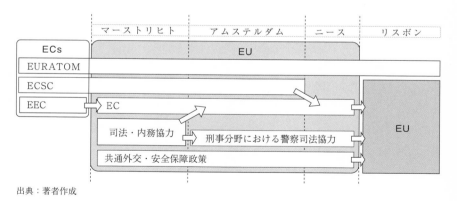

出典：著者作成

なっている。

　さらに，2016年に英国が EU 離脱を問う住民投票を実施し，離脱賛成が多数を占めた（Brexit 問題）。EU 条約50条に基づき，英国は2017年３月，離脱意思を EU に通告した。通告から２年以内に離脱協定を締結する必要があったが，離脱協定案は何度も英国議会の反対に遭い，離脱交渉は難航を極めた。2020年１月に離脱協定が署名され，英国は EU から離脱した。英国が EU 離脱した背景には，EU の機構が必ずしも民主的でないという批判や，移民や難民の問題に EU が十分に対処してこなかったという批判があり，決して英国だけの問題ではない。EU 残留を求める声が強かったスコットランドの独立問題のほか，他国にも EU 離脱を求める声もあり，今後，EU がどのように展開するか，注目する必要がある。

【参考文献】
　飯野文『WTO・FTA・CPTPP ——国際貿易・投資のルールを比較で学ぶ』（弘文堂，2019 年）
　小林友彦ほか『WTO・FTA 法入門〔第２版〕』（法律文化社，2020 年）
　産業構造審議会通商・貿易分科会不公正貿易政策・措置調査小委員会『不公正貿易報告書』（毎年度，作成される。経済産業省ウェブサイトから入手可能。）
　関根豪政『国際貿易法入門—— WTO と FTA の共存へ』（ちくま新書，筑摩書房，2021 年）
　中川淳司ほか『国際経済法〔第３版〕』（有斐閣，2019 年）
　山根裕子『歴史のなかの EU 法』（有信堂高文社，2023年）

第10章　法は地球を守れるか？

── 環境を保全するための国際法

資料10-1　京都議定書とパリ協定の比較

名称（英語表記）		京都議定書（Kyoto Protocol）	パリ協定（Paris Agreement）
採択年（発効年）		1997年（2005年）	2015年（2016年）
締約国		191カ国＋EU	194カ国＋EU（2023年9月30日現在）
文書の拘束力		拘束力あり（国際条約）	拘束力あり（国際条約）
削減目標	目標の名称	数量化された排出削減抑制目標	自国が決定する貢献
	対象国	先進締約国（附属書B国）のみ	全ての締約国
	時間的範囲	短期（5年間/8年間）	中長期（2050年/2100年）
	目標の法的拘束力	あり（附属書に規定）	なし（事務局に提出）
遵守手続 （目標未達成時の対応）		削減目標義務違反に対して超過削減を決定することが可能（強制部措置）	促進的，非対立的，非懲罰的措置
新たな規定		柔軟性メカニズム（排出量取引など）	損失と損害

　資料10-1は，京都議定書とパリ協定を比較した表です。どちらも，気候変動枠組条約に基づいて，締約国に温室効果ガスの排出を削減させるための政策および措置について規定する多数国間条約です。しかしながら，表を見れば分かるように，両者には，温室効果ガス削減目標の対象国やその目標の法的拘束力，そして削減目標が達成できなかった場合の手続等，多くの点で違いが見られます。これは，先（1997年）に採択された京都議定書（2005年発効）の時代は，まだ，先進国が温室効果ガスを大量に排出しており，削減行動の中心は先進国であるべきと考えられていたこと，その結果，その後急激に排出量を増大させた中国やインド等の新興途上国に削減義務を課すことができず，加えて，なお先進国の中で最大の排出大国であった米国が議定書を批准しなかったことが，京都議定書の問題として顕在化したためです。

　このような問題を克服するために，後（2015年）に採択されたパリ協定（2016年発効）は，中国と米国の同時締結に成功しました（米国は一時脱退するが，後に復帰）。そこには，京都議定書の反省をふまえたパリ協定の「工夫」が見られま

す。それは，どのような工夫でしょうか？　そして，パリ協定は，地球温暖化（気候変動）の問題を無事解決できるのでしょうか？

この章で学ぶこと

・環境を守るための国際法（国際環境法）はいつ頃形成されたのだろうか？
・多くの国際環境条約に共通して存在する重要な原則について，その内容と特徴を理解しよう。
・環境問題という全地球的な性質から，国際環境法の特徴を検討してみよう。
・新たに登場し，急速な発展を遂げた国際環境法が，現在直面している課題について考えてみよう。

1　国際環境法の歴史的展開

(1)　ストックホルム会議

　資料10-2は，環境保護を目的とする主要な多数国間条約のリストである。これらをはじめとして，環境を保全するための国際法は，一般に国際環境法と呼ばれる。もっとも，国際環境法が国際法の一分野として注目されたのは最近のことである。第二次世界大戦後の経済復興により，まず先進国の国内で公害問題が発生し，各国の国内法によって対策が取られたが，その後，酸性雨などの越境大気汚染による森林破壊や湖沼の酸性化を懸念する北欧諸国のイニシアチブにより，1972年にスウェーデンのストックホルムで国連人間環境会議（ストックホルム会議）が開催された。

　同会議の最大の成果は，国連人間環境宣言（ストックホルム宣言）の採択である。同宣言は，環境保護に関する既存の国際法の確認というよりも，漸進的な規定を多く含んでいるといえるが，その後の環境保護のための規範形成にとって重要な内容を含むものであった。また同会議は，環境保全のための専門機関として国連環境計画（以下，「UNEP」と略称）の設置を決定した。

　ストックホルム会議は，ロンドン海洋投棄条約（1972年）の交渉開始を確認するなど，その後の環境保全に関する国際制度の構築に大きく貢献した。また，世

資料10- 2　主要な多数国間環境協定

採択年 発効年	日本の参加 (発効年)	名称（略称）	概　　　要	締約国数
1971 1975	1980	ラムサール条約	各締約国が領域内にある湿地を1ヶ所以上指定し、条約事務局に登録するとともに、湿地及びその動植物、特に水鳥の保全促進のために各締約国がとるべき措置等について規定する。	172
1972 1975	1992	世界遺産条約	締約国は、登録候補地を世界遺産委員会に申請し、世界遺産として相応しいと認定されると世界遺産リストに登録される。また途上国の世界遺産の保全のための基金等も設立されている。	195
1972 1975	1983	ロンドン海洋投棄条約	船舶、海洋施設、航空機からの陸上発生廃棄物の海洋投棄や洋上での焼却処分を規制する。1996年に議定書（96年議定書）が採択され、予防原則に基づき、海洋投棄を原則禁止する。	87(条約) 53(議定書)
1973 1975	1980	ワシントン条約 (CITES)	絶滅のおそれがあり保護が必要と考えられる野生動植物を附属書Ⅰ、Ⅱ、Ⅲの3つの分類に区分し、附属書に掲載された種についてそれぞれの必要性に応じて国際取引の規制を行う。	184
1979 1983	－	移動性野生動物種全条約（ボン条約）	移動性動物の種と生息地の保護について、研究調査や保全のための国際的な指針を規定する。また絶滅のおそれのある移動性の種などの移動を確保するために生息地の保全や外来種の制動などを加盟国に求める。	133
1985 1988	1988	オゾン層保護ウィーン条約	オゾン層やオゾン層を破壊する物質の規制に関する国際協力、オゾン層に影響をおよぼす人間活動の規制措置、オゾン層の保護に関する研究、観測、情報交換等に関して各国が適切と考える対策を行うこと等を規定する。	198
1987 1989	1988	オゾン層破壊物質に関するモントリオール議定書	オゾン層保護条約8条に基づき、オゾン層破壊物質の具体的な規制措置を定める。途上国には一定の猶予が与えられている。なお議定書採択後、5回にわたって規制措置の強化が実施されている。	198
1989 1992	1992	バーゼル条約	一定の廃棄物の国境を越える移動等の規制について国際的枠組及び手続を規定する。1995年に先進国と途上国の間の有害廃棄物の越境移動を原則禁止とする条約改正が行われた。	191
1992 1994	1993	気候変動枠組条約	地球温暖化を防止するため、大気中の温室効果ガスの濃度の安定化を究極的な目的とし、西側先進国、旧社会主義国、途上国のそれぞれに差異のある役割を規定する。京都議定書およびパリ協定は資料10- 1参照。	198
1992 1993	1993	生物多様性条約	生物の多様性の保全、その持続可能な利用、および遺伝資源の取得と利益の公正かつ衡平な配分を目的とする。2010年に名古屋で第10回締約国会議が開催。	196
1994 1996	1998	砂漠化対処条約	開発途上国（特にアフリカ諸国）で深刻化する砂漠化問題への国際社会協力の枠組を規定する。特に、地域ごとに実施附属書（アフリカ、アジア、ラテンアメリカ・カリブ、北部地中海）を添付し、砂漠化防止行動計画の策定や実施の調整を規定する。	197
1998 2004	2004	ロッテルダム条約 (PIC条約)	化学物質の危険有害性に関して人の健康や環境への悪影響が生じることを防止するため、輸出国は、輸入国から事前かつ情報に基づく同意（PIC）を確認した上で輸出を行うこと等を規定する。	165
2000 2003	2003	カルタヘナ議定書	生物多様性条約19条に基づき、遺伝子組換え生物等（LMO）の国境を越える移動に関する手続き等を定める。	173
2001 2004	2002	ストックホルム条約 (POPs条約)	残留性有機汚染物質（POPs）から人の健康と環境を保護することを目的とし、PCBやダイオキシンなど付属書掲載物質の廃棄物の環境上適正な管理等を定める。	186
2010 2014	2017	名古屋議定書	生物多様性条約の目的の1つである遺伝資源の取得および利益配分の実施を確保するための手続きを定める。	140
2013 2017	2016	水俣条約	水銀および水銀化合物の人為的な排出から人の健康および環境を保護するために、水銀の採掘、貿易、製品や製造プロセスの使用、排出等の規制を包括的に定める。	147

※締約国数は2023年9月30日時点での各条約事務局HPによる。

界遺産条約（1972年），ワシントン条約（1973年），船舶起因海洋汚染防止条約（MARPOL条約・1973年）など，自然動植物の保護や海洋汚染防止を中心として，この時期に多数国間環境協定の数は急増した。

(2) リオ会議（地球サミット）

　ストックホルム会議以降，環境保護は国連内部でも重要な関心事項として認識され，1982年には，国連総会で世界自然憲章，UNEP管理理事会特別会合でナイロビ宣言がそれぞれ採択された。この時期UNEPは，多数国間環境協定の立案や事務局としての条約の履行確保に尽力したほか，重要なガイドラインや原則などを採択することによって，国際的な環境保護に大きな役割を果たしてきた。

　その後，1980年代に入り，フロンガスによるオゾン層破壊や二酸化炭素などによる地球温暖化といった全地球規模の環境問題，さらには砂漠化や水資源確保などの途上国に特有の環境問題が認識されると，環境問題は先進諸国にのみ発生する問題として片づけることはできなくなった。

　このような状況のもとで，国連総会が設置した「環境と開発に関する世界委員会」は，1987年に提出した報告書『**我ら共通の未来（Our Common Future）**』のなかで，「将来世代のニーズを損なうことなく，現代世代のニーズを満たすこと」と定義される「**持続可能な開発（発展）**（Sustainable Development）」概念を提唱した。

　その後，「持続可能な開発」は国際社会における環境保全の基本理念として認知され，1992年にリオで開催された環境と開発に関する国連会議（地球サミット）でキー概念として用いられた。同会議は，冷戦構造崩壊後の新たな国際課題として環境と開発の調和を掲げ，**リオ宣言**およびアジェンダ21の採択，そして気候変動枠組条約および生物多様性条約といった国際条約の署名開放，ならびに森林原則宣言の採択を行った。これまで先進国が中心であった多数国間環境協定の締約国数は，リオ会議を契機として多数の途上国が参加することにより飛躍的に増加した（→資料10-3参照）。

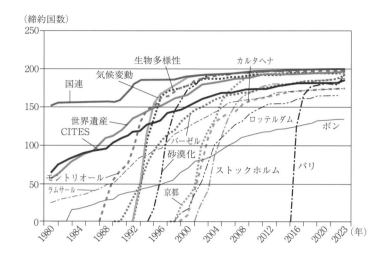

資料10-3　主要多数国間環境協定の締約国数の推移

（締約国数）

凡例（グラフ内ラベル）：国連、気候変動、生物多様性、カルタヘナ、世界遺産、CITES、バーゼル、ロッテルダム、ボン、砂漠化、モントリオール、ラムサール、京都、ストックホルム、パリ

（年）：1980　1984　1988　1992　1996　2000　2004　2008　2012　2016　2020　2023

（3）　ヨハネスブルグ会議とリオ＋20

　地球サミットを通じて，地球環境問題は，国際社会における重要な政治課題として認識されるにいたった。またグローバリゼーションの進展に伴い，持続可能な開発概念も，環境保全と経済開発に加えて，新たに社会開発を加味した重層的な政策目標へと変化してきている。

　1995年のコペンハーゲンでの国連社会開発サミット，1997年の国連総会特別会合（リオ＋5），2000年の国連ミレニアムサミットなど，環境問題と開発問題を一体化する議論が続けられた結果，主要国際会議で採択された目標を統合し，1つの共通の枠組みとしてミレニアム開発目標（Millennium Development Goals：MDGs）がまとめられ，その目標の1つとして「環境の持続可能性確保（目標7）」が挙げられた。

　このような関連会議を踏まえて，2002年に開催された持続可能な開発に関する世界首脳会議（ヨハネスブルグ会議）では，持続可能な開発を具体化するため，環境問題にとどまらず，公衆衛生やエネルギー問題など，途上国が直面している開発問題にも関心が集まった。同会議は，191カ国の国家代表が集まる大規模な会

議となったが，主権国家の代表だけでなく，多くの市民（ステークホルダー）も参加した。同会議では，ヨハネスブルグ政治宣言および実施計画が採択され，また，自治体，NGO，企業など国家以外のアクターを含めた主体が，アジェンダ21実施のためのパートナーシップやイニシアチブに直接かかわる関係者間の合意を表明し，世界に向けて約束する「タイプ2文書」を採択するなど，新しい試みも見られた。2012年には，再度リオデジャネイロで「持続可能な開発に関する国連会議（リオ＋20）」が開催され，「環境配慮型経済（グリーン・エコノミー）」と「持続可能な開発の制度的枠組」について検討された。また，2015年の国連総会では，2030年までの目標として「持続可能な開発目標（SDGs）」が採択された。SDGs は，17の「目標（Goals）」と169の「ターゲット」に加え，それぞれに「指標」を設定する3重構造で構成されており，環境保護，経済開発，社会開発の3つを柱としているが，特に環境保護については，ゴール6（安全な水），7（エネルギー），13（気候変動），14（海の豊かさ），および15（陸の豊かさ）が掲げられている。

2　国際環境法の基本原則

ここでは国際判例のなかで慣習国際法として確認されている環境保護のための国際法原則や，多くの多数国間環境協定で規定されている重要な原則を列挙する。

(1) 越境環境損害に対する基本原則

① **領域管理責任**　カナダ領の私企業による煤煙が米国領の市民や農作物に損害を与えたトレイル精錬所事件（1941年）で，仲裁裁判所は，たとえ私人の行為であっても，事件が重大な結果をもたらし，かつその損害が明白で納得できる証拠によって立証される場合には，カナダは米国および米国人の財産を侵害しない方法で自国領域を使用させる管理責任を負うと述べた。この領域管理責任と呼ばれる原則は，ストックホルム宣言の原則21およびリオ宣言の原則2でほぼ同様の文言で確認され，また国際司法裁判所（以下，「ICJ」と略称）も1996年の核兵器の合法性に関する勧告的意見や1997年のガブチコボ・ナジマロシュダム計画事件

（スロバキア対ハンガリー）で同原則が一般国際法の一部であると述べている。

② **事前通報協議義務**　またフランスの水力発電計画に伴う河川の転流について下流国のスペインが異議を申し立てたラヌー湖事件（1957年）において，仲裁裁判所は，他国に影響を与える恐れのある計画の事前通報と誠実な協議の義務の存在を確認した（他国の合意を必要とするわけではないことに注意）。この事前通報協議義務は，伝統的な国際法上の領域主権を環境保護という観点から調整する意義をもつ。事前通報協議義務は，ストックホルム宣言のなかには明記されていないが，リオ宣言の原則19で確認されるなど，その後の国際文書のなかでも確認され，その後国連国際法委員会が2001年に採択した越境損害防止条約草案に明記されるなど具体化が図られている。さらに欧州では環境問題における情報へのアクセス，意思決定への公衆参加および司法へのアクセスに関する条約（オーフス条約・1998年）といった環境影響評価に関する条約も登場している。

③ **汚染者負担原則**　汚染者が汚染による費用を負担しなければならないという汚染者負担原則（Polluter Pay Principle）は，1970年代に先進国の企業が各国の汚染防止法に従う十分なコストを支払うことを目的として，経済協力開発機構（OECD）が主導して導入された。その内容は，リオ宣言原則16が示すように，環境費用の内部化であり，国家による国際貿易および投資への恣意的または偽装した手段の防止が背景に存在する。その後，リオ会議を契機に地球環境問題に強い関心が集まるようになると，途上国は，過去および現在の環境破壊の負担を先進国に求める論理（＝先進国責任論）の根拠として汚染者負担原則を用いるようになり，同原則のもつ意味内容にも変化が見られる。

④ **共通に有しているが差異ある責任原則**　温暖化を始めとする地球規模環境問題は，将来世代を巻き込んだ人類的課題であり，すべての国家が取り組まなければならない問題である。他方で，先進国と途上国の発展の格差に伴ってその対応能力にも違いがあって然るべきである。その結果，国際法の一般原則である主権国家の平等を修正し，問題に対するアプローチの共有という「共通性」を担保しながらも，先進国と途上国で具体的な対応への責任を「差異化」する必要性が生まれた。先進国と途上国との間の規範の多重化の必要性は，ストックホルム宣言でもすでに指摘されていたが（原則23），リオ宣言は，より明確にその原則7で「地球環境の

悪化に対するそれぞれの荷担という観点から，各国は共通に有しているが差異ある責任を有する」と規定した。ただし同原則にいう「差異」の根拠について，「先進国が産業革命以来，世界の天然資源を持続可能でない生産および消費パターンによって過剰に利用し，地球環境に害を与え，発展途上国に損害をもたらしてきた（環境と開発に関する北京宣言7項）」ことを理由とする途上国と「先進国は，模範を示し，かつそれにより発展途上国および中・東欧諸国がその役割を果たすよう助長すべきである（ロンドンサミット経済宣言49項）」ことを強調する先進国との間で認識の差がある。

　同原則を具体化した条約として最も顕著な例は，気候変動条約のもとで1997年に採択された京都議定書である。議定書は，同原則を明記する気候変動条約3条1項に基づいて，先進締約国（採択時のOECD諸国と市場経済移行過程にある旧ソ連・東欧諸国）にのみ温室効果ガスの排出削減義務を課している。それに対して，議定書に代わり2020年以降の温室効果ガス削減義務を規定するパリ協定は，同原則を明記しつつも，締約国自らが温室効果ガスの排出削減目標として「国が決定する貢献」を作成することで，結果的に差異化が実現するという手法を採用した（→資料10-1参照）。

　⑤　**予防（アプローチ）原則**　　リオ宣言の原則15は，「深刻なまたは回復不能な損害のおそれが存在する場合には，完全な科学的確実性の欠如が，環境悪化を防止するための費用対効果の大きい対策を延期する理由として使用されてはならない」と定義する。この予防アプローチと呼ばれる考え方は，因果関係が科学的に証明される危険に関して，損害を避けるために未然に規制を行う「未然防止」とは性格が異なる。同宣言の内容は，その導入段階においては十分確立したものではなかったが，その後1996年に採択されたロンドン海洋投棄条約に関する議定書では，同原則を根拠に，海洋投棄を従来の許可制から原則禁止としたり，生物多様性条約締約国会議のもとで2000年に採択されたカルタヘナ議定書でも予防原則に基づいて科学的不確実性を根拠に遺伝子組み換え作物の輸入を禁止できる規定を置くなど（10条および11条），条約のなかで具体化が図られつつある。

　もっとも同原則の適用については，以下の点に留意が必要である。すなわち，同原則の法的評価に関して，リオ宣言が認めるようにあくまでも政策的な「アプ

ローチ」（ないしは措置）にとどまるのであって，国家に法的拘束力を及ぼす法原則ではないとする見解がある。この見解を支持する米国は，気候変動条約の交渉過程で科学的知見の欠如を根拠に温室効果ガス削減義務の導入に反対し，また生物多様性条約の批准も拒否した。一方欧州諸国は，欧州連合条約（マーストリヒト条約）における環境政策の基本原則のなかで「予防原則」をあげるなど，同原則の法的意義に肯定的である。

　上記であげた重要な原則を含めて，今日国際環境法を構成する諸原則は，1で述べた「持続可能な開発」の実現という形で統合されているといえる。たとえば，リオ宣言原則4は，「持続可能な開発を達成するために，環境保護は，開発プロセスの不可欠の一部を構成し，それから分離して考えることはできない」と規定する。持続可能な開発概念そのものは，非常にあいまいだが，環境保護が経済開発や社会開発と両立する形で実現しなければならないという点や，共通に有しているが差異ある責任原則や予防原則など，将来世代への配慮といった世代間衡平を法政策に取り込むといった点で国際環境法の形成に重要な役割を担っている。

3　国際環境法の実施

(1)　環境保護のための国際機関

　環境保護のための条約は渡り鳥条約など二国間のものもあるが，近年多数国間環境協定がその重要性を増している。その立法作業としては，特に，国際的な環境協力のフォーラムとして，また持続可能な開発の促進に最適な機関として国連の果たすべき役割は大きい（ヨハネスブルグ宣言32項）。国連憲章には環境保護に関する明文規定は一切存在しないが，国際連合の目的の1つは，経済的，社会的，文化的または人道的性質を有する問題に対する国際協力とその調整であり（憲章1条3項および4項），特に10条により国際問題の討議に対して包括的権限をもつ総会は，ストックホルム会議やリオ会議をはじめとする環境会議を特別総会という形で開催し，環境問題に対する国際社会の合意を決議（宣言）という形で明文化してきた。

　またストックホルム会議を契機に設置されたUNEPは，「国連諸機関の環境保

護に関連する活動を総合的に調整管理および促進すること」を目的として，「環境影響評価の目標と原則」をはじめとして，国際的な環境保護ガイドラインの作成に尽力してきた。また，オゾン層保護に関するウィーン条約およびモントリオール議定書，有害廃棄物規制バーゼル条約といった多数国間環境条約の採択および運営管理にも重要な役割を果たしている。

　そのほかにも経済社会理事会の下部機関である国連教育科学文化機関（UNESCO）は，自然保護，文化財保護に関する国際条約の調整を行っており，ラムサール条約および世界遺産保護条約の事務局を務める。また国際海事機関（IMO）は，その前身である政府間海事協議機関（IMCO）の時代から海洋油濁汚染条約や船舶起因汚染防止条約をはじめとする海洋汚染条約の作成に寄与してきた。そのほかに国連食糧農業機関（FAO），世界気象機関（WMO），世界保健機関（WHO），国際労働機関（ILO）などの専門機関もそれぞれの任務のなかで調査研究を行い，間接的に環境保全活動を行う。また世界銀行や世界貿易機関（以下，「WTO」と略称）といった国際経済の安定と貿易の促進を担う機関もその任務と関連して環境問題に取り組んでいる。

(2)　環境条約の立法

　①　枠組条約制度　　環境保全という国際社会の一般的利益は，その基本理念や目的など総論部分について比較的合意が得やすい。他方で具体的な義務内容や遵守確保の方法など各論部分については，各国の事情や対応能力などに差異があるため，その調整が難しい。しかも多数国間環境協定の場合，対象とする汚染物質の特定や総量規制など，科学的知見に基づいた対応が不可避であり，科学技術の進展に伴ってしばしば規制内容の修正が必要となる。

　このような環境問題の特殊性に対して，近年の多数国間環境協定は，目的や原則などの基本事項を親条約（枠組条約）として先行して採択し，条約に基づいて設置された締約国会議などでの交渉を経て具体的義務を後の議定書で確定するという「枠組条約」方式が採用されている。この方式は，問題となる環境問題について早期に国際的取組みを開始させることができるという点で優れているが，複数の条約の組み合わせである以上，議定書非締約国が増加すると，条約－議定書の

実効性が低くなるうえに，権利義務関係が複雑になるという問題点がある。

　一例として，1992年に採択された気候変動枠組条約は，温室効果ガスの具体的な削減義務を設定せず，1997年に採択された京都議定書によって先進国のみに具体的な削減義務を設定した。しかしながら，米国が議定書を批准しなかったことに加えて，中国やインド等の新興国の排出量が激増したことにより，京都議定書の構造では温暖化を防止できないことが明らかとなった。枠組条約の締約国会議での交渉を経て2015年に採択されたパリ協定は，すべての締約国に温室効果ガスの排出削減行動計画を提出することを義務づける。しかし，「自国が決定する貢献」と呼ばれる目標を達成できなくても，協定義務違反とはならないことに注意が必要である（→資料10-1参照）。

　②　**条約常設機関**　　オゾン層保護条約，気候変動枠組条約，生物多様性条約をはじめとして，多くの多数国間環境協定は，国境を越えて発生する諸問題を機能的に解決する必要性から，条約システムとして常設機関を設置している。これらの内部機関は，19世紀後半のヨーロッパで，通信，交通，度量衡などの分野において，諸国家の協働を確保するために設立された国際行政連合と類似している（たとえば1865年の国際電信連合など）。

　多くの環境条約は，全締約国が参加する締約国会議（COP）を設置する（地球温暖化防止京都会議がCOP3と呼ばれるように開催回数を付記して表記される）。一般に締約国会議は，当該条約の最高機関として定期的に開催される。締約国会議の任務は，締約国または他の内部機関から提出される報告書の検討，条約の実効性を改善するための勧告，条約の改正および議定書の採択などである。枠組条約のもとで採択された議定書が発効した場合，一般に条約締約国会議は，議定書締約国会合としての役割も果たす。

(3)　多数国間環境協定の履行

　「多数国間環境協定の義務を守らなかったらどうなるのか？」これは誰もがもつ疑問である。そもそも環境条約も「国際法によって規律される国際的な合意（条約法条約2条1項(a)）」であることから，国家による条約義務の不履行が国際違法行為を構成することは免れない（国家責任条文2条）。しかしながら，環境を破壊する

規制対象物質は，企業や市民がその生産・消費活動の過程で排出していることがほとんどで，国家による完全なコントロールが困難であることも事実である。また近年の環境条約は，先進国の国内法の標準化を目的としていることが多く，途上国にとっては，条約遵守の意思はあっても，資金力・技術力といった能力不足により遵守できなくなることが想定される。またその不遵守の可能性を危惧して条約体制に参加しないことも考えられる。

　したがって，環境条約の遵守手続は，義務違反の原因を究明し，不遵守の状態を克服するために助言・援助を行う遵守促進的措置を採用することが多い。たとえば1992年にモントリオール議定書の締約国会議で採択された不遵守手続で設置された遵守委員会の目的は「事案の友好的解決の確保」であり，手続の開始については，事務局および他の締約国の遵守に疑念を有する締約国のほか，不遵守国自身の提出も受理する。検討の結果，委員会は締約国会議に対して適切と考える報告を行い，締約国会議は，不遵守国に対して技術移転や財政援助を含む適当な援助，警告の発布，または議定書に基づく権利の停止を決定する。京都議定書では，温室効果ガス排出削減義務が先進締約国のみに設定されているという特殊性から，遵守手続のなかに強制的帰結＝懲罰に類似した措置が導入されていたが，パリ協定の遵守手続は非対立的・非懲罰的措置とすることが定められており（15条2項），促進的な性質に重点がおかれている。その他，多くの多数国間環境条約で遵守手続が設定されており，従来の紛争解決手続（→第3章参照）とは異なるメカニズムとして注目されている。

4　国際環境法の課題

(1)　貿易と環境

　冷戦構造崩壊後，貿易の自由化の流れは止めることができない。しかしながら，環境を保護するための国内措置または条約上の措置が，結果として貿易に関する国際法，すなわちGATT/WTOルールに抵触することがありうる。マグロ・イルカ事件（1991年）では，資源保全・環境保護のための国内措置がGATT20条に基づく一般的例外にあたるかどうかがGATTのパネルで審理された。また

バーゼル条約（4条5項）やモントリオール議定書（4条1項）に規定する非締約国との取引規制措置は，条約参加を促す手法としてメリットがあるが，GATTの関税外障壁規則に抵触する可能性があるといわれている。「貿易と環境」については，WTOが「自由で無差別な多角的貿易体制を支持し保護していくという目的と，環境を保護し持続可能な開発を促進するという目的とは，相互補完的でなくてはならないと確信する」と位置づけ，「貿易と環境に関する委員会」でも継続して審議が行われている。現段階でもWTO規則と多数国間環境協定の特定の貿易義務との関係に関する評価は分かれ，多数国間環境協定の事務局とのさらなる協力が必要であることなどが指摘されている。

(2) 環境保護と非政府アクター

環境保護に関する国際機関の役割は先述したが，今日，環境保全活動にとって，非政府アクター，とりわけ環境NGOの役割も欠くことができない。アジェンダ21では，主要グループの1つとして第27章でNGOの役割強化を掲げた。彼らは，強固な独自のネットワークを利用して，研究・調査を行い，世論を喚起し，啓蒙活動を推進するほか，政府に対して政策提言も行う。たとえば，世界自然保護基金（WWF）や国際自然保護連合（IUCN）がUNEPと協力して作成した報告書『世界保全戦略』は，いち早く持続可能な開発概念の重要性を提唱していた。なお，非政府アクターは，必ずしも非営利の環境保護団体のみを指すわけではなく，地方自治体なども含まれる。たとえば，「持続可能性をめざす自治体協議会（ICLEI）」は，持続可能な開発を公約した自治体および自治体協会で構成された国際的な連合組織あり，地域レベルでの持続可能な開発の推進をめざして，自治体に対して，人材養成，知識共有，技術コンサルタント，トレーニング，情報サービスを提供している。

またヨハネスブルグ宣言にも明記されているように，持続可能な開発の実現にとって民間セクターが果たすべき役割は極めて大きい。たとえば，京都議定書において導入されている排出量取引，共同実施，クリーン開発メカニズムからなる温室効果ガス削減のための柔軟性メカニズム（京都メカニズム）は，民間セクターの直接参加が認められるなど，市場原理に基づいた制度構築が進められている。

(3) 環境問題の相互連関と統合

　環境保全と経済発展を調和する理念として「持続可能な開発」概念が提唱されたことからもわかるように，環境保護に関する法政策は，自由貿易をはじめとする世界経済秩序や貧困撲滅のレジーム間での相互の連関 (interlinkage) が必要である（→本節(1)参照）。その他に先住民の人権との関係や，海洋法，武力紛争法といった既存の国際法との調整など，国際環境法は多くの課題をかかえている。

　また既述したように，今日多数国間環境協定は膨大な数にのぼっている。その結果，相互に密接な関連性を有している環境条約間の連携・調整も不可欠である。たとえば，多数国間環境協定のほとんどが採用している国別報告の提出について，特に途上国は，資金力・技術力の不足から満足に報告を提出できない状態にある。また環境問題に関連する国連の専門機関は，UNEP をはじめとして，UNESCO，ILO，WMO など多岐にわたるため，必然的に検討事項の重複が発生することになる。これらの課題に対応するため，UNEP は，組織改革を行い，2013年に国連全加盟国が参加できる国連環境総会を設置した。これは，これまで一部（58カ国）の加盟国によって組織されていた管理理事会に替わり，環境問題を国際的に検討するフォーラムである。2年に1度，定期総会を開催し，大気汚染，化学物質，野生動植物の保護，海洋プラスチック問題等，幅広い問題について討議している。

【参考文献】

　小西雅子『地球温暖化は解決できるのか──パリ協定から未来へ！』（岩波ジュニア新書，岩波書店，2016年）

　西村智朗『気候変動問題と国際法』（東信堂，2024年）

　畠山武道・大塚直・北村喜宣『環境法入門〔第3版〕』（日経文庫，日本経済新聞出版社，2007年）

　松下和夫『環境政治入門』（平凡社新書，平凡社，2000年）

　米本昌平『地球環境問題とは何か』（岩波新書，岩波書店，1994年）

第3部　国際社会における平和秩序の構築

第11章　国家は自由に戦争できるのか？
―― 戦争の違法化

◆スタートアップ

　国際法が誕生した当初から，国際法上，「合法な戦争」と「違法な戦争」とは区別できない，と考えられていました。たとえば，「国際法の父」といわれるグロティウスは**正戦論**を主張し，思想的には「正戦」と「不正戦」を区別しましたが，法的には「正戦」と「不正戦」とは区別できないとしました。

　こうして，長年すべての戦争が合法であると考えられ，国家は自由に戦争を行った末に，二度の世界大戦が起き，人類史上未曾有の被害をもたらしました。

　その反省をふまえて，国際社会は，すべての戦争を合法とする見解に代えて，「すべての戦争が違法である」という国際法の原則を形成したのです。

　「**武力行使禁止原則**：すべての加盟国は，その国際関係において，武力による威嚇または武力の行使を，……慎まねばならない」（国連憲章2条4項）

　この章で学ぶこと

・なぜ，戦争の違法化，そしてすべての武力行使が禁止されたのだろうか？
・国連決議を経ない多くの武力行使は，はたして，すべて合法なのだろうか？

1　正戦論から無差別戦争観へ

　三十年戦争（1618～1648年）などの宗教戦争では，キリスト教国同士が，オランダなどの新教国とスペインなどの旧教国に分かれて戦った。オランダの法学者グロティウスは，三十年戦争の惨状をふまえて『戦争と平和の法』を著した。ここには，「防衛，財産の取戻し，または懲罰」の3つの正当化事由のいずれかがなければ戦争を行えない，という正戦論が記されている。つまり，ある主権国家が

主権を有する他の国家に戦争を行うには上記の正当化事由が必要であり，それ以外の戦争を禁止しよう，という平和思想をグロティウスは明らかにしたのである。しかし，同書のなかで，グロティウスは，ある国家が，主権的に平等な立場に立つ他の国家に戦争を行った場合に，第三国が戦争の正当性を判断することは危険であり，困難であるとも記している。そのため，結論として，主権国家による戦争は，結局国際法上すべて合法なものとされる，という見解を示した。

　国家主権の観点から，このような**無差別戦争観**を強調して主張したのが，18世紀の国際法学者エミール・ドゥ・ヴァッテルである。ヴァッテルも，その著書のなかで，正戦論を認めつつ，「国家は平等であり独立であって相互に裁判官足りえないものであるから，疑わしい場合においては，すべて双方によって遂行される戦争は，少なくともその外部的効果に関し，平等に合法的なものとみなされなければならない」と述べた。こうして，無差別戦争観のもと，すべての戦争が国際法上合法なものとみなされ，長年，国家は自由に戦争ができたのである。

2　戦争の違法化

　19世紀も終わりに近づくと，武器の発達などにより次第に戦争の被害も悲惨なものとなっていった。なかでも，普仏戦争（1870〜1871年）は，フランス側15万人，プロシア側10万人もの死傷者を生じさせ，国際紛争を解決するために戦争に訴えることを禁止しようという方向を生じさせた。こうして開かれた第2回ハーグ平和会議（1907年）では，「**契約上の債務回収のためにする兵力使用制限に関する条約**（ポーター条約）」が採択された。これは，外国が自国民に対して負う契約上の債務を履行しない場合に，その債務を回収するため，債権者たる国民の本国がしばしば兵力を使用してきたのを禁止しようとしたものである。しかし，この条約からは，「債務の回収のためではない」として兵力を使用した国に対しては，条約違反の戦争，つまり「違法な戦争」かどうかを区別しなければならなくなるが，これは依然不可能であった。

　このような状態を一変させる転機となったのが，**第一次世界大戦**（1914〜1918年）であった。900万人以上戦死者を出したこの戦争をきっかけに，戦争違法化の運

資料11-1　戦争違法化の流れ／歴史

1921年	戦争違法化米国委員会	侵略戦争と防衛戦争とに区別することなく，全面的に非合法化する運動を展開。
1924年	ジュネーブ議定書	戦争の一般的禁止の原則，およびそのためのさまざまな手段を規定したが，未発効。
1927年	侵略戦争に関する宣言	侵略戦争の違法性を明確化し，紛争の平和的解決を規定した国際連盟総会の決議。
1928年	不戦条約	(本文参照)
1932年	スティムソン・ドクトリン	米国務長官スティムソンにより主張された政策，日本の満州侵略を不戦条約違反で不承認。

まず，**国際連盟規約**（1920年）では，締約国に「戦争に訴えない義務」を受諾させたうえで（前文），手続的な制約を課しており，その制約に反して戦争に訴えることは，正当化事由の有無を問わずすべて違法なものとして禁止した。具体的には，連盟国間で「国交断絶の恐れのある」紛争が発生した場合，仲裁裁判，司法的解決，または連盟理事会の審査に付すことを定め，そのうえで，いずれの紛争解決手段にも付さずに戦争に訴えることを禁止した。さらに，いずれかの解決手段に付した場合でも，判決や理事会勧告などが出された後3カ月以内に戦争に訴えることなどを禁止した(戦争モラトリアム)。しかし，モラトリアムの3カ月が経過した後に戦争を開始することは可能だったうえ，理事会勧告が，紛争当事国を除く全員一致で得られたのではない場合には，「正義公道の維持」のために戦争を開始することも可能だった。

次に，戦争の違法化のうち，連盟規約では達成されなかった点は，「戦争ノ放棄ニ関スル条約」（**不戦条約**，ケロッグ・ブリアン条約）において大きく改善された。具体的には，モラトリアムの3カ月が経過した後であっても，また，理事会勧告が全員一致ではなかったとしても，国際紛争解決のために戦争に訴えることは禁止され，国家の政策の手段としての戦争は放棄された（1条）。

しかし，この条約によりすべての戦争が違法化されたわけではなかった。第1に，この条約からは，「国家の政策の手段として」戦争を開始していないと主張

する国に対しては，条約違反の戦争，つまり「違法な戦争」かどうかを区別しなければならなくなるが，これは国際連盟の成立後も依然困難であった。第2に，宣戦布告のような「戦意の表明」を伴わない武力行使は「戦争」にあたらず，そのような「事実上の戦争」は許容される，とする見解が生じた。そのため，満州事変（1931年），エチオピア事件（1934年），日華事変（1937年）といった武力行使が行われた際，「戦争」にあたらず不戦条約には違反しない，と主張され，**第二次世界大戦**の勃発につながってしまったのである。

3　武力行使禁止原則

第二次世界大戦（1939～1945年）は，第一次世界大戦をもはるかに上回る被害を国際社会にもたらした。そのような悲惨な戦争を二度と起こさないため，国連憲章（1945年）は戦争の違法化を徹底し，**2条4項**は，「すべての加盟国は，その国際関係において，武力による威嚇または武力の行使を，いかなる国の領土保全又は政治的独立に対するものも，また，国際連合の目的と両立しない他のいかなる方法によるものも慎まねばならない」と規定している。この規定の趣旨は，第1に，「戦争」という用語ではなく「武力行使」という用語を用いることで，「戦意の表明」を伴わない武力行使をも禁止して，「事実上の戦争」を許した不戦条約の欠点を克服することにある。第2に，武力行使のみならず，「武力による威嚇」まで禁止することによって，物理的に武力行使されていない段階である「武力による威嚇」を違法とすることで，武力行使の勃発を防ぐことにある。第3に，「国家の政策の手段として」という限定を付すことなく，すべての武力行使を禁止することにある。このような武力行使禁止原則について，ロシアのウクライナ侵攻（2022年）は，これに違反する侵略行為であると，国連総会決議（A/RES/ES-11/1）において非難されている。

これに対し，禁止された武力行使の範囲を制限的に解釈しようとする主張もある。その多くは，2条4項の文言を根拠とし，他国の領土保全や政治的独立を害さない武力行使は，国連の目的と両立する限り禁止されておらず，相手国の違法行為の結果を除去するための一時的な軍事力使用，すなわち，武力復仇や，在外

自国民の生命・身体・財産の保護のための一時的な軍事力使用は許容されると主張するものである。

　しかし，2条4項の「いかなる国の領土保全又は政治的独立に対する」という文言は，禁止される武力行使を限定するためではなく，むしろ領土保全や政治的独立の侵害の禁止を強調するために，挿入されたものである。また，武力行使禁止の内容には武力復仇も含まれていることも，国連友好関係宣言（1970年）で確認されたうえ，このことは**国際司法裁判所**（以下，「ICJ」と略称）により慣習国際法となっていることまで認められている（後述する1986年の対ニカラグア軍事的・準軍事的活動事件本案判決）。このことから，通説は，武力行使が許容されるのは国連の集団安全保障措置としてのもの（国連憲章第7章）または自衛権の行使（国連憲章51条）に限られると解している。

4　武力行使禁止原則の例外

　国連憲章2条4項の武力行使禁止原則の例外として許容されるのは，国連の集団的措置（→第12章を参照）を除けば，**国連憲章51条**の**自衛権**の行使の場合に限られるといえる。ところが，国連の集団的措置ではない武力行使が，数多くかつ絶え間なく世界中で行われている。それらの武力行使は，すべて国連憲章51条の自衛権の行使にあたり，国連憲章2条4項の武力行使禁止原則の例外として合法なものなのだろうか。この点，ロシアは，ウクライナ侵攻（2022年）について，ウクライナがジェノサイドを行っており，その防止および処罰のための措置を行っているので，武力行使禁止原則の例外に該当すると主張した。しかし，国際司法裁判所は，仮保全措置命令（2022年3月16日）において，ロシアの例外に該当するという主張を否定し，そのような措置を講じることはできないと宣言した。

　ここで，国連憲章51条の文言から見て，（ⅰ）「**武力攻撃**が発生したとき」で，しかも（ⅱ）「安全保障理事会（以下，「安保理」と略称）が必要な措置をとるまでの間」に，自衛権の行使が認められる。これは武力行使禁止原則の例外となる。さらに，憲章には明文が欠けるが，自衛権の行使には，（ⅲ）その必要性と，（ⅳ）武力攻撃と反撃行為との間の均衡性という要件も必要とされる（後述の対ニカラグア軍事的・

準軍事的活動事件本案判決参照)。この点，戦争違法化以前にも，「国家の固有の権利」として伝統的自衛権が国家の重大な利益に対する急迫の危険がある場合に認められる，と主張されていた。しかし，不戦条約以降は武力攻撃が存在する場合の反撃措置として自衛権がとらえられてきた以上，憲章起草の段階にいたって

コラム11-1　カロライン号事件

　1937年に，英領カナダ植民地が独立をめざして反乱を起こしていた状況のなかで生じた米国と英国との間で起きた事件。12月29日の夜半，英国の軍艦は対岸の米国の港に停泊中のカロライン号という米国船を拿捕し，放火したうえで，ナイアガラの滝に沈めた。当時，英領カナダ独立をめざしてカナダ水域内の島に立てこもっていた叛徒たちが，カナダ沿岸や，通航中の英国船舶を攻撃していた。カロライン号は，叛徒の支援のため，米国領からの人員や物資の輸送にあたっていた。この事件で少なくとも1名の米国人が射殺された。

　米国は，このような英国の行動に対して強く抗議したが，その際，米国の国務長官のウェブスターは，緊急性の要件を示すことを書簡のなかで求めたのである。英国は，自国の行動が緊急性の要件などを満たしていた，と主張する一方で，事件直後に説明と陳謝を行わなかったことについて遺憾の意を示したため，米国もこれを受け入れて，事件は解決した。

なお伝統的自衛権がそのまま維持されていたと考えるのは困難である。そのため，武力行使禁止原則のもと，国連憲章51条は**伝統的自衛権**を制限したものといえる。

　これに対し，51条は「自衛の固有の権利」を認めているのであって慣習法上認められてきた伝統的自衛権を排除するものではなく，武力攻撃が存在する場合の反撃措置でなくとも合法な自衛権行使がありうる，という主張もある。

　そのような主張の代表的なものは，武力攻撃に先だって，反撃措置としてではなく行使された武力であっても，**カロライン号事件**で示された緊急性の要件を満たすものは，慣習法上合法な「**事前の自衛権**」である，という主張である。ここで，カロライン号事件で示された緊急性の要件とは，武力行使の必要性が「差し迫っていて，圧倒的で，手段の選択の余地なく，かつ討議する時間的余裕がない」場合に満たされるものである。

　この点，核兵器による攻撃などを念頭におき，緊急性の要件さえも満たさない，文字通りの「**先制的自衛**」も肯定する見解もある。しかし，武力攻撃が存在する場合の反撃措置以外の「事前の自衛権」を認める者も，その多くは，「先制的自衛」を安易に容認することは自衛権の濫用につながるとして，そのような危険性を避けるために，「先制的自衛」までは認められないと主張する。

ところが実際には，上記の緊急性の要件を満たしていることが明らかではない場合でも「事前の自衛権」の行使であると主張される場合が多い。たとえば，米国におけるいわゆる**同時多発テロ**（2001年）後，4週間を経てアフガニスタンに対する「報復」攻撃が行われた。これについては，緊急性の要件を満たしていない，という指摘も多いにもかかわらず，「事前の自衛権」が主張されたのである。

　そもそも，緊急性の要件など，武力行使の合法性の要件を満たしていない事例まで，「要件を満たしている」と主張されることで，武力行使が許されることを防ぐためにも，国連憲章2条4項は原則として武力行使をすべて禁止したのである。この観点から見て，「事前の自衛権」に基づいて「合法な武力行使」を認める主張には，その濫用防止が困難であるという問題が残るといえよう。

　次に，要件（ⅰ）の「武力攻撃」の主体を国家に限定せず，不正規軍や武力集団による武力行使やテロ行為も「武力攻撃」にあたるかをめぐって争いがある。この点，**対ニカラグア軍事的・準軍事的活動事件**では，ニカラグア領域に隣国ホンジュラスから侵入し，反政府活動をするコントラという反政府団体に，米国が支援をしたうえに，米国がニカラグアの海岸を封鎖したことが，「武力攻撃」にあたるかどうかが問題となった。その本案判決（1986年）は，**「侵略の定義に関する決議」** 3条(g)に言及して，国家が不正規軍や武力集団を派遣するなど，その実質的関与を要件としつつ，不正規軍や武力集団による武力行使やテロ行為も「武力攻撃」にあたりうることを認めている。ただし，本件の行為は，「武力行使」には該当するものの，「武力攻撃」には該当しないと判示した。

　これに対し，いわゆる同時多発テロ（2001年）の際などにおいては，国家の実質的関与の有無が明らかではなかったにもかかわらず，テロ行為などが「武力攻撃」にあたり，自衛権の行使は「合法な武力行使」であると主張がなされた。しかし，不正規軍や武力集団の派遣など，国家の実質的関与が明らかな場合以外でも，「武力攻撃」にあたりうるとすることには問題が残る。というのも，国家の実質的関与が明らかではない場合にまで，武力攻撃にあたりうるという主張が許されれば，実際には関与がなく，自衛権の行使が許されない場合も，「合法な武力行使」とされてしまうおそれがあるからである。

　また，「安全保障理事会が必要な措置をとるまでの間」という要件（ⅱ）につ

いては，憲章の意図したところが実現していないことが指摘される。憲章の意図したところは，安保理が必要な制裁措置を発動することにより自衛権の行使が不要になるところにあったと解される。ところが，実際には，安保理はそのような機能を果たさず，全く制裁措置がとりえない場合もあり，措置をとったとしても不十分な場合が多かった。そこで，そのような場合には自衛権の行使を認めざるをえない。ところが，安保理が制裁措置をとった場合，その措置が不十分かどうかを判定する制度が整っていない点が問題となる。つまり，実際には，安保理が必要な措置をとっていて自衛権の行使は許されない場合まで，「必要な措置がとられていない」と主張して自衛権を行使し，「合法な武力行使」とされてしまうおそれがあるのである。

　最後に（ⅳ）の均衡性の要件に基づき，自衛の措置としての武力行使が相手側の武力攻撃とその規模において均衡のとれたものであることが求められる。ICJは，国境から数百キロも相手国領域内に入り込んで空港や街を占拠することは，数回の越境攻撃とは均衡がとれていないと述べている(コンゴ領域における軍事活動事件判決，2005年)。また，同時多発テロ（2001年）後の米国の武力行使について，自衛権の行使として「合法な武力行使」であるとするには，均衡性の要件を欠くのではないか，という疑問が指摘されている。

5　集団的自衛権

　国連憲章の意図としては，武力行使禁止原則の例外を認める場合でも，できるだけ，安保理が必要な制裁措置を発動することを優先し，自衛権の行使の方は制限しようとしていた，と解される。実際に，自衛権に関する規定は当初の提案には含まれていなかった。しかし，実際の憲章起草過程において開催されたヤルタ会談において安保理の表決制度にいわゆる拒否権が導入されることになった結果，安保理が必要な制裁措置を発動する機能を果たせないという事態も想定されることとなった。これに対し，憲章の起草直前に米国との共同防衛を規定するチャプルテペック規約を締結していたアメリカ大陸諸国は，**拒否権**による制限に対する例外として，同規約に基づいて自衛権を共同で行使することを認めるよう

に要求した。こうして，武力攻撃を受けた国が個別に自衛権を行使しても足りない場合は，自衛権を共同で行使できる，という**集団的自衛権**が認められることになった。具体的には，個別的自衛権のみならず集団的自衛権まで取り入れて国連憲章51条に規定し，一国に対する武力攻撃に他国も共同して自衛権を行使できるとしたのである。

　実際に**冷戦**をきっかけに，米国を中心とする西側諸国の**北大西洋条約機構**（NATO）と，旧ソ連を中心とする東側諸国のワルシャワ条約機構を代表として，相対立する集団的自衛条約が網の目のように数多くはりめぐらされた。これにより，冷戦期には，米国も旧ソ連もその勢力範囲内での反体制活動を排除するために武力介入を行い，その論拠としてしばしば集団的自衛権を援用した（ドミニカ革命（1965年）やニカラグア革命（1979年）への米国の武力介入，ハンガリー動乱（1956年）やチェコ・スロヴァキア動乱（1968年）への旧ソ連の武力介入など）。しかし，外部からの武力攻撃が発生していない以上，これらの武力介入を集団的自衛権に基づく「合法な武力行使」であると解釈することは不可能であり，集団的自衛権の濫用であるといわざるをえない。

　もっとも，冷戦終結後，集団的自衛権に基づく共同防衛の必要性は低下し，ワルシャワ条約機構は解体した。また，北大西洋条約機構も，周辺における地域的危機に対処して危機管理を行うための行動をもその任務に取り入れるなど，集団的自衛条約の目的には変化が生じている。

　そもそも，集団的自衛権の法的性質については諸説ある。第1に，個別的自衛権共同行使説である。これは，他国に対する攻撃が同時に自国の法益も侵害する場合には，両国がそれぞれの個別的自衛権を共同して行使するとの考え方である。しかし，このような考え方によれば，集団的自衛権の独自の存在意義を説明できない。第2に，他国防衛説であり，集団的自衛権とは，集団的自己防衛の権利ではなく，他国を防衛する権利であるとする。これは，国内法上の正当防衛の概念のうちの「他人の権利の防衛」に対応する考え方である。第3に，死活的利益防衛説である。集団的自衛権とは，自国と密接な関係にある他国に対する武力攻撃によって自国の死活的な利益が害された場合に行使しうる権利であるとの考え方である。

この点，死活的利益防衛説によれば，集団的自衛権独自の存在意義を説明できるうえに，集団的自衛権はあくまで「自衛」であると理解できる。そのことから多くの国家実行に取り入れられ，2015年9月に日本の安全保障法制で新たに認められるようになった「自衛の措置」も，死活的利益説に立ち，「存立危機事態」における集団的自衛権の行使を認めたものと考えられる。しかし，死活的利益説の場合は，「自国の死活的利益」が害されたと認められるほどの「密接な関係」の範囲が問題となる。ここで，その範囲が緩やかに解されると，軍事介入の濫用を認めることにつながりかねないのではないか，憲章2条4項の武力行使禁止原則の抜け道を許すのではないかが懸念される。

　これに対し，対ニカラグア軍事的・準軍事的活動事件本案判決（1986年）は，基本的に他国防衛説をとりつつ，集団的自衛権の行使には，武力攻撃を受けた国によるその旨の「宣言」と，その国からの「要請」が必要であるとした。この判例に対しては，「国家実行を反映しているとはいえない」という批判があるが，そのような国家実行がないわけではないともいわれている。やはり，軍事介入の濫用を防止し，武力行使禁止原則の抜け道を許さないようにするためには，この判例に従って，「宣言」と「要請」の要件を厳格に課す必要があるのではないだろうか。

【参考文献】

筒井若水『違法の戦争，合法の戦争——国際法ではどう考えるか？』（朝日選書，朝日新聞社，2005年）

最上敏樹『いま平和とは——人権と人道をめぐる9話』（岩波新書，岩波書店，2006年）

祖川武夫著（小田滋・石本泰雄編集代表）『国際法と戦争違法化——その論理構造と歴史性　祖川武夫論文集』（信山社，2004年）

田岡良一『国際法上の自衛権〔補訂版〕』（勁草書房，1981年）

第12章　戦争が起きた時の国際社会の 対応——国際連合の集団安全保障

◆スタートアップ

　1990年 8 月 2 日，イラクは隣国クウェートに侵攻して占領し，自国の領土に併合しました。同日国連安全保障理事会（以下，「安保理」と略称）は侵攻を非難し即時無条件撤退を求める決議660を採択しました。さらにイラクからの物品の輸入の禁止や，イラクとその企業への資金提供の禁止などの経済制裁を決定しました。米国など28カ国はサウジアラビアなど周辺地域に軍隊を派遣し圧力をかけました。

　安保理は11月，イラクが翌年 1 月15日までに決議660を含む諸決議を遵守しない場合は，クウェート政府に協力する加盟国に対して，イラクを諸決議に従わせ，および地域の平和と安全を回復するために「必要なあらゆる手段をとる権限を与える」ことを決定しました。これは武力の行使を意味しました。この決議に基づき米国軍を中心とする多国籍軍（湾岸多国籍軍）は 1 月17日にイラク軍への空爆を開始し，2 月には地上戦に移りクウェートを解放しました。

　安保理はクウェートとの国境の不可侵，大量破壊兵器（核兵器，化学兵器など）の廃棄と査察の受け入れ，クウェートへの賠償金支払いなどの停戦条件を定め，イラクが受諾して戦争は終結しました。

　湾岸戦争は，国連の発足から45年間，東西冷戦のためにほとんど機能してこなかった集団安全保障の制度が機能した事例とされています。

この章で学ぶこと

・国際の平和と安全を維持するためにどのような仕組みが作られているだろうか？
・国連の集団安全保障の仕組みとはどのようなものだろうか？
・国連の集団安全保障にはどのような問題があるだろうか？

1　勢力均衡から集団安全保障へ

　国際社会では戦争を防ぐための工夫がなされてきた。伝統的な考え方は19世紀以降の欧州でとられた**勢力均衡**（バランス・オブ・パワー）政策である。これはいくつかの国が同盟を組んで複数のグループを作り，グループ間の勢力を均衡させていれば，一方のグループが他方のグループを圧倒することができないので全面戦争にはならないというものである。

　このような勢力均衡は，列強による勢力圏・植民地の分割が終わると有効に機能しなくなり，片方のグループが対立するグループを上回る軍備を持とうとする軍拡競争が激化した。第一次世界大戦では，ドイツ，オーストリアなどと英国，フランス，ロシアとの対立から他の国々を巻き込んで全面戦争となり，多大な惨禍をもたらすことになった。

　第一次世界大戦後に新たに採用された戦争抑止の仕組みが**集団安全保障**と呼ばれるものである。これは，国々が1つの集団を作り，集団において戦争（武力の行使）に訴えないことを約束し，この約束に反して違法な戦争を行った国は集団に参加するすべての国の共通利益を侵害したものとみなして，集団の他のすべての国で違反国に制裁する。集団全体を敵に回して勝利することが不可能であるから戦争を思いとどまることになる。

　第一次世界大戦後に発足した**国際連盟**は，戦争または戦争の脅威が連盟に加盟する国全体の関心事であるとし，連盟加盟国に他の加盟国の領土や独立を尊重することを義務づけた。さらに国際連盟は戦争に一定の制限を課した（戦争モラトリアム。→詳しくは，第11章参照）。その制限を破って戦争に訴えた加盟国は，他のすべての加盟国に戦争を行ったものとみなされ，通商や金融の関係の断絶などの経済制裁がとられるものとされた。

　しかし，国際連盟の集団安全保障は強力ではなかった。国際連盟は経済制裁をとることはできるが軍事的制裁をとることはできなかった（連盟理事会がその提案をするにとどまる）。さらに，加盟国が国際連盟の約束に違反して戦争を行った場合，自動的に経済制裁が実施されるのではなく，他の加盟国が独自に違法な戦争

であるかどうかを判断することができると解釈された。そのため経済制裁の実施もそれぞれの国の判断に委ねられることになり，国際連盟は力を発揮することができなかった。また，国際連盟の設立にリーダーシップを発揮した米国が議会の反対で国際連盟に加盟できず，有力国の不参加により国際連盟の制裁は，実効性を欠いていたのであった（ソ連やドイツも当初は加盟国ではなかった）。たとえば日本による満州事変（1931年）やドイツのラインラント進駐（1936年）には何らの措置もとられず，イタリアによるエチオピア侵略（1935〜1936年）では経済制裁が発動されたが十分な効果をあげられなかった。これら3カ国を含む多数の国が脱退し，第二次世界大戦の勃発により国際連盟は活動を停止した。そして国連の成立とともに解散したのである。

2　国際連合の集団安全保障の仕組み

　第二次世界大戦後，1945年のサンフランシスコ会議で**国連憲章**が採択され，国連が発足した。まずは，国連憲章に定められた集団安全保障の仕組みを説明しよう。なお，後で説明するように，実際の運用（特に軍事的措置）は国連憲章の規定とはいくらか離れたものになっていることに注意が必要である。

　国連憲章1条1項は国連の目的として「国際の平和及び安全を維持すること」を掲げている。国連加盟国が守らなければならない原則として，武力の行使または威嚇の禁止，紛争の平和的解決などを定めている（→第2章・第3章参照）。国連では，国際連盟期の戦争モラトリアムと違って，「戦争」より広い「武力の行使」が原則として禁止され，また武力による威嚇も禁止されたことが特徴である（→詳しくは，第11章参照）。

　安保理は，15カ国で構成され，「国際の平和及び安全の維持に関する主要な責任」を負っている（24条1項）。安保理の決定は国連のすべての加盟国を拘束する，つまり加盟国は安保理の決定に従わなければならない。安保理の決定には9理事国の賛成が必要であるが，常任理事国すなわち米国，英国，フランス，ソ連（1991年のソ連崩壊後はロシアがソ連の地位を承継した），中国（1971年に中華民国政府から中華人民共和国政府に代表権が交替した）の5カ国は**拒否権**をもっており，常任理事国の

資料12-1　国連の強制措置の概要

安保理による「平和に対する脅威」
「平和の破壊」「侵略行為」の認定

①暫定措置…………停戦や軍隊の撤退などの要請
②非軍事的措置……経済関係や運輸通信手段の断絶（輸出入の禁止，取引の禁
　　　　　　　　　　止，在外資産の凍結，航空機乗り入れ禁止の措置が多い）
③軍事的措置………加盟国が特別協定によって提供した軍隊（国連軍）を安
　　　　　　　　　　保理が軍事参謀委員会の指導のもとに運用する（実際は
　　　　　　　　　　安保理が加盟国の軍隊に武力行使の権限を与える方法で
　　　　　　　　　　軍事的措置は実施される）

１カ国でも反対すれば決定することはできない（手続事項の決定を除く）。

　平和と安全の維持のための安保理の具体的な活動は国連憲章の第6章，第7章，第8章にそれぞれ規定されている。第6章は安保理の仲介などによる紛争の平和的解決，第7章は平和に対する脅威，平和の破壊および侵略行為に対する**強制行動**，第8章は地域的機関による紛争の解決や強制行動について規定している。ここで関係するのは憲章第7章である。

　憲章第7章は安保理の決定による非軍事的措置（経済制裁など）と軍事的措置について定めている。まず，安保理は事態が「平和に対する脅威」「平和の破壊」または「侵略行為」のいずれかに該当することを認定することになっており，認定した事態に対して勧告をすることや，非軍事的措置または軍事的措置をとることができる（39条）。ほかに，勧告や措置の決定の前に関係当事者に必要と認める措置に従うように要請することができる。これを暫定措置という（40条）。

　非軍事的措置は，憲章41条では兵力の使用を伴わない措置として定義され，「経済関係及び鉄道，航海，航空，郵便，電信，無線通信その他の運輸通信の手段の全部又は一部の中断並びに外交関係の断絶」が例としてあげられている。安保理が非軍事的措置を決定したならば，加盟国はそれを実施しなければならない。

　軍事的措置については，安保理は，非軍事的措置では不十分であると認めまた

資料12-2　国際連盟と国際連合の違い

	国際連盟	国際連合
禁止される武力の範囲	事前に紛争を裁判・連盟理事会に付託し，判決または理事会の勧告から3カ月間は戦争を行うことを禁止。判決などに従う国への戦争を禁止。	原則として武力の行使を禁止し武力による威嚇も禁止（自衛の場合を除く）。
制裁の内容	経済制裁しかとることができない（軍事行動は提案のみ）。	非軍事的措置に加えて軍事的措置もとることができる。
制裁への参加の義務	制裁への参加は各加盟国の自由であると解釈された。	安保理の決定は加盟国を拘束する。
大国の関与	一部の大国が加盟しなかった。	大国が加盟している（安保理の拒否権制度など大国に特権的地位を与えている）。

は不十分であることが判明した場合に，「国際の平和及び安全の維持又は回復に必要な空軍，海軍又は陸軍の行動」をとることができる（42条）。国連の軍事的措置は武力行使禁止原則（→第11章参照）の例外にあたる。

　安保理が軍事的行動をとるためにはそのための兵力が必要である。国連憲章によると，加盟国と安保理の間で，軍事的措置に必要な兵力を安保理に利用させるための協定（特別協定）を締結し（43条），**国連軍**を創設する。国連軍の指揮については，5大国の参謀総長で構成される軍事参謀委員会が国連軍に対して「戦略的指導」を行うことになっていた。

　なお，地域的機関に関する国連憲章第8章は，地域的機関も安保理の許可により強制行動を行うことができると定めている。

　こうして国連は国際の平和の維持または回復のために強力な手段を与えられたわけである。国際連盟の弱点であった点は国連では改善されている（→資料12-2を参照）。特に，安保理の常任理事国に拒否権が認められたことで大国が国連に加盟し，大国の一致した賛成のもとで制裁が実施されることで制裁の実効性が高められることになった。ただし，こうした大国を重視するあり方にはデメリットもある（→本章5を参照）。

3　国際連合の集団安全保障の実際
——事態の認定と非軍事的措置

　こうして発足した国連であったが，米国・ソ連をそれぞれリーダーとする東西両陣営間の**冷戦**により国連が機能しない状況に陥った。東側諸国に不利な決定はソ連が，西側諸国に不利な決定は西側の常任理事国（米英仏）が拒否権を行使することにより，安保理は何ら決定ができない状況が続いた。冷戦期には非軍事的措置としては，いずれもアパルトヘイト（人種隔離政策）を理由とする南ローデシアに対する制裁（1966～1979年）や南アに対する制裁（1977～1994年）があるだけである。軍事的措置では朝鮮国連軍の派遣（1950年）の事例があげられるが，それが軍事的措置の例といえるかどうかは議論がある（後述）。

　安保理の活動が活発になったのは冷戦が終了した1990年代以降である。イラクのクウェート侵攻に対して経済制裁と多国籍軍の派遣の決定（1990年）が行われた（→本章の「スタートアップ」参照）のをきっかけに，さまざまな事態に安保理の強制措置が発動されるようになった。

　安保理の強制措置の実際について，①平和に対する脅威などの認定，②非軍事的措置，③軍事的措置，の順に説明しよう（→③は本章4参照）。

　①平和に対する脅威などの認定　　強制措置の対象となる事態について，安保理が極めて広い事態を認定の対象としていることが特徴である。これまで「侵略行為」として認定された事例はなく，「平和の破壊」と認定された例は朝鮮戦争，イラクのクウェート侵攻など4例にとどまる。

　多くの事例が「**平和に対する脅威**」として認定されている。それらは国家間の武力紛争（戦争）に関係しない事例である。対南ローデシア制裁では人民の自決権の侵害，対南ア制裁ではアパルトヘイト，対リビア制裁（1992～2003年）やアフガニスタンのタリバーン政権に対する制裁（1999年～）などでは国によるテロリズム支援，対北朝鮮制裁（2006年～）では核兵器の開発が平和に対する脅威と認定された。ソマリアでは同国の内戦と深刻な飢餓による人命の喪失（後述），旧ユーゴ紛争に関する制裁（1992～1996年）では住民に対する非人道的行為，ハイチ制裁（1993～1994年）では民主的に選ばれた政府のクーデターによる転覆に伴う難民の流出，

対リビア制裁・武力行使授権（2011年）では政府による市民への暴力・攻撃が平和に対する脅威と認定された。ソマリア沖海賊の取締り（2008年〜）では海賊行為の多発が平和に対する脅威と認定された。国連設立時には想定されていなかったその時々の問題が「平和に対する脅威」と認定されて，安保理がそれに対処するという傾向が認められる。

②　**非軍事的措置**　　非軍事的措置については，対象国との物品の輸出入の禁止（武器の禁輸が多い），対象国との金融取引や対象国への送金の禁止，対象国の国民・企業との取引の禁止，対象国の国外資産（銀行預金など）の凍結，対象国との航空機の乗り入れの禁止，文化・スポーツ・科学技術に関する交流の制限などの措置がとられている。これらの措置によってダメージを受けるのが対象国の指導者ではなく一般市民であることが問題となり，近年は政府，軍または武装勢力の指導者など特定の個人を対象に，その者の国外資産の凍結や海外渡航を禁止する措置がとられることが多い。このような制裁を**スマート制裁**または狙い撃ち制裁という。また，非軍事的措置では，食糧・医薬品などの取引を輸出入の禁止から除外したり，人道援助活動に関連する資産や送金などを制裁の対象外としたりすることが一般に行われる。

　1990年代以降は各地で民族紛争・地域紛争が多発している。そうした内戦において行われる非人道的行為や，内戦に伴う周辺諸国への難民の流出などが国際社会の課題になっている。安保理の非軍事的措置もこれに関連するものが多い。たとえば和平協定に違反したり，住民に対する非人道的行為を行ったりした国内の武装勢力を対象とした制裁や，内戦の激化を防止するため内戦の全当事者に対する武器の禁輸も行われる。旧ユーゴやルワンダではジェノサイド（集団殺害），人道に対する罪および戦争犯罪を行った個人を処罰するために，安保理が特別の国際刑事裁判所を設置した（1993年の旧ユーゴ国際刑事裁判所と1996年のルワンダ国際刑事裁判所。これらの裁判所はICCとは別個の裁判所である。→第14章参照）。2000年には国際テロ組織アルカイダとその関係者個人に対する制裁が決定された。

4 国際連合の集団安全保障の実際
──軍事的措置

(1) 冷戦時代の軍事的措置

　国連発足後，軍事参謀委員会が開催され国連軍を設置するための話し合いが５大国間でもたれたが，国連軍の規模をめぐって意見が一致せず，冷戦による対立もあって委員会は活動を停止した。このため特別協定は結ばれず，安保理が軍事的措置を実施するための前提となる国連軍は発足しなかった。

　1950年に始まった**朝鮮戦争**において，安保理は加盟国に対し，北朝鮮の武力攻撃を撃退し，国際の平和と安全を回復するため必要な援助を韓国に提供するよう勧告した。さらに，軍事力の提供を加盟国に勧告し，米国に軍の指揮権を与え，国連軍の名称と国連旗の使用を許可した。これが**朝鮮国連軍**と呼ばれるものである。しかし，名前は「国連軍」でも，本来想定されていた国連軍とは異なるものであり，実態は米国軍と韓国軍が中心で，派遣費用も参加した各国が負担した。

　これらの決議はソ連が安保理を欠席

> **コラム12-1　平和のための結集決議**
>
> 　国連総会は1950年に「平和のための結集決議」を採択した。それによれば，安保理が常任理事国の拒否権行使により機能不全に陥った場合に総会が緊急特別会期を招集し軍隊の使用を含めた集団的措置を勧告することができるとしていた。
>
> 　これは西側諸国の主導で採択されたもので，朝鮮戦争のような事態が将来起きた場合，ソ連の拒否権行使が予期される安保理に代わって総会が強制措置を発動することできるようにという意図によるものである。この決議に基づいて，安保理での決議が常任理事国の拒否権で妨げられた際に総会の緊急特別会期が招集され，決議が採択されたことは何度かある（1956年のスエズ戦争とハンガリー動乱，1980年のソ連のアフガニスタン侵攻など）。2022年のロシアのウクライナ侵攻でも開催された（→第11章参照）。しかしながら，集団的措置が勧告されたことは一度もない。
>
> 　この「平和のための結集決議」についてもさまざまな議論がある。勧告によって制裁を発動することはできないとの見解がある。また，制裁の勧告は国連憲章に違反するとの見解もある。というのは，国連憲章では総会は強制措置を決定する権限を与えられておらず，加えて，国連憲章11条2項は，総会は強制措置を必要とする議題を安保理に委ねなければならないと解釈されているからである。

していたことによって可能になったことである。ソ連の欠席は中国の代表が当時中華人民共和国政府ではなく中華民国（台湾）政府とされていたことに抗議してのものであった。その後ソ連が安保理の審議に復帰すると，朝鮮国連軍に関する決

定を安保理が行うことができなくなった（国連総会によって行われた）。

　朝鮮国連軍にはさまざまな議論がある。朝鮮国連軍の設置が「勧告」であったことから，国連憲章39条で安保理が行う「勧告」として説明する説がある。しかし，法的拘束力のない「勧告」によって軍事的制裁が実施できるのか，疑問がないわけではない。勧告では制裁対象国は制裁に従う義務がないからである。また，北朝鮮も韓国も当時国連非加盟国であり，国連の集団安全保障体制に参加していない国の武力行使を問題にできるのか，強制措置に合意していない国に制裁を実施できるのか，さらに非加盟国の安全を保障できるのかという疑問がある。なお，朝鮮国連軍を集団的自衛権（→第11章参照）に基づいて説明する説もある。

(2)　冷戦後の軍事的措置

　冷戦終了後，安保理は国連軍によらず加盟国の軍隊に武力行使を授権する（＝権限を与える）という，**授権方式**または**多国籍軍方式**と呼ばれる方法を用いて軍事的措置を実施している。その最初の例であるイラクのクウェート侵攻に関する決議678に見られるように，安保理が「国連憲章第7章のもとで行動して」加盟国に「必要なあらゆる手段をとる権限を与える」という形式になっている。

　この授権方式は，軍事的措置の実施を加盟国に委ねるもので，軍隊の指揮権は軍隊を提供する国に保持されていて，せいぜい安保理に定期的に報告することが義務づけられるにすぎない。また派遣費用も兵力提供国が負担することになる（ただし，軍隊提供国に財政的支援が行われる場合がある。日本は湾岸多国籍軍に130億米ドルを拠出した）。

　授権方式の第2の事例は，内戦を原因として飢餓が深刻化したソマリアに対して人道援助活動の安全を確保するため米国など24カ国の軍隊からなるソマリア合同軍を派遣した事例である（1992〜1993年）。さらに，旧ユーゴ紛争の1つ，ボスニア・ヘルツェゴビナの内戦の当事者であるセルビア人勢力への空爆を，安保理がNATO諸国の軍隊に授権した（1993〜1995年）。

　授権方式による国連の軍事的措置の傾向として，国連設立時に想定されていたような，国連憲章の原則を破った加盟国に軍事力で制裁するタイプは少ないということがある。冷戦終了後の国際社会において，内戦などによって国家の機能が

崩壊してしまった**破綻国家（失敗国家）**と呼ばれる国が現れるようになった。多国籍軍の活動も，そうした国々において，人道援助活動を護衛したり，住民の保護のため治安を維持したりするものがほとんどである。上に述べたソマリア合同軍がその典型である。対象国の同意なしに駐留する点では強制措置ではあるが，それはその国が国家機能を失って多国籍軍の駐留に同意を与える状況にないからであって，活動の主な目的は制裁（軍事攻撃）ではなかった。

　ほかに，1994年のルワンダでのフツ系の政府軍・民兵によるツチ住民および穏健派フツに対する虐殺（犠牲者数は80万人ともいわれる）の末期に，フランス軍が中心となってルワンダ国内に安全地帯を設置し難民などを保護した例がある。1999年の東ティモールのインドネシアからの独立をめぐって起きた騒乱で，治安の回復などを目的としてオーストラリア軍中心の多国籍軍が派遣された。2008年にはソマリア沖で多発する海賊の取締りが授権されたほか，2011年にはリビア政府による暴力と攻撃から市民を保護するなどの目的で，米・英・仏を中心とした多国籍軍による空爆が授権された。

　多国籍軍のなかには，安保理から武力行使の権限を与えられて派遣・駐留しているが，受入国の同意も得て，その点で平和維持活動（→第13章参照）と類似する部分をもつものもある。たとえば，ボスニア内戦終了（1995年）後に派遣されたNATO軍主体の国際部隊（IFORとその後を引き継いだSFOR。現在はEU指揮下のEUFORに引き継がれている），コソボ紛争をきっかけに行われたNATO諸国軍のユーゴスラビア（セルビア・モンテネグロ）への空爆（1999年）後コソボ地方に駐留しているNATO軍主体のコソボ国際部隊（KFOR），対テロ戦争後の2001年から2014年までアフガニスタンに駐留した国際治安支援部隊（ISAF）などである。

　このように発展してきた授権方式であるが，批判もある。国連の軍事的措置は特別協定を締結して正規の国連軍を設置して行わなければならないから，多国籍軍の行動は国連の軍事的措置にあたらない。ゆえに，自衛権の要件を満たさなければ違法な武力行使であるという見解があった。また，安保理がコントロールをしないまま多国籍軍に軍事行動の白紙委任をしてしまうのは，安保理の適切な権限の行使ではないという批判もあった。

　議論のある授権方式であるが，長年にわたって特別協定が締結されず正規の国

連軍が発足しない状況で，国際社会の必要に応じてこのような方式が生み出され，繰り返し実施されてきている。

5　国際連合の集団安全保障の問題点

1990年代以降活発に発動されるようになった国連の強制措置であるが，いくつかの問題点が指摘されている。

① **安保理の権限行使の適切さ**　安保理が強制措置の対象となる事態について，および強制措置（特に非軍事的措置）の内容について極めて広い裁量（＝判断に幅のあること）をもっているが，その行使が適切なものかどうかという問題がある。

特に問題なのは制裁を行う必要性についてである。強制措置の前提として認定される「**平和に対する脅威**」は広い意味をもっていて，安保理はさまざまな事態を平和に対する脅威と認定してきた。しかし，安保理の措置には本当に平和に対する脅威であったのか議論のある事例が存在する。

対リビア制裁では，1988年に英国・ロッカビーの上空で起きた米国の民間航空機爆破・墜落事件の容疑者をリビアが引き渡さないことを理由として制裁が発動された。しかし，リビアの関与が安保理によって一方的に認定されたこともあるが，4年前の事件の容疑者を引き渡さないことが現実に平和に対する脅威といえるのかを疑問視する見解があった（ただし，1999年にリビアは2名の容疑者の引渡に応じ，オランダに開設された英国裁判所は1名に有罪判決を言い渡した）。対ハイチ制裁では世界各地でクーデターが発生するなかで，なぜハイチのクーデターだけが脅威に認定されたのか批判がある。

最近では，安保理が抽象的な問題を平和に対する脅威と認定して加盟国に義務を課す強制措置も見られる。たとえば2001年に安保理は各国にテロリスト団体一般の資産凍結などを義務づけた。また2004年にはテロリストなどの非国家主体が核兵器などを獲得するのを防止する措置をとるよう各国に義務づけた。2016年にも，テロ組織「イスラム国」を念頭に，テロ組織に参加するため自国民が海外に渡航することやテロリストとなった者が入国することを取り締まるよう各国に義務づけた。これらの決定は制裁の性格が希薄であり，また各国に非常に広い義務

を課すもので，条約を採択して行うべきであったとの批判もある。

　さらに，個人を特定して制裁を課すことには，制裁という不利益を受ける個人に適正手続の権利や裁判を受ける権利を保障しなければならないという，国際人権法上の要請を満たしていないことが問題とされるようになっている。

　②　**安保理の対応のダブル・スタンダード**　　安保理の対応には**ダブル・スタンダード**が存在するという批判がある。同種の問題に対応することもあれば，しないこともあるのでは不公平であるという批判である。

　安保理はイラクのクウェート侵攻には厳しい態度で臨んだが，イスラエルによるパレスチナ占領やパレスチナ人への攻撃にほとんど対応していない。イスラエルの行動を非難する決議などはイスラエルの友好国である米国の拒否権行使によって否決されてきた。

　常任理事国の行動が問題となる場合，常任理事国には拒否権があるため安保理は全く行動することができない。コソボ紛争を理由とする NATO 諸国の軍によるユーゴスラビアへの空爆（1999年）や，米国・英国軍などがイラクのフセイン政権を打倒したイラク戦争（2003年）などに，安保理は何らの対応もとることはできなかった。ロシアによるウクライナ侵攻（2022年〜）についても同様である（→第11章参照）。

　③　**軍事的措置の問題点**　　②に述べたような**ダブル・スタンダード**は**軍事的措置**の実施にも見られる。安保理が有効な措置をとらなかった例としてルワンダの事例が有名である。1994年4月にルワンダの大虐殺が始まった際，安保理では虐殺を阻止するために軍事介入をすべきであるとの意見もあったが，軍事力の提供を申し出る国はなく見送られた。ソマリアに派遣された平和強制部隊が現地勢力と衝突して米国兵に死者が出て（→第13章参照），米国がアフリカへの軍事介入に消極的になったことが背景にあるといわれている。

　多国籍軍は兵力を提供する意思と能力をもつ国がなければ派遣されないという現実がある。たとえば，湾岸多国籍軍派遣の背景には石油の権益があり，東ティモール騒乱では隣国のオーストラリアは地域の安定に関心があった。自国の利害に関係しない地域に，自国兵士の生命の危険をかけてまで軍隊を派遣することに国内世論の支持を得るのは難しい。

国連は，大国の不参加により制裁の実効性を欠いた国際連盟の失敗に鑑みて，常任理事国の拒否権すなわち大国の意向を反映した仕組みを採用している。大国の賛成しない制裁は決定されないし，制裁が制裁をする国にとっても不利益を伴う以上，何らかの利益や意義がなければ制裁の決定は難しいであろう。ダブル・スタンダードは国連を創設した時に予想されていたことであるといえるかもしれない。

　もっとも，アフリカを軽視しているとの批判を受けて，2003年にフランス軍主体の多国籍軍が内戦の激化したコートジボワールに派遣され，同年のコンゴ民主共和国のイツリ州ブニアの人道危機にはEU諸国の部隊が派遣され，同じ年のリベリアの内戦には米国軍主体の多国籍軍が派遣されるなど改善が見られる。

　最後に，多国籍軍が国連のコントロールのもとにないという問題がある。多国籍軍は安保理に定期的な報告をする義務がある程度である。安保理は授権を取り消すことは可能だが，日常的に多国籍軍を指揮する手段をもっていない。これでは国家の私的な武力行使が行われているのと変わらないし，また多国籍軍が授権された範囲を超えた行動を行う可能性も存在する（湾岸多国籍軍はクウェート解放の後撤退するイラク軍を追ってイラク南部に入り占領したほか，リビアへの空爆も市民保護の目的を超えて，政権打倒を目的としたものだったとの批判もある）。国連の行動というためには国連の厳格なコントロールのもとにおかれる必要がある。より後の授権決議になると，多国籍軍の任務の内容を具体的かつ明確にする，多国籍軍の活動期間に期限を設けるなどの工夫もなされている。

【参考文献】

松井芳郎『湾岸戦争と国際連合』（日本評論社，1993年）

村瀬信也編『国連安保理の機能変化』（東信堂，2009年）

松浦博司『国連安全保障理事会——その限界と可能性』（東信堂，2009年）

第13章　平和を実現するための取り組み
── 平和維持活動と軍縮

◆スタートアップ

　1956年，エジプトによるスエズ運河国有化宣言に対して，イスラエル，英国，フランスがエジプトに侵攻しました（スエズ戦争・第二次中東戦争）。国連安保理の審議において，3カ国の軍隊の即時撤退を求める決議案は英仏両国の拒否権行使により否決されました。代わって「平和のための結集決議」（→第12章参照）に基づく緊急特別総会が招集され，国連総会によって停戦および撤退が決議されました。

　カナダの外務大臣ピアソンは国連総会において，関係国の同意のもとで国連軍を派遣する提案を行い，その編成を国連事務総長に委任する決議を成立させました。ハマーショルド事務総長は関係各国と協議して具体案を作成，総会の承認を得て，カナダ，北欧諸国，非同盟諸国など計10カ国の部隊からなる国連緊急軍（第一次。以下，「UNEF Ⅰ」と略称）をエジプトに派遣しました。UNEF Ⅰは，停戦，双方の兵力の引き離し，および英・仏・イスラエル軍の撤退の監視を行い，その後も休戦ラインの監視を行いました（1967年に終了）。

　国連の活動において重要な部分を占める国連平和維持活動（以下，「PKO」と略称）はこのようにして誕生しました。PKO の生みの親であるピアソンはその功績により1957年にノーベル平和賞を受賞しました。その後国連の平和維持活動の派遣は70にのぼります（2023年9月現在）。

この章で学ぶこと

・国連の PKO とはどのようなものだろうか？
・軍縮のためにどのような仕組みが設けられているだろうか？

1 国際連合の平和維持活動

(1) PKO とは何か？

　紛争の再発・激化を防止するために国連が加盟国から兵力の提供を得て，小規模の軍隊を編成し紛争地域に派遣し駐留させるのが，国連の **PKO**（Peace Keeping Operations）である。PKO は冷戦時代に安保理常任理事国の拒否権行使により国連の集団安全保障体制（→第12章参照）が麻痺したため，それを補う目的で編み出された。しかしながら，冷戦終了後も地域紛争・民族紛争の解決のために積極的に活用されている（総計70の PKO のなかで1990年以降に派遣されたものは52を数える）。

　派遣された PKO の大半は，軽武装の部隊（通常数千名。冷戦後は 1 万人を超えるものもある）で，後述する軍事監視団と区別して**平和維持部隊**（以下，「PKF」と略称）という（以下，特にことわらない限り，PKO は PKF を意味する）。PKO は軍隊ではあるが，国連の軍事的強制措置とは異なる。PKO は，紛争当事者間の停戦合意または領域国の同意に基づいて派遣され，自衛を越える武力を行使しないのが原則である。また，PKO の任務も当事者が停戦合意で同意したものである。つまり，強制的な性格をもたない。

　PKO の主な任務には，紛争当事者が停戦を守っているかどうかを監視すること，紛争当事者の軍隊が撤退しているかどうかを監視すること，あるいは戦闘の再発を防止するため紛争当事者の部隊の間に緩衝地帯を設けてそこに展開すること（兵力引き離しという）がある。内戦の場合には，武装集団からの武器の回収を行うこともある。

　PKO は，加盟国から提供された部隊であるが，国連の指揮下にあり，派遣費用も国連が負担する。これらの点で多国籍軍と異なる。軍隊ではあるが紛争の平和的解決を図ることから，憲章第 6 章（紛争の平和的解決）と第 7 章（強制措置）の中間にあるという意味で「憲章 6 章半活動」と呼ばれる。

　PKO の最初の例とされているのは，スエズ戦争で派遣された UNEF Ⅰ である（→本章の「スタートアップ」参照）。PKO の始まりでもう 1 つ重要なのはベルギー領コンゴ（現コンゴ民主共和国）に派遣された**コンゴ国連軍**（以下，「ONUC」と略称）

である。1960年のコンゴの独立宣言とベルギー軍の介入で始まったコンゴ動乱に対し、安保理は、コンゴ政府の要請を受けてハマーショルド事務総長が提案したONUCの派遣を承認した。ONUCの任務はベルギー軍の撤退の監視、コンゴの治安維持などであった。ONUCは当初は順調に任務を遂行したが、その後分離独立をめざしたカタンガ州の反乱を武力で鎮圧し、多くの犠牲者を出した。

ONUCが一方の紛争当事者の立場に立って戦闘を行ったことは国連の中立性を損なうものであるとの批判があり、フランスやソ連などは、PKOは国連憲章に明文の根拠がなく違法であると主張してPKO経費の支払を拒否し、国連は財政難に陥った。1962年に**国際司法裁判所**（以下、「ICJ」と略称）は、国連総会の諮問に答えて勧告的意見（国連のある種の経費事件）を発表した。ICJは、UNEF I とONUCは国際の平和と安全の維持という国連の目的の範囲内の活動であり、加盟国はその経費を支払わなければならないとの判断を示した（→第2章参照）。その後PKOは非同盟諸国の支持を得て国連の活動として定着するにいたった。

なお、PKOには、PKFとは別に**軍事監視団**といって、原則として非武装・少人数（通常数百名以下）で停戦ラインの監視や軍隊の撤退の監視などを行うものがある。イラン＝イラク戦争の停戦を受けて1988年に派遣された国連イラン・イラク軍事監視団がその例である。

(2) PKO の基本原則

PKOには以下のような5つの原則がある（①〜③は基本原則とされている）。

① **同意の原則**　　紛争当事者がPKOの駐留に同意することが必要である。紛争当事者の同意があることが、PKOを強制措置から区別する重要な要素である。

もっとも、全当事者の同意が得られるとは限らない。たとえばUNEF I はエジプトのみの同意に基づいて派遣され、休戦ラインのエジプト側で活動した。全当事者の同意が得られなくとも、少なくともPKOの駐留する地域の領域国が同意をしていなければならない。内戦の場合、国家を代表する政府の同意があれば派遣できるが、反政府勢力がPKOの受け入れに賛成していない場合PKOが敵視されることもある。

② **中立の原則（公平の原則）**　　PKOは紛争当事者に対して中立でなければなら

ず，当事者の一方に加担してはならない。また，受け入れ国の内政に干渉することも禁止されるし，紛争の根本的解決を強制することもしてはならない。

③　**武器不使用の原則（自衛の原則）**　　PKO の武器の使用は，原則として PKO の要員，部隊および陣地が攻撃された場合に自衛のため必要最小限度で認められる（保護している者を守るためや任務への妨害を排除するためでも認められる）。特に武器の先制使用は厳に禁止される。この原則も PKO を憲章第 7 章下の軍事的強制措置から区別する重要な要素である。

④　**国際性の原則**　　PKO は加盟国から提供された要員からなるが，国連の部隊として活動する。PKO は安保理の補助機関（下部機関）であり，安保理から指揮権の委任を受けて事務総長の指揮下におかれる。PKO の司令官は事務総長によって任命される。通常，PKO は国連旗を使用し，「UN」（国連の略称）と書かれた青いヘルメットまたはベレー帽を着用する（PKO が「ブルーヘルメット」と呼ばれるのはこのためである）。PKO の費用も国連の特別予算から支出され，要員を提供した国に支払われる。国連の指揮の下にあって，費用も国連が負担する点も，PKO が多国籍軍とは異なる点である。

⑤　**大国・利害関係国不参加の原則**　　PKO にどの国の要員を派遣するかは，事務総長が安保理の委任を受けて編成するのが通常であるが，地理的バランスを考慮することが多い。しかし，部隊を提供する国には安保理の常任理事国などの大国は除外される。紛争に利害関係を有する国も除外される。これらの国の軍隊を PKO 参加国から除外することが，PKO の中立性を確保するために重要だと考えられたからである。特に東西冷戦の時代においては米ソの参加を除外する必要があった。

ただし，この原則には例外もあり，英国は国連キプロス平和維持軍などに，フランスは国連レバノン暫定軍などに参加していた。また，湾岸戦争後にイラク・クウェート国境に派遣された国連イラク・クウェート監視団はすべての常任理事国から要員が提供された。近年はフランス・中国の派遣も多い。

(3)　PKO の新たな展開

冷戦後の PKO においては，PKO の数が増えるとともに，内容においても従来と異なる PKO が派遣されるにいたった。新しい展開として次の 2 つが重要である。

① **総合的・多機能型 PKO**　この PKO は軍事要員だけでなく，文民要員（兵士ではない要員）や警察要員を含んだ大規模なものである。従来型の PKO のように一時的な停戦を維持するのではなく，紛争当事者の包括的和平合意を実施して，**紛争の根本的解決**をめざしてより積極的に関与する。このタイプの PKO は，内戦で国家機能が崩壊した国の再建や，新たに独立して国家機能が十分に確立していない国の国作りを行い，市民生活の回復のために物質的・人的援助を行う。

　具体的な任務としては，内戦の当事者の軍隊の武装解除・動員解除・社会復帰（「DDR」という）の支援，議会の選挙や住民投票の監視，憲法制定への支援，行政機構の監督や育成，人権侵害が行われていないかの監視，司法制度の整備，警察要員による治安維持や現地警察の訓練，道路や水道といったインフラの整備，流出した難民の帰還や再定住の支援，地雷の除去などがある。領域の統治を行うこともある。

　このような活動は，停戦合意が成立して戦争のない状態が回復されたとしても，国が荒廃しなおかつ国内の武装勢力の軍隊が温存されたままでは紛争が再発してしまうという経験に基づいている。

　この PKO には，内戦各派の武装を解除して政治勢力に移行させ（下級兵士は市民生活に復帰させ），選挙の実施により民主的な政府を作ったり，復興支援や治安維持により住民の生活を回復・安定させたりすることで，平和を定着させる狙いがある。ブトロス・ガリ国連事務総長（当時）が1992年に発表した「平和への課題」では，この種の根本的な紛争解決を目指す活動を「**平和構築（Peace Building）**」と呼んだ。

　「平和構築」を大規模に実施する総合的・多機能型 PKO は，1989年に独立したナミビアの国作りを支援した国連ナミビア独立支援グループが最初とされている。その後，内戦で荒廃したカンボジアの再建のため1992年に派遣された国連カンボジア暫定統治機構（以下，「UNTAC」と略称）は約２万人の大規模な PKO となった。また，東ティモールの騒乱で派遣された多国籍軍の後を受けて1999年に設置され，東ティモールの国作りを支援した国連東ティモール暫定統治機構（以下，「UNTEAT」と略称）や，2011年にスーダンから分離独立した南スーダンの国作りを支援する国連南スーダン共和国ミッション（以下，「UNMISS」と略称）もこの種の PKO にあたる。

② **平和強制部隊**　新しい PKO の２番目は，**平和強制（Peace Enforcement）**

活動を行う PKO である。この PKO は，派遣・駐留は紛争当事国の同意に基づくものの，安保理によって，国連憲章第7章のもとであらゆる必要な措置をとること，すなわち武力の行使を授権されている。従来型の PKO は自衛目的でしか武器を使用することができないが，平和強制部隊は自衛の範囲を超えた武力行使をすることができる。紛争当事者に対して中立の立場に立つものではないし，紛争当事者の意思に関係なく和平を強制するものである。

きっかけは，ブトロス・ガリ事務総長の「平和への課題」で，重装備で自衛の範囲を超える武力の行使を行い，当事者間の和平や武装解除を強制的に実施する「平和強制部隊」の提案がなされたことにある（提案では，PKO ではなく国連憲章40条の暫定措置とされていた）。

最初の平和強制部隊の派遣は，1993年に設置された**第二次国連ソマリア活動**（以下，「UNOSOM II」と略称）である。ソマリアにはすでに内戦当事者間の停戦合意に基づいて派遣された従来型の PKO である第一次国連ソマリア活動（以下，「UNOSOM I」と略称）が駐留していた。ソマリア合同軍（→第12章参照）の派遣の後，安保理は UNOSOM I の規模を拡大し，国連憲章第7章のもとで人道援助活動を護衛するため武力行使の権限を与えたほか，内戦各派の武装解除の任務を与えた。これが UNOSOM II である。UNOSOM II は強制的に武装解除を進めるなかで，それに抵抗する現地勢力との戦闘が勃発し，PKO 要員・ソマリア人双方に死者を出し，結局 UNOSOM II は撤退した。

第2の平和強制部隊は旧ユーゴ紛争で派遣された**国連保護軍**（以下，「UNPROFOR」と略称）である。ボスニア・ヘルツェゴビナでの内戦は，特にセルビア人勢力によって民族浄化と呼ばれる他の民族への迫害が行われていた。そこで，1992年に UNPROFOR に人道援助活動保護のため，翌年には住民保護の目的で設けられた安全地帯（サラエボなど）を防衛するため武力行使が授権された。しかし，1995年にセルビア人勢力によって UNPROFOR 要員が拘束される事件が起き，さらに，安全地帯の1つであったスレブレニッツァがセルビア人勢力によって制圧され，保護していた住民が虐殺されるにいたった。

両事例での失敗から，ガリ事務総長が1995年に発表した「**平和への課題・補遺**」では，平和強制部隊の失敗を認め伝統的 PKO に戻る姿勢が示された。

資料13-1　日本のPKOへの参加

　日本は1992年に国連平和維持活動協力法を制定して自衛隊をPKOに派遣している。部隊単位で派遣されたものとして次のようなものがある。
　UNTAC（1992〜1993年）
　国連モザンビーク活動（1993〜1995年）
　シリア・ゴラン高原に駐留する国連兵力引き離し軍（1996〜2012年）
　東ティモールに派遣されたUNTAETなど（2002〜2004年）
　国連ハイチ安定化ミッション（2010〜2013年）
　UNMISS（2012〜2017年）

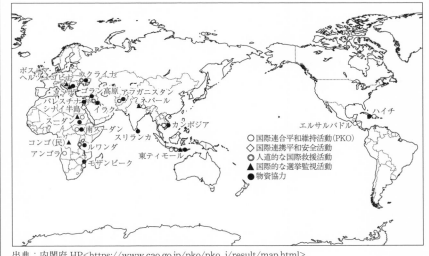

出典：内閣府HP<https://www.cao.go.jp/pko/pko_j/result/map.html>

　「平和強制部隊」の構想は事務総長の指揮下で軍事的強制措置を行う趣旨であった。しかし，PKOは中小国の軍隊から構成されるのが普通であり，戦闘を行う能力が十分ではない。国連もそれらの部隊を指揮して軍事的作戦を行う能力があるわけではない。平和強制部隊の構想には限界があった。

　しかし，21世紀に入ると，内戦での市民の被害が相次ぎ，武装集団の攻撃から市民を保護するために，PKOの基本原則を緩和して，限定的に武力を行使することを認める考え方が有力になった。国連シエラレオネ監視団など多くのPKOで，和平の強制にいたらないまでも，任務遂行への妨害の排除や住民の保護などの目

的で武力行使の権限が与えられた（このようなPKOは「強化されたPKO」や「積極的PKO」と呼ばれている）。コートジボワール内戦に派遣されていたPKOが2011年に市民保護の目的で武装勢力に武力を行使したほか，2013年には，内戦が続くコンゴ共和国に派遣されているPKOに，内戦各派から武器を押収する任務を与えられた部隊が追加派遣された。日本の自衛隊も参加していた南スーダンのUNMISSにも，2016年に内戦状態の発生に伴って，市民や国連施設などの警備を行い，攻撃が計画されている場合は積極的に武力を行使できる部隊が増派されている。

2　軍　　縮

(1)　軍縮の基本的な考え方

　国家がもっている軍事力を縮小することを**軍縮**という。国家は仮想敵国から攻撃されないために，相手国を上回る軍備をもつことで攻撃を思いとどまらせようとする。それは相手国にとっても同じことで，無制限の軍拡競争に発展し緊張状態が続くことになる。そのような状態は戦争状態ではないにしても本当の意味で平和であるとはいえない。第二次世界大戦後の米ソの冷戦はそのような状態であった。

　軍縮はそのような緊張状態を緩和することで，戦争を防止し平和に貢献するものである。「軍縮」に対して軍事力に上限を設定するなどして均衡を維持するものを「**軍備管理**」という。米ソが1972年と1979年に締結した戦略兵器制限条約（SALTⅠ・Ⅱ）がその例であり，米ソが保有する核戦力（核弾頭と大陸間弾道ミサイルなどの運搬手段）の数に上限を設けるなどの取り決めを行った。ほかに，**危機管理措置**といって，キューバ危機後の1963年に米ソ間で偶発的な核戦争を回避するため設置した首脳間の直通の電話回線（ホットライン）のような措置や，**信頼醸成措置**といって，軍事演習を行う前に相手国に通告する措置や，保有する兵器についての情報を交換する措置がある。これらの措置は国家間の緊張状態を緩和するのに役立ち，広い意味での軍縮に含まれる。

　また，軍縮に関する国際法は**国際人道法**（→第14章参照）の規制を強化する機能をもっている。国際人道法によって，ある兵器が無用な苦痛を与えるまたは無差別に殺傷するとして禁止されたとしても，禁止されるのはその兵器を使用するこ

とにとどまる。化学兵器（毒ガス兵器）は1925年のジュネーブ・ガス議定書で使用が禁止されたものの，多くの国が保有を続け，イラン＝イラク戦争でイラクが使用した。もし平時から保有を禁止しておけば戦時に使用することは不可能になる。1992年の化学兵器禁止条約はそのような条約である。

　軍縮は国家の安全保障に直結する問題であるだけに，軍縮に関する条約では，当事国が義務を守っているかどうかを確認する検証措置が重要である。検証措置の中心は現地査察である。しかし，国家の安全保障にかかわることであるがゆえに軍事施設や兵器に対する査察を受け入れることは容易ではない。ゆえに検証措置の不十分な条約も多いが，近年の包括的核実験禁止条約や化学兵器禁止条約では強力な検証措置が設けられている（後述）。

　最後に軍縮問題を扱う国際機構について説明しよう。国連でも総会や安保理が軍縮問題を扱っているが，軍縮に関する主要なフォーラムは1979年に設立された**ジュネーブ軍縮会議**である。起源は1960年に設立された10カ国軍縮委員会である。加盟国は65カ国である。軍縮会議は国連と密接な関係をもっている。

　軍縮会議はこれから説明する核不拡散条約，生物兵器禁止条約，化学兵器禁止条約，包括的核実験禁止条約などの作成を行った。軍縮会議の特徴は議決が全会一致で行われる点にある。これは，軍縮は各国の安全保障に影響する重大問題であるという発想からきている。包括的核実験禁止条約はインドなどが反対したため採択できず，国連総会において採択された。

　以下，軍縮に関する条約を(1)核兵器，(2)生物兵器・化学兵器，(3)その他の兵器の順に説明しよう。

(2) 核兵器の規制

　① **核兵器の不拡散**　　核兵器（原子爆弾および水素爆弾）の規制に関して最も重要な条約は，1968年に国連総会で採択された**核不拡散条約**（以下，「NPT」と略称）である。NPTは核兵器の不拡散（核兵器をもたない国が新たに核兵器をもつことを防止すること）を目的とした条約で，締約国を核兵器国と非核兵器国とに区別しそれぞれに異なる義務を課している。

　まず，**核兵器国**は非核兵器国に核兵器を譲渡したり，非核兵器国による核兵器

資料13-2　米ソ間の核軍縮

　前述のSALT Ⅰ・SALT Ⅱのほかに次のような条約が締結されている。
　1987年　中距離核戦力全廃条約
　1991年　第一次戦略攻撃兵器削減条約（START Ⅰ）
　1993年　第二次戦略攻撃兵器削減条約（START Ⅱ）（未発効）
　2002年　戦略攻撃能力削減条約
　2010年　新戦略攻撃兵器削減条約（新START）

の製造および取得に援助を与えたりすることは禁止される。核兵器国とは1967年より前に核実験を行い核兵器を保有した国であり（9条3項），該当するのは米国・ソ連（現ロシア）・英国・フランス・中国の5カ国である。

　非核兵器国（核兵器国以外の国）は核兵器を製造することや取得することなどを禁止される。核兵器国が非核兵器国の領域に核兵器を配備することは禁止されていない。非核兵器国は，原子力の平和利用から核物質が核兵器に転用されることのないよう**国際原子力機関（IAEA）の保障措置**を受諾し，IAEAと協定を締結しなければならない。IAEAの保障措置には定期的に行われる通常査察と，疑義がある場合にIAEAが要求して行われる特別査察などがある。

　NPT6条は核軍縮のための交渉を誠実に行うことを定めている。非同盟諸国はNPTを核兵器の不拡散だけでなく，核兵器国がもっている核兵器の軍縮を進める内容にすべきであると主張し，それに配慮して設けられた条文である。

　非同盟諸国にはNPTは核兵器国と非核兵器国の差別を固定化するとの不満が強い。NPTは，非核兵器国の核開発を禁止しまた原子力の平和利用に厳しい規制を課す一方で，核兵器国が保有する核兵器を削減する義務を課しておらず，原子力の平和利用も全く規制していない。6条で義務づけられているのは，核軍縮の交渉を行うことであって核軍縮そのものではない。NPTの運用を検討する5年毎の会議で非核兵器国は核軍縮を進めるよう要求したが，核兵器国は，核軍縮は相互の戦力バランスの問題があり，核兵器国間の直接交渉で決める事柄であると主張して応じなかった。しかし，核兵器国をこれ以上増やさないことに国際社会の利害が一致し，NPTは多数の国が批准することとなった（締約国数は191カ国（2023年9月現在））。

　②　**核実験の規制**　核兵器に関する規制として次に重要なのは**核実験**の規制である。核兵器を開発・使用・維持するためにはその実験が不可欠であり，核実験を

禁止することは間接的に核の不拡散につながる。核実験を規制するものとして，大気圏核実験による放射能汚染への懸念から1963年に作られた**部分的核実験禁止条約**がある。ただし，この条約では地下核実験は禁止されていない。

冷戦後は全面的核実験禁止の機運が生じ，1996年に採択されたのが**包括的核実験禁止条約**（CTBT）である。CTBTは実

コラム13-1　核兵器の拡散

　5大国以外に核兵器を保有している国としてインド，パキスタン，北朝鮮があり，保有疑惑のある国としてイスラエルがあるが，北朝鮮を除くといずれもNPTの非締約国である。インドは1974年，パキスタンは1998年に核実験を実施した。これらの国々はNPTの核兵器国に該当しないので，非核兵器国としてでなければ締約国になることはできない。南アは秘密裏に核開発をしていたが，核兵器を廃棄して1991年に非核兵器国としてNPTに加入した。

　NPT締約国であるイラクは，湾岸戦争後に安保理の強制措置としてIAEAの査察が行われ，核開発計画が明るみになった。IAEAは従来の保障措置では核開発阻止のためには不十分であると考え，査察の権限を強化した保障措置協定の追加議定書を1997年に採択した（2023年5月現在で日本を含め141カ国が追加議定書を批准している）。

　北朝鮮もNPT批准後の最初の査察で疑惑が発覚し，IAEAは特別査察を要求したが，北朝鮮は拒否しNPT脱退を宣言した（1992年）。いったん脱退は保留されたが，その後再びNPT脱退を宣言して核実験を行った（2006年）。NPT締約国であるイランの核開発疑惑も2003年に発覚した。両国には安保理が経済制裁を実施している（イランに対する制裁は2016年に条件つきで解除された）。

　また，国家以外のテロリストなどが核を手にすることが危惧されている。安保理は，憲章第7章下の強制措置として，すべての国にそれを防止するための措置をとるよう義務づける決議を採択した（2004年）。

験を含むあらゆる平和的核爆発を禁止した。検証のため包括的核実験禁止機関（CTBTO）を設立し，実験探知のため地震波，水中音波および気圧変動の観測や放射能の検知などの観測ネットワークと，観測データを収集する国際データセンターを設けることになっている。さらに，締約国の申立てがあればCTBTO執行理事会（51カ国で構成）の決定により現地査察を行う。CTBTは178カ国が締約国となっている（2023年5月現在）が，発効には条約で指定された44カ国（核兵器国5カ国や日本，インド，イスラエル，パキスタンなどを含む）すべての批准が必要であり，発効のめどはたっていない。

　③　**非核兵器地帯**　　非核兵器国の側から核軍縮を進めるものとして**非核兵器地帯**の設置がある。これは一定の地域において核兵器の生産，取得などを禁止するものである。非核兵器地帯条約では第三国による配備も禁止され，核兵器の使

資料13-3　非核兵器地帯と核兵器国

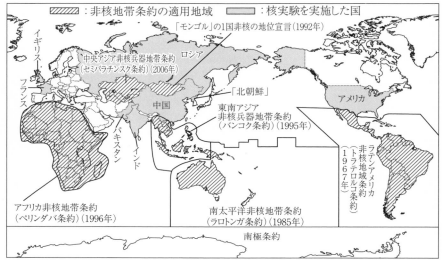

出典：著者作成

用や実験も禁止されている。また，条約には核兵器国が批准するための議定書が付属していて，地帯内の国々に核兵器を使用しないとの**消極的安全保障**の約束ができるようになっている。

　非核地帯は地域内の緊張緩和が目的で，核兵器国の消極的安全保障は地域内の諸国が非核化を受け入れやすくするものである一方，非核地帯が増えることで核兵器国が核兵器を使用できる余地が狭まり，核軍縮を促進することが期待されている。

　これまで成立した非核地帯は資料13-3を参照してほしい。

　なお，モンゴルは1992年に１国非核地帯を宣言した。ちなみに南極条約（→第５章参照）は南極の非核化を，1971年海底非核化条約は海底の非核化を規定している。

　資料13-3からもわかるように，非核兵器地帯は南極を含め南半球に集中している。核兵器国がすべて北半球にあるのが１つの理由である。これまで中東などの非核兵器地帯設置が議論されたが進展していない。また，NGOなどにより日本，韓国，北朝鮮を中心とする北東アジア非核兵器地帯構想が提唱されているが，北朝鮮の核開発の問題が解決しない限り実現は難しいであろう。

④ 核兵器禁止条約

2017年7月に国連主催の会議で核兵器禁止条約が採択された。これは核兵器の使用や威嚇の禁止に加えて，核兵器の開発，実験，製造，保有，他者への移譲，領域内への設置などを全面的に禁止するものである。核兵器保有国が本条約の当事国になった場合は，所定の期限まで

> **コラム13-2 核兵器による威嚇または使用の合法性事件 勧告的意見**
>
> 核兵器の使用を明文で禁止する条約はなく，国際人道法上違法かどうかも国々の間で見解が分かれていた。核兵器の使用が国際人道法上違法であれば，核兵器国は核兵器を使用できず，ひいては保有する正統性も失われることになる。
>
> 関係NGOがICJに核兵器使用の合法性を問う「世界法廷プロジェクト」を始め，各国政府への働きかけを行った。この結果，1994年に国連総会は核兵器国の強い反対を押し切って，裁判所に勧告的意見を求める決議を採択した。裁判所の審理では22カ国の政府が意見を述べ，日本政府の意見陳述では広島・長崎両市の市長も被爆地の立場から意見を述べた。
>
> 1996年にICJは勧告的意見を発表した。それによれば，核兵器の使用は国際人道法の規則（目標区別原則および過度の傷害または無用の苦痛を与える兵器の使用禁止原則など。→第14章参照）に一般的に違反するが，国家の存亡にかかわる自衛の極限状況における使用については判断することはできないというものであった。また裁判所は，NPT6条に基づいて，各国は全面的な核軍縮にいたる交渉を誠実に行いそれを完了させる義務があるという判断を示した。

に廃棄することを義務づけている。会議の参加国は124カ国で，核兵器保有国（北朝鮮を除く）とその同盟国の大半は会議に参加しなかった（日本も不参加）。本条約は，必要な50カ国の批准により，2021年1月に発効した（2023年9月現在の締約国は68カ国）。

(3) 生物兵器・化学兵器の軍縮

大量破壊兵器には核兵器のほかに，**生物兵器**（細菌兵器）と**化学兵器**（毒ガス兵器）があるが，これらの兵器は1925年のジュネーブ・ガス議定書で使用が禁止されている。生物兵器は軍事的有用性が少ないため早期に保有禁止の合意が成立した。1975年の**生物兵器禁止条約**は生物兵器の開発，生産，保有などを禁止し，保有している生物兵器を廃棄することを義務づけた。

化学兵器についてはイラクがイラン＝イラク戦争や国内のクルド人の弾圧で化学兵器を使用したこと，および湾岸戦争でイラクが使用する可能性があったことを契機に，1992年に**化学兵器禁止条約**が採択され，193カ国が締約国となっている（2023年9月現在）。

この条約は締約国に化学兵器の開発，生産，保有，譲渡，使用などを禁止している。また，保有している化学兵器および化学兵器生産施設を廃棄することや，締約国が他の締約国に遺棄した化学兵器を廃棄することも義務づけている。これにより，日本は第二次世界大戦の終了前に中国に遺棄した化学兵器の処理を行っている。さらに，締約国は国内で個人が化学兵器の製造などを行うことを取り締まらなければならない。

化学兵器禁止条約の検証措置は**化学兵器禁止条約機関**（以下，「OPCW」と略称）によって行われる。締約国は現在保有している化学兵器と生産施設を申告する義務がある。検証措置として化学兵器の廃棄や平和目的で対象化学物質を扱う施設などへの査察がある。締約国は他の締約国が条約に違反していると考える場合には現地査察を要請することができ，OPCW の執行理事会（41ヵ国で構成）が中止を決定しない限り査察が実施される。このように化学兵器禁止条約は強力な検証措置を備えている。

(4) その他の兵器の軍縮

冷戦終了後においては安価な小火器が大量に流通し，民族紛争・地域紛争の多発・激化をもたらすことになった。なかでも深刻な問題を引き起こしたのが対人地雷であった。

対人地雷とは人間の体重に反応して爆発するもので，接触した人間の足に重傷を負わせる。紛争終了後も埋設されたままで探知も困難であり，敵・味方，戦闘員・文民を問わず無差別に殺傷する。カンボジア，アフガニスタン，アンゴラなどでは多量の対人地雷が残存し紛争後の復興を妨げた。

対人地雷の規制を求める国際世論に応えて，1996年の特定通常兵器使用禁止制限条約の再検討会議で対人地雷を規制する改正が行われたが，使用の禁止が部分的なものにとどまり，生産や保有まで禁止するものではなかった。そこでカナダなど全面禁止派の国々は，「地雷禁止国際キャンペーン」を結成した関係 NGO と協力して，賛同する国だけで全面禁止の条約を作成することにした。このような条約作成の過程は**オタワ・プロセス**と呼ばれた。

オタワ・プロセスの結果1997年に成立したのが**対人地雷禁止条約**である。あら

ゆる紛争（内戦を含む）における対人地雷の使用を禁止するだけでなく，対人地雷の開発，生産，保有，譲渡などを禁止し，保有している対人地雷の廃棄を義務づけた。また，対人地雷の除去や対人地雷の犠牲者を支援するため国際協力を行うことを定めている。

　従来の軍縮条約は，主要な軍事大国が参加して全会一致で決定されるジュネーブ軍縮会議で作られるので，妥協の産物として緩やかな規制にとどまることが多いといわれる。オタワ・プロセスでは推進派の国々のみで徹底した規制を盛り込んだ条約を作り上げた。消極的な国々には，あとから条約への参加を働きかけることになる。主要な対人地雷生産・保有国（中国，ロシア，米国，パキスタン，インドなど）は未批准のままであるが，締約国は日本を含む164カ国（2023年9月現在）で，このような国際世論を非締約国も無視できなくなっているといわれている（生産を停止している非締約国も多いとされる）。

　もう1つこの条約が画期的なのは，主権国家によって独占されてきた国際法の立法に**NGO**が参加した点である。国際会議における**NGO**の影響力はさまざまな局面で見られるようになってきたが，特にオタワ・プロセスは象徴的な出来事であった。

　また，多量の残存不発弾が深刻な被害をもたらしている**クラスター弾**については，オタワ・プロセスにならった，全面禁止に積極的な国々とNGOの協力（オスロ・プロセスといわれる）によって**クラスター弾条約**が採択された（2008年）。条約は2010年に発効した。締約国は日本を含む112カ国である（2023年9月現在）。

　なお，2013年には，締約国に一定の通常兵器（戦車，大口径火砲，戦闘用航空機，軍艦，ミサイル，小型武器など）の国際取引を規制するよう義務づける武器貿易条約が国連総会で採択された。こうした武器の流入が内戦を激化させており，また市民への残虐行為やテロに寄与することが懸念されたからであった。条約は2014年に発効した（締約国は2023年9月現在で日本を含む113カ国）。

【参考文献】

　香西茂『国連の平和維持活動』（有斐閣，1991年）

　横田洋三編『国連による平和と安全の維持——解説と資料（第1巻・第2巻）』（国際書院，2000年，2007年）

　黒沢満編著『軍縮問題入門〔第4版〕』（東信堂，2012年）

第14章　戦争にもルールがある？
── 国際人道法と国際刑事裁判所

◆スタートアップ

　たとえ国家同士が戦争という極限状態にあったとしても，兵士以外の市民は，その生命，尊厳を守られねばなりません。このことは，18世紀に，国家，国王からの市民の自立を説いた啓蒙思想家ジャン・ジャック・ルソーが，以下のように述べています。「戦争は人と人との関係ではなく，国家と国家との関係であって，そこにおいて個人は，人間としてではなく，市民としてでさえなく，ただ兵士として全く偶然に敵となるのである。祖国の構成者としてではなく，祖国の防衛者として。（以下の文献17頁）」「戦争の目的は敵国の破壊であるから，その防衛者が武器を手にしているかぎり，これを殺す権利がある。しかし，武器を捨てて降伏するやいなや，敵，または敵の道具であることをやめたのであり，たんなる人間に返ったのであるから，もはやその生命を奪う権利はなくなる。（以下の文献18頁）」（ルソー，J.J.（作田啓一・原好男訳）『社会契約論・人間不平等起源論』）

この章で学ぶこと

・どうやって，戦争にもルールができ，戦争犯罪処罰が始まったのだろうか？
・どうやって，残虐な行為は国際刑事裁判所で処罰されるのだろうか？

1　国際人道法の成立

　第一次世界大戦までは，戦争は合法であると考えられ，国家は自由に戦争ができた。それでも，市民革命期以降，一般の市民は戦争状態のなかでも保護されるべきだと考えられていた。そこで，慣習国際法上は，戦争を合理的に規制し，かつ，人道化する目的をもつ交戦法規の体系が，徐々に形成されていった。ところが，19世紀後半には，科学の発展により，武器の破壊力がますます強化され，戦

争や武力紛争が一度生じてしまうと，戦場と市民生活の場との区別なく攻撃が行われ，戦闘員と一般市民がともに犠牲者となるようになってしまった。特に，普仏戦争(1870〜1871年)は，一般市民にも多大な被害を及ぼす悲惨なものであった。

　そのため，慣習国際法上形成されてきた伝統的交戦法規を，条約上明文で規定し，条約を結んだ交戦国にこれを厳格に守らせようと考えられるようになった。こうして，まず，主として戦闘の手段と方法の規制を目的とした法規則が条約へと法典化されていった。その典型例は，1899年と1907年の2回にわたるハーグ平和会議において結ばれた陸戦条約の附属規則（ハーグ陸戦規則）である。また，そのような交戦法規則全体を**ハーグ法**と呼ぶこともある。

　他方，1864年には，「戦争時の捕虜に対する扱いを人道的にする必要がある」という赤十字国際委員会（ICRC）の提唱を受けて，スイスのジュネーブで「傷病者の状態改善に関する第1回赤十字条約」が締結された。この条約の流れをくみ，1949年には，傷病者や捕虜，文民など武力紛争犠牲者の保護を目的とした人道的規則も，ジュネーブにおいて4つの条約（ジュネーブ諸条約）へと法典化されていった。そこで，これらの法規則は，**ジュネーブ法**と呼ばれることもある。

　当初，これらハーグ法とジュネーブ法をあわせて，**戦争法**と呼んでいたが，戦争違法化の結果，**武力紛争法**と呼ぶようになった。また，戦争自体は自由に行われる状態で戦闘に参加しない市民の保護を目的としていた戦争法とは異なり，第二次世界大戦後は戦争自体が違法とされ，武力行使も原則違法とされて，より武力紛争犠牲者の保護が強調されるようになった。こうして，武力紛争犠牲者の保護を中心とした人道的考慮から武力紛争法は規定されている，と考えられるようになり，その結果，1970年代以降は，武力紛争法に代わり，**国際人道法**という言葉がしばしば使われるようになった。

　この「国際人道法」という用語はさまざまな意味で使われ，最も狭い意味では，ジュネーブ法の人道的規則のみを指す。しかし，ハーグ法にも人道的考慮が含まれているため，今日ではハーグ法とジュネーブ法をあわせて国際人道法と呼ぶことが多い（1996年の核兵器による威嚇または使用の合法性事件国際司法裁判所勧告的意見）。

　これに加えて，近年，**人道に対する罪**や**ジェノサイド罪**を禁止する規則も含められることが多くなった。その理由は，第1に，それらの罪を禁止する規則も，

人道的考慮から残虐な行為を禁止するという点ではジュネーブ法と共通しているうえ，第2に，残虐行為を禁止する必要性は武力紛争時のみに限定されるわけではないからである。こうして，一般市民の生活の保護を目的としていた戦争法が，戦争違法化を経て武力紛争犠牲者の人道的保護目的の武力紛争法へと発展し，今は，国内の民族紛争中の非人道的な残虐行為まで禁止する法規則も含めて，一般的に国際人道法と呼ぶようになったのである。

　ただし，伝統的国際法上は内戦が国内管轄事項とされ，戦争法はほとんど内戦に適用されなかったし，世界中で内戦が頻発した第二次世界大戦以後も，その犠牲者の国際人道法による保護は，十分であるとはいえない。この点，国家間の武力紛争の犠牲者も内戦の犠牲者も，その保護の必要性に関しては何ら変わるところはなく，だからこそ，**1949年のジュネーブ諸条約の共通3条**は，「締約国の一の領域内に生ずる国際的性質を有しない武力紛争の場合」に，各紛争当事者が，敵対行為に直接参加しない者を人道的に待遇しなければならないことを定めた。にもかかわらず反政府軍に正統政府と対等な法的地位は認められておらず，内戦における残虐行為は，なお頻繁に行われ続けているのである。そのため，そのような内戦における行為を人道に対する罪やジェノサイド罪などによって処罰する必要性が，課題として残っている。

　また，**1977年の第一追加議定書**が，戦闘員以外の者に関して新しい規則を定めた結果，捕虜に対しても，捕虜と同等の保護が与えられる者に対しても，文民や，傷病者，難船者に対しても，国際人道法上の保護が与えられている。にもかかわらず，なお，内戦などにおいては残虐行為が頻発し，これを人道に対する罪などによって処罰する必要性が，課題として残っているのである。

2　戦争犯罪，人道に対する罪，ジェノサイド罪

　どのようにして国際人道法上の規則を紛争当事者に守らせるかという問題については，これまでさまざまな方策が考えられてきた。そのうち，人質と戦時復仇という2つの方策は濫用される危険が大きいため，第二次世界大戦後，人質は全面的に禁止され，また，戦時復仇は大幅に禁止される傾向にある。逆に，**戦争犯罪**の処

罰という方策は，特に第二次世界大戦後，現在までますます強化されてきている。

　といっても，戦争犯罪の処罰自体は第二次世界大戦後に始まったわけではなく，戦勝国の国内裁判所では第一次世界大戦前から行われていた。ただし，戦勝国の国内裁判所で敗戦国の兵士による戦争犯罪を裁くことは，いわゆる「勝者の裁き」になってしまい，公平な裁判を行うのは困難であった。つまり，非人道的行為に対するジュネーブ法などの規則を守らなかった紛争当事者が適切な責任を負う，という制度は確立されていなかったのである。

　このような状況が変化して，戦争犯罪の適切な処罰が模索され始めたのは，戦争違法化への大転換が始まった第一次世界大戦後である。同大戦の終結のために開催されたパリ平和予備会議では，戦勝国（連合国）27カ国の代表が，戦後処理と新しい戦後国際秩序について論議し，その結果，ドイツに対する**ヴェルサイユ条約**などが結ばれると同時に国際連盟も設立された。同会議では，第一次世界大戦という，1800万人に達する軍人・民間人の死者を出し，人類史上最大の災いをもたらした戦争について，これを行った国およびその責任者に適切な責任を負わせようとして，次の2つの提案をした。すなわち，第1に，ドイツという国家に対して厳しい賠償を課し，第2に，はじめて，**国際刑事裁判所**での戦争犯罪人個人の処罰も提案された。これは，国家こそ最も重い責任を負うべきだが，国家には抽象的な人格しかないため，これに国内刑法上の刑罰に類するものを科すのは困難である。仮に科したとしても，人格に対する実効的な法的非難とはならないことを考慮したものである。

　こうして最終的には，ヴェルサイユ条約が採択され，その228〜230条では，国際刑事裁判所としての国際軍事裁判所の設置が認められていた。ところが，ドイツはこの条項の受諾を拒絶したため，結局，その創設は断念され，国内裁判所において，いわゆる「ライプチヒ裁判」が行われた。しかし，この国内裁判では訴追すべきとされた900名のうち，12名しか裁判にかけられなかったうえ，半数は無罪，残りも比較的軽い刑となり，やはり，戦争犯罪者を裁くための国際刑事裁判所創設の必要性を痛感する結果となった。一方，同条約227条には前ドイツ皇帝ヴィルヘルムⅡ世を第一次世界大戦の指導者として国際法廷で裁くという規定がおかれていた。しかし，これも，ヴィルヘルムⅡ世の亡命先であったオランダが，

その身柄引き渡し請求を拒んだために，その処罰も実現することはなかった。その結果，これ以降，長年にわたり，国際刑事裁判所の創設の実現は困難だとされてきたのである。

　その理由は，第1に，従来，国際法は国家間関係を規律する規範であると考えられてきたことである。そのため，犯罪者個人の訴追や処罰は伝統的に国家にのみ認められるものとされてきた。第2に，戦争犯罪指導者たる国家元首は従来「**主権者無答責**」から免責される慣行があり，国際刑事裁判所を創設して国家元首を処罰するのは困難だと思われてきたことである。

　これを克服する試みの1つとして，1937年に「テロ防止条約」が採択され，国際刑事裁判所の創設が明文で規定されたが，そこでは国際犯罪指導者たる国家元首の行為等を対象から除外し，犯罪の実行行為者の行為のみが対象とされていた。それでも，結局，この条約は批准されずに終わり，国際刑事裁判所は創設できなかった。

　一方，ヴェルサイユ条約に基づいてドイツ国家に課せられた厳しい賠償は，結局国民全体を処罰し，罪のない一般国民を苦しめるという結果になる一方で，犯罪行為を実効的に抑止することはできず，第二次世界大戦を招いてしまった。つまり，国家自体を処罰しようとして厳しい賠償を課した場合，その費用は，結局のところ，納税者としての国民，本来は保護されねばならない罪のない一般国民に重い負担を強いる結果になってしまう。一方，国家の政策責任者が，政策の一環として犯罪行為を計画遂行した場合まで，国民全体を処罰し，その者の処罰を行わなかったとすると，その個人に対する犯罪抑止効果はきわめて小さいといわざるをえない。この観点から考えると，やはり，個人を処罰することで，その犯罪行為を抑止することが必要であるといえよう。そこで，第二次世界大戦後は，戦争違法化への大転換を背景として，最も実効的な刑罰を科すために，**ニュルンベルグ国際軍事裁判所**が，次のように宣言した。「国際法上の犯罪は，『人』によって行われるものであり，抽象的な存在によって行われるわけではなく，これを犯した個人を処罰することによってのみ，国際法上の犯罪規定を履行できる。」この宣言は**ニュルンベルグ宣言**と呼ばれ，これに従って，第二次世界大戦における主要戦争犯罪人は，ニュルンベルグと東京の国際軍事裁判所で，「戦争犯罪」，「人道

に対する罪」および「平和に対する罪」によって処罰されたのである。

　ここで，国際人道法違反の行為については，「戦争犯罪」のみならず「人道に対する罪」も加えられた点が注目される。「人道に対する罪」は，「犯罪の行われた国の国内法に違反すると否とにかかわらず……，戦前または戦時中の，一般住民に対する殺人，せん滅，奴隷化，強制的移送その他すべての非人道的行為もしくは政治的・人種的または宗教的理由に基づく迫害」を行った者に成立するとされた。この罪は，1915年にトルコでのアルメニア住民の虐殺に関して出された仏・英・露政府宣言で初めて言及されており，「政府が自国民に対して行う非人道的行為」を意味していた。その虐殺と同様，ドイツによるユダヤ人迫害も「人道に対する罪」に該当するということが，ニュルンベルグ裁判に際して確定された。その意味では，この犯罪は新しい犯罪であったといわざるをえない。この問題は東京裁判においても同様で，裁判の違法性と非合理性を指摘して全員無罪を主張したインドのパール判事のように，東京裁判とニュルンベルグ裁判については，事後法による処罰であり，**罪刑法定主義**に反し，違法なのではないかという批判が絶えない。

　ただし，ハンガリーから送られたユダヤ人40万人がアウシュビッツ捕虜収容所で殺害されたことをはじめとして，ユダヤ人600万人が殺害された，と推計されており，その責任者の処罰がどうしても必要であったという点にも着目する必要がある。実際，当時「ジェノサイド罪」という罪名こそ存在していなかったものの，そのようなユダヤ人迫害については詳細に立証されたといわれている。つまり，その責任者が，ニュルンベルグ軍事裁判所において，「人道に対する罪」で処罰されたからこそ，現在では，国際人道法上内戦などにおいて頻発する残虐行為を人道に対する罪やジェノサイド罪などによって禁止できているのである。具体的には，まず，1948年の**集団殺害犯罪の防止及び処罰に関する条約**（ジェノサイド条約）によって，ジェノサイド罪の処罰が明文化され，また，人道に対する罪の一側面である人種差別について**アパルトヘイト条約**が締結された。これを受け継いで，さまざまな国際刑事裁判所の規程において，ジェノサイド罪と人道に対する罪の処罰が規定され，実際にジェノサイド罪や人道に対する罪の処罰も行われてきている。その際，これらの規定が慣習法の法典化であることも認められ，もは

や罪刑法定主義の問題は生じなくなっている。このことから見て、戦前・戦中の未曾有の残虐行為をまえにして登場したこれらの犯罪が、国際社会の要求に沿うものであり、その後定着していったことは確かであるといえよう。

3　国際刑事裁判所の設立

第二次世界大戦後、国連は、東京裁判やニュルンベルグ裁判において行われた戦争犯罪の処罰を一般的に行えるようにしようとした。しかし、そのような国連の努力に対しても、さまざまな批判があった。特に批判されたのは、伝統的に、個人の処罰（刑事裁判）は国家がその主権を行使して国内において行うと考えられており、国際裁判所で個人を処罰するというのは国家主権の観点から認められないという批判である。具体的には、第1に、処罰されるべき非人道的な行為や人権侵害行為にどのような行為が含まれるのかについては、各国が主権を行使して決定する自由がある、と考えられていた。これらのことについて他の国に介入されるのは国家主権の侵害だと批判された。実際に、いわゆる戦争の際の非人道的な行為について、1949年のジュネーブ諸条約などには一定の処罰が規定されているが、それは、各国に国内法上の立法義務を負わせ、国内法上処罰させるというものであり、個人の処罰については、基本的に国家主権のもとでの国内法制に任されていたのである。こうして、第二次世界大戦後も、50年近くもの間、国際法のもとで個人を裁くための、国際刑事裁判所が設立されることはなかった。

資料14-1　旧ユーゴの民族構成

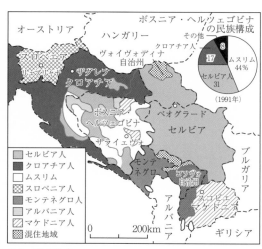

出典：著者作成

コラム14-1　旧ユーゴ紛争

　冷戦終結により，ソ連から東欧へ社会主義国家の解体の波が押し寄せた。なかでも，民族，宗教，言語などを異にする住民が複雑に入りくむ多民族国家であった旧ユーゴスラビアでは，1991年から1992年の解体過程のなかで，スロベニア，クロアチア，ボスニア・ヘルツェゴビナ（以下，ボスニアと略称），マケドニアの4共和国は，ユーゴスラビア連邦共和国（セルビア共和国およびモンテネグロ共和国からなり，以下，新ユーゴと略称）からの独立を宣言した。しかし，こうした4共和国の独立は，各共和国間における多数派民族と少数民族との間の対立を増幅し，武力紛争を引き起こすことになった。そのうち，ボスニアでは，ムスリム（イスラム教徒，人口の40%），セルビア人（セルビア正教，32%），クロアチア人（カトリック，18%）が，それぞれ新ユーゴからとクロアチア共和国からの支援を受け，三つ巴の争いを繰り広げた。とりわけ，セルビア人は新ユーゴからの強力な軍事援助を受けて，その支配地域からムスリムとクロアチア人を排除するため，大規模，計画的かつ組織的な殺人，抑留，拷問，強姦，追放などを行うようになり，これは民族浄化と呼ばれた。これに対して，国連は，まず総会においてこの民族浄化が「ジェノサイド」に該当するという決議を行い，これを受けて，1993年国連安全保障理事会は，国連憲章第7章に基づいて決議827を採択した。これにより，「1991年以後旧ユーゴスラビア領域内で行われた国際人道法に対する重大な違反につき責任を有する者の訴追のための国際刑事裁判所（ICTY）」が創設された。

　ところが，1990年代にはいると突然そのような状況が一変し，国際社会は，国際刑事裁判所設立の方向へ動き始めた。これは，冷戦崩壊後の民族紛争の多発が契機となったといえる。具体的には，多発した民族紛争による内戦において大規模な非人道的行為が行われるという事例が急増した。

　とくに，1991年以降の旧ユーゴ解体過程で起こった**ボスニア・ヘルツェゴビナ紛争**においては，セルビア人がイスラム教徒やクロアチア人に対して，「民族浄化（エスニック・クレンジング）」と呼ばれる大量殺害や集団レイプを行った。また，1994年にはルワンダでフツ族の大統領を乗せた飛行機が爆破されたのをきっかけとして，その犯人と目されたツチ族に対するフツ族による大量殺害が行われた。これらにおける非人道的行為は特に悲惨であった。

　ところが，そのような大規模な非人道的行為は，国家機関の上層部が国家権力を用いて行う場合が多いので，国内裁判所，特に国籍国の裁判所では，その国家権力に屈してかくまうなど，実効的処罰ができないおそれが大きい。そこで，そのような行為について，「不処罰の文化」にピリオドをうち，国際人道法を実効化するためには，国際裁判所において，そのような非人道的な行為の責任者を処罰しなければならない，という要請が高まった。その結果，民族紛争などの際に

行われる大規模な非人道的行為の責任者個人については，国際刑事裁判所で処罰しなければならないという要請が，一定の場合には，国家主権の尊重の要請よりも重視されるようになった。こうして，まず，1993年には，安保理決議827が採択され，最初の国際刑事裁判所である「旧ユーゴ国際刑事裁判所（以下，「ICTY」と略称）」が創設され，続いて，その翌年には，安保理決議955によって「ルワンダ国際刑事裁判所（以下，「ICTR」と略称）」が創設された。これらの国際刑事裁判所の設立により，民族紛争下で大規模な国際人道法の違反が行われた場合には，その犯罪を処罰する道が開かれたのである。

このように，ICTYとICTRが，本来の国際裁判所の設置方法である条約によって設置されず安保理決議によって設置されたのは，重大な犯罪に迅速かつ有効に対処することが求められたからである。そのため，安保理の補助機関としての地位をもつが，その統制に服することなく，独立して司法機能を遂行し，組織上・手続上の公正さ，犯罪の実定法規性などにおいて，第二次世界大戦後の国際軍事裁判の問題点を相当に克服している。ただし，両裁判所とも，臨時の裁判所にすぎなかった。また，五大国の政治的意思が優先される安保理という機関の決議によって，司法機関である両裁判所が設置されたことにも，法的公平性の観点からは，問題がないわけではない。

実は，その頃まで国家主権の尊重を強く主張していたのは，発展途上国が多数であった。しかし，五大国の政治的意思が優先される安保理決議により国際裁判所が設立されたという現実を目のあたりにして，発展途上国もこれ以上国内裁判所における処罰に固執できないことがわかった。そうなると，発展途上国も，常設の国際刑事裁判所の設立により民族紛争の際の大規模な非人道的行為について適切な処罰を可能にして，これにより，国際人道法を実効化することを望むようになった。というのも，そのような民族紛争は，むしろ発展途上国においてこそ多く生じているからである。このようにして，実際にも，常設の国際刑事裁判所の設立が可能になった。

このような状況から，安保理から独立した常設の国際刑事裁判所を早急に設立すべきであるという気運が一気に高まった。また，各国家の主権尊重の観点および罪刑法定主義の観点からも，どのような行為を非人道的行為として禁止し，そ

のような行為にどの程度責任を有する者を，どのように処罰するのか，ということを，あらかじめ国家間の話し合いで決定しておくのは，安保理決議によって臨時に決定するより望ましいと考えられるようになった。

その結果，1998年，「国際刑事裁判所に関するローマ規程」が採択された。その後，予想外に早く70カ国の加盟国を得て2001年に同規程が発効し，2002年，ついに，常設の**国際刑事裁判所**（以下，「ICC」と略称）が活動を開始したのである。

他方，ICTYとICTRは，その役目を終えつつあり，安保理は，両裁判所が2010年までにすべての審理を終了することを要請し，その後，国際残余メカニズム（MICT）が設置されている。そんななか，ICTYがセルビア人武装勢力指導者2人に対して下した2つの判決が注目される。1つは，カラジッチ被告に対するもので，ICTY第一審判決は，禁錮40年の有罪とし（2016年），MICT上訴審判決は終身刑に加重した（2019年）。もう1つはムラジッチ被告に対するもので，ICTY第一審判決が終身刑の有罪とし（2017年），MICT上訴審判決で終身刑に確定した（2021年）。

4　ICCへの日本の加盟とその課題

ICCの対象犯罪は，（ⅰ）戦争犯罪，（ⅱ）人道に対する罪，（ⅲ）ジェノサイド罪（集団殺害罪），（ⅳ）侵略の罪である。このうち，侵略の罪については，2017年6月27日，その定義規定を批准した国に対してのみ，ICCは管轄権を有することになった。この点，ロシアはその定義規定を批准していないため，ロシアのウクライナ侵攻（2022年）について，ICCは侵略の罪の管轄権を有していない。ICCの捜査，訴追が開始されるのは，第1に，締約国または安保理の要請があった場合であり，第2に，ICC検察官の独自捜査による場合である。この点，犯罪行為地国自ら要請する場合を除き，他の締約国からの要請は，政治的影響の懸念から利用されてこなかった。しかし，ロシアのウクライナ侵攻に関しては，そのような懸念を乗り越え43カ国もの国が要請し，ICCの捜査が開始された。その結果，2023年3月17日に，ロシアが侵攻したウクライナの占領地からの違法な子供の連れ去りに関与したとして，戦争犯罪の疑いでロシアのプーチン大統領に逮捕状を出した。ロシアはICC規程の締約国ではなく，実際に身柄引き渡しを求めるのは困難

国際刑事裁判所（ICC）の概要

2023年4月
外務省国際法局国際法課

基本情報

●**概要**：国際社会全体の関心事である最も重大な犯罪（集団殺害犯罪，人道に対する犯罪，戦争犯罪，侵略犯罪）を犯した個人の訴追・処罰を任務とする歴史上初の常設の国際刑事法廷。

●**所在地**：ハーグ（オランダ）

●**設立条約**：ＩＣＣローマ規程（1998年採択/2002年発効）

●**加盟国**：123か国（日本は2007年10月1日に加盟。米露中は未加盟。）

ICCの特徴

●**補完性の原則**：ICCは国内裁判所を「補完する」裁判所。
→関係国に捜査・訴追を真に行う能力や意思がない場合にのみ，管轄権を有する。

●**構成**：裁判部，検察局，書記局から成る。職員数900名以上。裁判官は18名。

●**管轄権**：以下①〜③のいずれかの場合に，管轄権を行使可能。
①締約国が事態をICC検察官に付託した場合
②国連安全保障理事会が事態をICC検察官に付託した場合
③検察官が自己の発意により予備的検討を行った後，予審裁判部が捜査開始を許可した場合

　ただし，①と③の場合，以下のいずれかに限り管轄権を行使可能*。
➤犯罪の実行地国が締約国
➤犯罪の被疑者が締約国の国籍を有する者
➤非締約国が裁判所の管轄権の行使を受諾

●**締約国の協力義務**：締約国は，ICCからの逮捕及び引渡しの請求に応じなければならない。

ICCの実績

●**現状**：17事態につき捜査・訴追中。2事態につき予備的検討中。

●**累計実績**：判決が下された終結事件は14件（有罪6件，無罪/証拠不十分5件，犯罪事実が確認されず公判不開始3件）。

日本の貢献

●**日本の加盟の意義**：責任ある大国として，国際社会における法の支配，不処罰との戦いに貢献。

●**裁判官の輩出**：齋賀富美子判事（任期2007-09），尾﨑久仁子判事（任期2009-18），赤根智子判事（任期2018-27）

●**資金面での協力**：最大の分担金拠出国（分担率約15.4%（2022年））。2022年の予算に対する拠出額は約30億円。

●**被害者支援**：2014年以降，被害者信託基金（ＴＦＶ）に累計約95万ユーロを拠出。野口元郎ＴＦＶ理事長（任期2012-2018）。

*侵略犯罪の場合には，更に追加的な要件が存在。

出典：https://www.mofa.go.jp/mofaj/files/100437651.pdf

だが，ICC はロシアのトップであるプーチン大統領の責任を追及する姿勢を鮮明にした。ただし，ICC による訴追は2023年12月現在開始されていない。一方，ウクライナの国内裁判所においては，2023年2月までに16件の有罪判決が出されている。

　2023年2月までに ICC に係属した事件は，第1に，締約国であるコンゴ民主共和国，ウガンダ，中央アフリカ，およびマリが自ら付託した事件，第2に，安保理が付託した非締約国スーダンとリビアの事件，第3に，ICC の検察官が自己の発意で付託したケニア，コートジボワール，およびジョージアの事件などがある。そのうち以下の4件で裁判が終了した。第1に，2012年にルバンガに対して初の有罪判決，第2に，2014年にカタンガに対して有罪判決が下された。第3に，2016年3月にベンバ元コンゴ民主共和国副大統領に対して上官責任で有罪とする第一審判決が下されたが，2018年の控訴審判決においては上官責任が否定されて逆転無罪とされた。第4に，2016年9月にアル・マハディに対して有罪判決が下

★：2010年改正規定の受諾（45カ国・地域）

【アジア太平洋】19
アフガニスタン
バングラデシュ
カンボジア
クック諸島
キプロス★
キリバス
フィジー★
日本
ヨルダン
モルディブ
マーシャル
モンゴル★
ナウル
韓国
サモア★
タジキスタン
東ティモール
バヌアツ
パレスチナ★

【西欧他】25
アンドラ★
オーストラリア
オーストリア★
ベルギー★
カナダ
デンマーク
フィンランド★
フランス
ドイツ★
ギリシャ
アイスランド★
アイルランド★
イタリア★
リヒテンシュタイン★
ルクセンブルグ★
マルタ★
オランダ★
ニュージーランド
ノルウェー
ポルトガル★
サンマリノ★
スペイン★
スウェーデン★
スイス★
英国

【東欧】18
アルバニア
ボスニア・ヘルツェゴビナ
ブルガリア
クロアチア★
チェコ★
エストニア★
ジョージア★
ハンガリー
ラトビア★
リトアニア★
モンテネグロ
ポーランド★
モルドバ
ルーマニア
セルビア
スロバキア★
スロベニア★
北マケドニア

【中南米】28
アンティグア・バーブーダ
アルゼンチン★
バルバドス
ベリーズ
ボリビア★
ブラジル
チリ★
コロンビア
コスタリカ★
ドミニカ国
ドミニカ（共）
エクアドル★
エルサルバドル★
グアテマラ
ガイアナ
ホンジュラス
メキシコ
パナマ★
パラグアイ★
ペルー★
セントクリストファー・ネーヴィス
セントルシア
セントビンセント
スリナム
トリニダード・トバゴ★
ウルグアイ★
ベネズエラ
グレナダ

【アフリカ】33
ベナン
ボツワナ★
ブルキナファソ
カーボヴェルデ
中央アフリカ
チャド
コモロ
コンゴ（共）
コンゴ（民）
コートジボワール
ジブチ
ガボン
ガンビア
ガーナ
ギニア
ケニア
レソト
リベリア
マダガスカル
マラウイ
マリ
モーリシャス
ナミビア
ニジェール★
ナイジェリア
セーシェル
セネガル
シエラレオネ
南アフリカ
ウガンダ
タンザニア
チュニジア
ザンビア

出典：資料14-2に同じ

された。なお，ンタガンダに対しては，2021年の控訴審判決で有罪が確定し，現在賠償命令の再審理が行われている。ただし，ウガンダのコーニーやスーダンのバシル大統領などについては，逮捕状が出されたが，未だ逮捕されていない。

　事件係属国の多くがアフリカ諸国である状況からみても，また，冷戦後における個人責任追及の機運の高まりを振り返ってみても，ICC，ICTYまたはICTRといった国際刑事裁判所による個人責任の追及は，国家がいわゆる内戦状態にあるという状況から必要とされたといえる。つまり，国家に国際人道法を守らせることが十分に期待できない状況が，ICTYやICTRなどの国際刑事裁判所による個人責任の追及を要求し，これがICC設立につながったのである。この点，従来，国際法は，国家領域について責任をもって統治を行う政府が存在し，その政府を通じて国家に国際義務を負わせることを前提としてきた。そのうえで，違反行為に対して国家の責任を問うことによって，国際法規範を実現しようとしてきたといえる。ところが，ひとたびいわゆる内戦状態のような政府の統治能力が及ばない状況が発生すると，この前提に立つことができなくなり，国際法は実効性を失うことになる。実際，人道に対する罪やジェノサイド罪などの国際人道法違反が

大規模に発生するのは，まさにこのような状況においてである。こうした国際法実現の主体としての国家の機能に限界が生じた状況においても，なんとか国際人道法の実効性を確保しようとすれば，現実に犯罪行為を行った個人の責任追及を国家に代わり国際社会が行わざるをえない。その責任追及を，これまでは ICTY や ICTR などが担ってきたのであり，今後は ICC などが担うことになるのである。

　ただし，ICC が機能して個人責任を追及するためには克服すべき大きな障害が残されている。第1に，この裁判所が機能するには，安保理の付託がない限り，個別国家の同意を必要とすることであり，第2に，米兵が政治的思惑から告訴されるおそれを理由として，米国が強く反対し続けていることである。そのため，ICC による国際犯罪処罰がどれほどの意義をもちうるかについては，今後，これらの障害が克服できるかどうかにかかっている。

　2007年に，ようやく日本も，衆参両院で「**国際刑事裁判所に対する協力等に関する法律**」を成立させて，「国際刑事裁判所に関するローマ規程」を批准し，105番目の加盟国になった。それに伴う課題は，次のとおりである。すなわち，（ⅰ）規程に従い，加盟国として果たすべき国際協力義務を全うすること，（ⅱ）現在進行中である運営の枠組作りなどへの積極的参加，監視，（ⅲ）その活動を通じて国際人道法の発展に寄与すること，（ⅳ）新加盟国増加，特にアジア諸国の増加につながるよう推進することなどである。日本が，これらの課題に取り組み，ICC がその大きな障害を克服して，個人責任の追及機能を発揮してこそ，国際人道法の実効化へとつながっていくのである。

【参考文献】

　大岡昇平『ながい旅』（角川文庫，角川書店，2007年）

　小池政行『国際人道法——戦争にもルールがある』（朝日選書，朝日新聞社，2002年）

　多谷千香子『「民族浄化」を裁く——旧ユーゴ戦犯法廷の現場から』（岩波新書，岩波書店，2005年）

　藤田久一『戦争犯罪とは何か』（岩波新書，岩波書店，1995年）

　アムネスティ・インターナショナル日本国際人権法チーム編『入門国際刑事裁判所——紛争下の暴力をどう裁くのか』（現代人文社，2002年）

　上村英明・齊藤小百合・東澤靖監修・恵泉女学園大学・大学院編『「正義」の再構築に向けて　国際刑事裁判所の可能性と市民社会の役割』（現代人文社，2004年）

終章　さらなる国際法の世界に向けて

　ここまで国際関係にかかわるさまざまな法について見てきました。本書は，高等学校で習った知識を基礎に構成されていますので，必ずしも国際関係にかかわる法＝国際関係法の全てのテーマを取り上げていません。また章構成も従来の教科書とは異なる配列をとって，できるだけ初学者にもわかりやすくなるよう工夫しました。最後にこの章では，国際関係法のなかでも，本書の中心を占めた国際公法（Public International Law）に的を絞って，伝統的な国際法の残されたテーマである国際法の主体，国際法の成立形式（法源）および国際法の適用と実施，ならびに日本がかかわっている国際法上の諸問題を取り上げることで，より専門的に国際法を学んでもらうための素材を提供します。

1　国際法の主体

(1)　国家の成立と国家承認・政府承認

　国際社会の本質的主体は国家です。それでは現在国際社会で主権国家はいくつあるでしょうか？　答えはおよそ200です。ではなぜ「およそ」なのでしょうか？それは時代による数の変化を問題にしているのではなく，各国が認めている主権国家の数が異なるため，およその数（国連加盟国＋α）しか出せないのです。たしかに第1章で見たように，国際法上，国家の要件は①永続的住民，②明確な領域，③政府（実効的支配），および④外交能力で確定しています。③と④をあわせて主権とみなす考え方もありますが，基本的に国家成立の要件に大きな違いはありません。しかしながら，問題は，誰がこれらの要件について判断できるかという点です。たとえば，旧ユーゴ紛争の結果，2008年2月17日，コソボ自治州はセルビアからの独立を宣言しました（コソボ共和国樹立宣言）。自らが国家の要件を備えた

と判断した行為といえます。ところが分離された側のセルビアは，その独立宣言を認めませんでした。セルビアからすれば，コソボはなおセルビア領（コソボ・メトヒヤ自治州）であり，その市民はあくまでもセルビア国民であると考えているのです。ところで，日本は同年３月18日，コソボを独立国として承認しました。日本と同様に承認をした国もありますが，承認していない国もあります。この場合，「コソボ」は主権国家なのかという問題が発生します。2010年に国際司法裁判所（以下，「ICJ」と略称）は，コソボの独立宣言は国際法に違反しないという勧告的意見を出しました。

　これは，**国家承認**といわれる問題です。伝統的に，新国家は，国家承認をした国家との間では国際関係が発生するが，承認を与えない国家との間では事実上の存在でしかないと考えられてきました。これは，「承認こそが国家を創設する効果を生む」という考え方に基づきます（**創設的効果説**）。他方で近年，人民の自決権の確立により，国家の誕生は人民の意思に左右されるのであって，既存の国家の判断にゆだねられるのはおかしいという立場から，「承認に国家創設の効果を認めず，単に宣言的意味しかもたない」という考え方が有力になっています（**宣言的効果説**）。ただし，多くの国家の実行は創設的効果説を前提としており，学説と現実の実行の間にはなお隔たりがあります。

　なお，国家承認とよく似た概念として，**政府承認**があります。政府承認は，クーデタなど非合法な政府の交替があった際，既存国家が新政府をその国家の新しい代表として承認する行為です。承認する側の国家にとって，国家承認は新国家が１つ増えることになりますが，政府承認の場合，国家の数は変わらず，当該国家との条約関係などは維持されます。ただし，政府承認がクーデタ等の非合法行為を肯定したとみなされたり，内政干渉であると非難されたりすることもあり，最近では，新政府の承認について判断せずに，政策的に外交関係を樹立するという現実的な対応をとる事例も登場しています。

(2) 国家承継

　ところで，地球上の陸地部分（大陸・島）は，南極を除いてほぼすべての国家によって領有されているため，今日，新国家が誕生する場合，既存の国家の分裂や

結合などによる場合がほとんどです。そうすると従前の国家（先行国）が締結していた条約や領域に付随する財産（負債を含む）を新国家（後継国）は引き継がなければならないのかという遺産相続に似た問題が国際社会でも生じます。これを**国家承継**と呼びます。国連国際法委員会（以下，「ILC」と略称）は，条約と国家財産等についてそれぞれ国家承継に関する条約を1978年と1983年に採択しました。そこでは原則としてすべての条約関係や財産債務を引き継がなければならないとする従来の包括承継原則に加えて，旧植民地など従属地域から新たに独立をした国（新独立国）に承継の裁量権を与える**クリーンスレート原則**を採用しました。ただし2つの条約は先進国をはじめとして批判が多く，批准国も少ないのが現状です（財産承継条約は未発効）。

(3) 内政不干渉原則と人道的干渉

　第1章で見たように，国際社会において，国家には主権が認められ，その主権は相互に平等であるという主権平等の原則が確立しています。したがって，国家主権と表裏一体の原則として，国家は外国の国内管轄事項には干渉してはならないという**国内問題不干渉原則**または内政不干渉原則もまた国際法上の重要な基本原則であり，国連総会決議である友好関係宣言（1970年）やICJの対ニカラグア軍事的・準軍事的活動事件判決（1987年）などで確認することができます。

　しかしながら，アフリカのソマリアやルワンダでの虐殺行為など，国家の内部で当該政府が国民を保護することができず，むしろ虐殺行為を扇動しているかのような事態も発生しました。このような事態に対して，外国が人道的理由を根拠に干渉することは許されるのでしょうか？　たとえば，先に見た旧ユーゴ紛争では，1999年に欧米諸国は，最終的に武力を行使してコソボ問題に介入しましたが，安全保障理事会の強制措置決議（→第12章参照）は出されていないため，合法な武力行使とはいえないことはもちろん，明らかに内政不干渉原則にも抵触していると批判されました。これに対する反論として，内政不干渉原則の例外として人道目的による干渉は許されるとする考え方（**人道的干渉**）や，本国が国民を保護する責任を果たせないのだから他国がこれに代わって保護する必要があるという**保護する責任論**が展開されていますが，十分に定着しているとはいえず，今後の議論

にゆだねられています。

(4) 外交特権と領事特権

また主権とのかかわりで，第4章で**外交特権**の説明がありましたが，類似の特権として**領事特権**についてその違いを中心に触れておきます。領事は，外交使節とは異なり，国家を代表して相手国政府と交渉したりすることはなく，自国や自国民（企業を含む）の利益を保護したり，旅券（パスポート）や査証（ビザ）の発給などを行うことで，自国と当該外国との間の友好関係を維持・発展させることを任務とします。したがって，領事は外交使節が有している「国家の代表」という性質を有しておらず，一国に複数の領事施設が存在することもしばしばあります（逆に外交使節が常駐する大使館は各国に1つです）。その結果，領事に認められている特権・免除は，外交使節と比較するとさまざまな点で制限的です。もっともラグラン事件 ICJ 判決（2001年）で問題となった，自国民との通信および接触の権利（領事関係条約36条）等，領事に特有の権利もあります。詳しくは外交関係条約と領事関係条約を読み比べてみるとよくわかります。たとえば，公館の不可侵について，外交関係条約22条と領事関係条約31条を比較してみてください。

2 国際法の成立形式

(1) 条約と慣習国際法

第2章で国際法の成立形式として，慣習法，条約，そして法の一般原則があることを学びました。このような国際法の成立形式は古くは「法源」と呼ばれていました。このうち，条約については，1969年に ILC が採択した「条約法に関するウィーン条約（以下，「条約法条約」と略称）」が条約の基本法として条約の締結から終了にいたる一連の内容や手続を規定しています。条約の締結は，国内社会で私たちが日常行う契約に類似しています。したがって，条約の適用や解釈，また無効・終了に関する規定も，各国の私法（代表的なものとして民法）を類推したものが随所に見られます。ただし戦争観念の転換に伴い，従来有効であった武力による強制を伴う条約が無効になったり，新たに強行規範の規定を設けたりするな

ど，条約法ならではの特徴も見られます。

　そのなかでも，ここでは特に**条約の留保**について取り上げます。現在の国際社会は，人権や安全保障といったさまざまな問題について多数国間条約を締結して処理を図ろうとします。これらの問題は，できる限り多くの国家に参加してもらい，条約の普遍性を高めたいという期待が伴います。その結果，個別国家が条約の特定の規定の自国への適用を排除または変更することを認める制度として「留保」が存在します。他方で，無制限に留保を認めると，国家が自国の勝手な事情で都合の悪い義務を放棄するなど，条約の一体性が損なわれる危険性があります。ICJ は，ジェノサイド条約留保事件（1951年）の勧告的意見において，留保の有効性の判断基準は，条約の趣旨および目的と両立するか否かであると述べました。この「**両立性の基準**」は後に条約法条約にも反映されました（19～23条）。ただし，誰がそれを判断するかという観点でなお課題は残っており，特に人権条約の留保をめぐって，条約機関である委員会自らが両立性の基準を判断できるという主張に対して，多くの国が反対しています。条約法条約を採択した ILC も，留保の問題について再検討し，2011年に「条約の留保に関するガイドライン」を採択しました。

　慣習国際法の成立については，一般慣行と法的信念の 2 つの要件が必要であるとする二要件説が通説ですが（→第 2 章参照），一要件で成立するとするインスタント慣習法論が展開されたこともあります。いずれにせよ，慣習法は不文法であることから，その成立時期や内容について明瞭ではなく，その存否をめぐって国家間で対立することが多いのも事実です。ILC は，2018年に慣習国際法の同定に関する結論を採択して，この問題に対する一つの指針を示しました。

(2)　ソフト・ロー

　本書では，世界人権宣言，人間環境宣言，友好関係宣言など，数多くの国連総会決議が紹介されました。これらは，国際社会において主権国家の一定の合意を明文化したものです。しかしこれらは条約ではありませんから，加盟国はもちろん，賛成票を投じた国にさえ直接拘束力を発揮しません。それでは，これら国連総会決議，とりわけ国際社会で守るべき規範を打ち出した原則宣言は，国際社会

で全く法的意味をもたないのでしょうか？

このような国連総会をはじめとする国際機関の決議をソフト・ローと呼び，慣習国際法や条約など，国家を法的に拘束する成立形式である**ハード・ロー**と区別しつつも，形成途上の規範として，その国際法上の意義は積極的に評価されています。ソフト・ローは，不文法である慣習国際法の存在を確認したり，生成しつつある国際法規則を文章化したりすることにより，後の条約形成の基準を打ち出すなど，国連憲章13条にも明記される国際法の漸進的発達及び法典化の奨励にも寄与しているといえます。第2章でふれた強行規範と併せて，国際法の段階的構造の1つのあらわれと見ることもできるでしょう。

3 国際法の適用と執行——国家責任と紛争処理

(1) 国家責任

国際法も法である以上，守られることを前提に作られています。他方で国内法と同様，守られないことがあります。そして法の違反があったとき，違反した当事者は，その結果に責任を取ることが追及されるべきです。そしてこのような法的責任の体系は，国内社会では大きく民事責任と刑事責任の2つに分類されます。たとえば，交通事故により他人に怪我をさせた場合，加害者である運転手には，被害者に対して慰謝料を支払う「民事責任（民法709条）」が発生すると同時に，事故を起こして社会の安定を害したという観点から自動車運転致死傷罪（刑法211条2項）などの「刑事責任」が民事責任とは別に課されることになります（その他に行政責任もありますが，ここでは省略します）。

それでは国際社会において，国家が国際法に違反する行為をしたらどうなるのでしょうか？　実は国際社会には，上記のような民事責任と刑事責任の区別がはっきりしていません。国際法は，主として主権国家間の合意によって形成されますから，国内私法（たとえば民法）に類似しています。したがって民事責任に似ていると考えられますが，武力行使の禁止や大規模人権侵害の防止など，国際社会の平和や安全のために共通に守るべき規範も登場しつつあります。ILC は，長きにわたりこの国家責任のテーマに取り組み，2001年に**国家責任条文**を完成させ

ました。この条文によれば，ある行為が国家に帰属し，その行為が国際義務違反であれば，国際違法行為が存在し，その結果国際責任が生じるとしています（1条および2条）。これを客観責任主義と呼びます。この立場は，責任発生の要件として，故意過失を要求する過失責任主義の立場から批判を浴びています。また，国家への帰属といっても，行為者（自然人）と国家機関の関係は多様ですし，また国際義務についても，行為そのものへの義務もあれば，結果を求める義務もあります。なお，ILC条文は，第2章で登場した強行規範の違反に対する対応も含めるなど，上記の刑事責任に類する責任についても一定の配慮を見せています。

(2) 紛争解決手続の多様性

　第3章でICJを中心とした紛争の解決方法を学びました。そこでは，国家に紛争解決手段の選択の自由が認められており，必ずしも紛争が裁判によって解決されるわけではないことが説明されています。他方で，国際社会にはICJだけでなく，多くの紛争解決機関が存在します。これは，国際法（特に条約）の立法行動が並列的に行われることの結果ともいえます。その結果，たとえば1つの紛争について複数の裁判所で審理が行われる可能性があります。また紛争が平和に対する脅威や平和の破壊を導くことも十分に考えられます。この点について，国連憲章は，国際の平和および安全の維持に関する問題についての安保理と総会の優劣関係については明記していますが（12条），安保理とICJの関係については明確な基準を打ち出していません。第12章で登場したロッカビー事件は，安保理の他にICJでも審理がなされ，同時係属の是非が問題となりました。このように関連する問題について複数の機関が国際法を適用したり，また解決手続が多様化したりする現象を**国際法の分断化**（フラグメンテーション）といいます。このような現象については，国際法の解釈が曖昧になったり，決定が守られなかったりすることで，国際法そのものに対する信頼感が失われていくという懸念が指摘され，ILCでも研究グループを立ち上げて検討されました。

4 日本と国際法

　ここでは日本がかかわっている諸問題を国際法の観点からアプローチしてみましょう。たとえば，北朝鮮（朝鮮民主主義人民共和国）は「ミサイル」を発射し，これが日本上空を通過したという事件が起こりました。これが日本の領域を通過・着弾したら，領域主権に違反する行為といえます。一方で北朝鮮は，発射したのはミサイルではなくロケットだと主張し，直前には宇宙物体登録条約にも加入しました。たしかにロケットであれば，日本を含めて多くの国が自国上空を越えて打ち上げています。そもそもミサイルとロケットの違いはどこにあるのでしょうか？　第5章で登場した宇宙条約や2021年に国内法として制定された宇宙基本法はそのことを明記しているのでしょうか？

　次に日本国内に目を向けてみましょう。今日日本国内で生活しているのは日本国民だけではありません。多くの外国人が，労働，留学，家族生活のために日本に居住しています。また在日中国・朝鮮人も多数存在します。彼らは日本国籍を有していないがゆえにさまざまな問題に直面します。たとえば多くの外国人は，日本で働き，日本で生活することによって，日本や居住する自治体に納税をしています。米国独立戦争のスローガンともなった「代表無くして課税無し」の考え方からすれば，選挙権を要求することもあながち不当な要求とはいえません。ここで外国人参政権問題が発生します（→第6章参照）。また一方の親を日本人，他方の親を外国人にもつ子も珍しくなくなりましたが，不幸にして両親が離婚し，それぞれ本国で生活することになったらその子の親権や面接権はどうなるのでしょうか？　第7章で見たように「子の奪取の民事面に関する条約」（ハーグ条約）が，日本でも注目されるようになりました。しかしながら，実は国際私法の統一をめざして設立された国際私法会議は，上記のハーグ条約を含めて38の「ハーグ条約」を採択しています。どのようなハーグ条約が存在し，そして日本はそのうちどれを批准しているのでしょうか？

　外国人だけでなく，日本国民も含めた人権問題一般として，第8章で国際人権保障制度について検討しました。日本は1977年に社会権規約，自由権規約の両条

約を批准しました。ところが日本は，自由権規約委員会からの度重なる勧告にもかかわらず，同時に採択された自由権規約委員会への個人通報を認める第一選択議定書，および死刑廃止に関する第二選択議定書について批准を拒んでいます。2008年には社会権規約にも個人通報を認める選択議定書が採択され，個人の人権を国際機関を通じて監視していこうという状況に進みつつあるなかで，これらの制度へのかかわり方について真剣に考えなければなりません。

　再度目を国際社会に向けて，環境問題について考えてみましょう。1992年のリオ会議以降，気候変動問題や生物多様性問題など，地球規模環境問題について国際社会の関心が高まっています。温暖化問題については第10章でふれましたが，1997年の京都会議以外にも2002年に下関で国際捕鯨委員会の年次総会，2010年には名古屋で生物多様性条約の第10回締約国会議が開催されています。2013年には水俣市で水銀が人の健康や環境に与えるリスクを低減することを目的とした水俣条約が採択されました。これらの環境条約の締約国会議では，条約の実施や新たな国際ルールについて国家間の激しい交渉が行われるほか，環境NGOも積極的に会議に参加して，条約の作成や遵守を監視する役割を担っています。また条約事務局は，締約国だけでなく，関連する国際機関や企業とも連携して環境保護のための施策を打ち出しています。国際条約が国家中心に作成されることは間違いありませんが，その目的である地球環境保護は，国家の意思や行動だけで達成できるものではありません。そこに現状の国際法の課題と関係当事者の苦悩が読み取れます。

　環境問題と同様に，21世紀に残された大きな国際的課題として軍縮と平和の問題があります。核兵器の保有について核不拡散条約（1968年）が，実験に関しては部分的核実験禁止条約（1963年）に続いて包括的核実験禁止条約（1996年，ただし未発効）が，そして使用の規制については地域的な非核地帯条約が作られています。しかしながらそれぞれの条約で問題をかかえており，全面的な核の廃絶までの道のりは険しいといえます。ICJは1996年の勧告的意見で「核兵器の威嚇および使用は一般的に国際法に違反する」と述べつつ，同時に「自衛の究極状況において，国際法に違反するかは判断を下せない」と吐露していることがこの問題の難しさを示しています。また対人地雷禁止条約（1997年）やクラスター弾禁止条約

（2008年）など，軍縮 NGO が主導して非人道的な兵器の規制を定めた条約を採択する動きも見られます。2017年に国連総会で核兵器の開発，実験，保有，使用などを禁止する核兵器禁止条約が採択され，2021年に発効しました。この条約の前文には「核兵器の使用による犠牲者（"hibakusha"）」の苦痛と被害にも言及していますが，日本を含むほとんどの先進国は条約交渉に参加しませんでした。唯一の被爆国であり，平和憲法を有する日本が，国際社会の軍縮に関する条約形成にどのような役割を果たしうるかについても考えてみましょう。

　ここに示したものは，あくまでも現代社会において国際法が直接かかわる事例にすぎません。このほかにも国際法は，直接または間接に私たちの社会生活に影響を与えています。

　国際法は，法律学のなかで最も歴史が古く，また最もダイナミックに変化してきた学問です。規律対象も私たち市民ではなく，国家という抽象的な存在です。したがって，わかりにくく，理解しにくい側面があるかもしれません。しかしながら，それだけに国内法とは異なる面白さがあることも事実です。グローバル化が進む今日，国際社会の動向に無関心ではいられません。外務省や外資系企業に勤める人はもちろん，地方公務員や国内で普通の生活を営む人にとっても，国際法の知識は強力な盾となります。この本をきっかけに国際法についてもっと本格的に学んでみようという人のために，以下でより専門的な学習のための参考文献をあげています。是非このなかの何冊かを手にとって，さらに奥深い国際法の世界への扉を開いてください。

参考文献リスト

1　基本書

- 松井芳郎・佐分晴夫・坂元茂樹・小畑郁・松田竹男・田中則夫・岡田泉・薬師寺公夫『国際法〔第5版〕』（有斐閣，2007年）
- 松井芳郎『国際法から世界を見る――市民のための国際法入門〔第3版〕』（東信堂，2011年）
- 杉原高嶺・水上千之・臼杵知史・吉井淳・加藤信行・高田映『現代国際法講義〔第5版〕』（有斐閣，2012年）
- 大森正仁編『よくわかる国際法〔第2版〕』（ミネルヴァ書房，2014年）
- 山形英郎編『国際法入門――逆から学ぶ〔第3版〕』（法律文化社，2022年）
- 浅田正彦編著『国際法〔第5版〕』（東信堂，2022年）
- 植木俊哉編『ブリッジブック国際法〔第3版〕』（信山社，2016年）
- 中谷和弘・植木俊哉・河野真理子・森田章夫・山本良『国際法〔第3版〕』（有斐閣，2016年）
- 加藤信行・植木俊哉・森川幸一・真山全・酒井啓亘・立松美也子編著『ビジュアルテキスト国際法〔第3版〕』（有斐閣，2022年）
- 玉田大・水島朋則・山田卓平『国際法〔第2版〕』（有斐閣，2022年）
- 柳原正治・森川幸一・兼原敦子編『プラクティス国際法講義〔第4版〕』（信山社，2023年）
- 杉原高嶺『基本国際法〔第4版〕』（有斐閣，2023年）

2　体系書

- 田畑茂二郎『国際法新講（上・下）』（東信堂，1990年，1991年）
- 山本草二『国際法〔新版〕』（有斐閣，1994年）
- 藤田久一『国際法講義（Ⅰ・Ⅱ）』（東京大学出版会，Ⅰが2010年（第2版），Ⅱが1994年）
- 栗林忠男『現代国際法』（慶應義塾大学出版会，1999年）
- 大沼保昭『国際法――はじめて学ぶ人のための〔新訂版〕』（東信堂，2008年）
- 杉原高嶺『国際法学講義〔第2版〕』（有斐閣，2013年）
- 小松一郎『実践国際法〔第3版〕』（信山社，2022年）
- 岩沢雄司『国際法〔第2版〕』（東京大学出版会，2023年）

3　条約集・資料集

- 浅田正彦編集代表『ベーシック条約集』（東信堂，毎年発行）
- 植木俊哉・中谷和弘編集代表『国際条約集』（有斐閣，毎年発行）

・浅田正彦編集代表『ハンディ条約集〔第2版〕』（東信堂，2021年）
・位田隆一・最上敏樹編集代表『コンサイス条約集〔第2版〕』（三省堂，2015年）
・芹田健太郎編集代表『コンパクト学習条約集〔第3版〕』（信山社，2021年）
・香西茂・安藤仁介編集代表『国際機構条約・資料集〔第2版〕』（東信堂，2002年）
・小原喜雄・小室程夫・山手治之編著『国際経済条約・法令集〔第2版〕』（東信堂，2002年）
・松井芳郎・薬師寺公夫・坂元茂樹・小畑郁・徳川信治編『国際人権条約・宣言集〔第3版〕』（東信堂，2005年）
・藤田久一・浅田正彦編『軍縮条約・資料集〔第3版〕』（有信堂高文社，2009年）
・松井芳郎・富岡仁・田中則夫・薬師寺公夫・坂元茂樹・高村ゆかり・西村智朗編『国際環境条約・資料集』（東信堂，2014年）
・奥脇直也・小寺彰編『国際法キーワード〔第2版〕』（有斐閣，2006年）
・大沼保昭編『資料で読み解く国際法〔第2版〕（上・下）』（東信堂，2002年）
・国際法学会編『国際関係法辞典〔第2版〕』（三省堂，2005年）

4　判例集
・薬師寺公夫・坂元茂樹・浅田正彦・酒井啓亘編集代表『判例国際法〔第3版〕』（東信堂，2019年）
・森川幸一・兼原敦子・酒井啓亘・西村弓編『別冊ジュリスト国際法判例百選〔第3版〕』（有斐閣，2021年）
・杉原高嶺・酒井啓亘編『国際法基本判例50〔第2版〕』（三省堂，2014年）
・波多野里望他編『国際司法裁判所——判決と意見（第1～5巻）』（国際書院，1999年，1996年，2007年，2016年，2018年）

5　演習書
・田畑茂二郎・石本泰雄編『国際法〔第3版〕』（有信堂高文社，1996年）
・坂元茂樹『ゼミナール国際法』（法学書院，1997年）
・香西茂・竹本正幸・坂元茂樹編著『プラクティス国際法』（東信堂，1998年）
・小寺彰『パラダイム国際法——国際法の基本構成』（有斐閣，2004年）
・松田幹夫編『演習ノート　国際関係法〔公法系〕』（法学書院，2012年）
・森川幸一・森肇志・岩月直樹・藤澤巌・北村朋史編『国際法で世界がわかる　ニュースを読み解く32講』（岩波書店，2016年）
・柳原正治・森川幸一・兼原敦子編『《演習》プラクティス国際法』（信山社，2016年）

索　引

228

Horitsu Bunka Sha

テキストブック法と国際社会〔第3版〕

2012年2月20日　初　版第1刷発行
2018年4月10日　第2版第1刷発行
2024年4月20日　第3版第1刷発行

編著者　　徳川信治・西村智朗
　　　　　とくがわしんじ　にしむらともあき

発行者　　畑　　　光

発行所　　株式会社 法律文化社

　　　　　〒 603-8053
　　　　　京都市北区上賀茂岩ヶ垣内町 71
　　　　　電話 075(791)7131　FAX 075(721)8400
　　　　　https://www.hou-bun.com/

印刷／製本：西濃印刷㈱
装幀：仁井谷伴子

ISBN 978-4-589-04319-1

Ⓒ 2024 S. Tokugawa, T. Nishimura Printed in Japan

乱丁など不良本がありましたら、ご連絡下さい。送料小社負担にて
お取り替えいたします。
本書についてのご意見・ご感想は、小社ウェブサイト、トップページの
「読者カード」にてお聞かせ下さい。

JCOPY 〈出版者著作権管理機構 委託出版物〉

本書の無断複写は著作権法上での例外を除き禁じられています。複写される
場合は、そのつど事前に、出版者著作権管理機構（電話 03-5244-5088,
FAX 03-5244-5089, e-mail: info@jcopy.or.jp）の許諾を得て下さい。

生田勝義・大平祐一・倉田 玲・河野恵一・佐藤敬二・徳川信治・松本克美著

法学ことはじめ

A5判・216頁・2530円

これから法学を学ぶ人を対象に，法学分野ごとに構成・展開する入門テキスト。各章で実際に起こりうるケース（事例）を取りあげ，わかりやすく解説。既修者にも高度な知見を提供する。法学の基本となる民法はとくに詳述した。

山形英郎編

国際法入門〔第3版〕
―逆から学ぶ―

A5判・434頁・2970円

抽象度の高い問題からではなく具体的な事柄を先に解説する（＝逆から学ぶ）ことで，読者が国際法の学習にスムーズに入ることを狙う。本文を基本・必須・応用事項に難易度分けし，QuizやPoint, Further Studyなども用いて，学習の便宜を図る。

横田洋三監修／滝澤美佐子・富田麻理・望月康恵・吉村祥子編著

入門国際機構

A5判・266頁・2970円

創設70周年を迎えた国連を中心に国際機構が生まれた背景とその発展の歴史，組織構造とそこで働く職員の地位を論じる。感染症の拡大防止等，国境を越えた人類共通の問題に対して国際機構は何ができるのかを解説する。

横田洋三編

新国際人権入門
―SDGs時代における展開―

A5判・268頁・2970円

初学者が「国際人権」の意味や制度，権利内容を一通り学習できる好評書の新版企画。構成を維持する一方，SDGsと国際人権の関連に焦点を合わせ加筆修正。新型コロナや人種差別など地球規模での人権への制約にも留意しながら，国際人権の展開を解説。

小林友彦・飯野 文・小寺智史・福永有夏著

WTO・FTA法入門〔第2版〕
―グローバル経済のルールを学ぶ―

A5判・228頁・2640円

WTOを重視する従来の書籍とは一線を画し，FTAの役割もふまえ両者をバランスよく学べる。米国トランプ政権の保護主義的政策，WTO紛争処理手続の機能不全，日EU経済連携協定，日米貿易協定，TPP11など最新動向を補足。

多田 望・北坂尚洋編

ベーシック国際取引法

A5判・208頁・3080円

私たちの生活や仕事を成り立たせている国際取引の実態とその仕組みがどうなっているかを初学者にわかりやすく解説。設例，写真，図を交えながら基礎を学習できる。関連条文は巻末で，専門用語はコラムで取り上げる。

―法律文化社―

表示価格は消費税10％を含んだ価格です